러시아어 조어론

한국슬라브문화연구원 슬라브어학총서 3

러시아어 조어론

조 남 신 · 박 수 빈 지음

한국문화사

▮ 머리말 ▮

지난 1990년 한러 국교 정상화 이후 국내에서는 러시아어학, 러시아어 관련 학문에 대한 수요가 폭발적으로 증가하였다. 러시아어를 가르치는 대학의 수가 급격히 늘어났고, 이에 발맞추어 러시아어학과 관련된 다양한 교재들이 출간되었다. 그러나 러시아에 대한 고조된 관심은 실용적인 러시아어 교육에 치중되었고, 러시아어라는 언어에 대한 심도 있는 학술적 접근에는 이르지 못했다. 이것은 우선 당시 국내 러시아어 학계의 짧은 연륜에서 그 원인을 찾을 수 있다.

그러나 현재에도 그동안 쌓인 학계의 연륜과 그와 관련된 학술적 성과는 비례하지 않는 듯하다. 모든 연구가 그러하듯 하나의 전문적인 연구서를 출간한다는 것은 여간 어려운 일이 아니다. 가장 먼저 학문적 역량이 전제되어야 하지만, 심도 있고 체계적인 연구를 가능케 하는 환경과 그러한 학문적 풍토 역시 중요하다. 20여 년이 흐른 지금, 국내 러시아어 학계는 여전히 러시아 언어학에 관한 이론서의 출현을 고대하고 있다.

이러한 상황에 부응하여 본인은 이 연구서를 집필하게 되었다. 여기에는 러시아어학을 전공하는 학생들의 학문에 대한 관심을 제고함과 동시에 그에 대한 체계적인 접근을 유도하고, 나아가 연구자들에게는 이론적 깊이를 충족시킬 수 있는 내용을 담고자 했다. 특히 본문에서 다루는 언어학에서 조어론의 위치, 기본 개념, 조어론에 대한 접근 방법, 조어 의미 등은 여타 전공자들에게도 도움이 되는 정보이며 우리 국어 연구에도 역시 이론적인 기여를 하리라 믿는다.

러시아어에서 파생어가 차지하는 비율은 다른 어떤 언어보다도 크다. 이를 반영하듯 1970년대 이후 러시아어에서 조어의 문제는 많은 학자의 지속적인 관심을 끌었으며, 조어론에 대한 수많은 논문과 저서가 출간되었다. 바로 이 기간에 조어론은 고유한 연구 대상과 방법을 가지는 하나의 이론적 분과로서, 언어학의 다른 분야와 함께 대등한 자격을 지닌 독립적인 분야로 정립되었다.

조어적 현상은 매우 복잡하고 다면적이어서, 조어 문제와 관련된 여러 개념들은 학자에 따라 다양하게 이해, 해석된다. 본 연구서는 이러한 성과들을 종합적으로 수용하여, 가장 기본적인 개념에서부터 복잡한 조어 의미에 이르기까지 러시아어 조어론을 체계적으로 기술하고자 하였다.

구체적으로 책의 전체적인 내용은 다음과 같이 구성되어 있다.

먼저 제1장에서는 조어론에 대한 정의를 내림과 동시에 조어론의 대상과 과제를 공시 및 통시와 관련하여 살펴보았다. 특히 언어 체계에서 조어론이 차지하는 위치를, 여러 학자의 다양한 이론에 근거하여 자세히 고찰하였다. 오늘날 조어론은 고유한 개념과 연구 대상을 갖는, 형태론과 어휘론의 중간에 위치하는 독립적인 영역으로 간주된다.

제2장에서는 비파생 어간과 파생 어간, 파생 모어 어간과 파생어 어간, 비파생어, 파생어, 파생 모어와 같은 조어론의 기본 개념을 상호 관련 하에 상세하게 기술하였다. 또 조어 연구에서 기본 단위가 되는 조어 짝, 조어 유형, 조어 사슬, 조어 파라디그마, 조어족에 대한 유기적인 고찰을 통해 조어론을 폭넓게 이해할 수 있도록 하였다.

제3장에서는 조어 연구에서 방법론적으로 중요한 공시적 연구와 통시적 연구에 대하여, 각각의 대상과 과제를 기술하였다. 또 단어의 조어적 분석과 형태소적 분석의 차이를 알아보았다. 특히 단어 형성과 형태 형성에서는 두 개념을 어형 변화와 관련하여 상세하게 기술하였으며, 밀접한 상관관계를 지닌 두 체계의 특성을 비교 분석하였다.

제4장에서는 러시아어의 형태소 구성에 관한 문제를 형태부와 형태소, 어근, 접두사, 접미사, 어미 등의 개념을 중심으로 살펴보았다. 이외에 단어의 형태적 구조 변화와 관련하여, 통시적 관점에서 단순화, 재분절, 복잡화, 관계 단절, 간섭, 대체 등을 상세히 기술하였다. 이는 제5장에서 다루고 있는 음소 교체, 어간의 절단, 형태부의 중첩, 접요사 첨가, 유사 접사 등의 이해를 위해 반드시 익혀야 할 기본 개념이기도 하다.

제6장에서는 파생의 개념을 상관성, 동기성과 관련하여 살펴보고, 파생의 종류를 자세히 기술하였다. 또 파생의 방향을 결정하는 기준으로 의미적, 형식적 복잡성을 제시하였다. 이외에도 파생 모어와 관련하여 파생어의 의미 변화에 따라 통사적 파생과 어휘적 파생을 구분하였고, 어휘적 파생은 다시 제한적 파생, 급변적 파생으로 나누어 고찰하였다.

제7장에서는 여러 학자들의 이론에 따라 파생어의 조어 의미를 살펴보고 각각의

문제점을 지적하였다. 그 결과 조어 의미는 파생어들의 구체적인 어휘 의미로부터 도출 및 추상화할 수 있는 그룹 의미이며, 그 표현 수단이 바로 형성소임을 서술하였다. 나아가 이러한 조어 의미에 기반하여 파생어의 의미를 일관되게 체계적으로 기술할 수 있는 가능성을 제시하였다. 이 과정에서 파생어의 의미에 나타나는 이디엄성의 근원을 밝힘으로써 모든 파생어의 정확한 의미 기술을 가능하게 하였다.

제8장에는 조어 방법과 관련하여 어휘 통사적, 형태 통사적, 어휘 의미적, 형태적 방법이 각각 자세히 기술되어 있다. 러시아어의 공시적 조어법은 파생 모어 어간의 수에 따라 단순 파생과 복합 파생으로 나뉘고, 이는 다시 단일법과 혼합법으로 나뉜다.

제9장에는 실제 러시아어의 명사, 형용사, 동사, 부사의 조어 의미가 공통 조어 의미, 특수 조어 의미와 관련하여 체계적으로 기술되어 있다. 각각의 의미 분류는 대체로 아카데미 문법의 분류 기준을 수용하였으나, 필요에 따라 부분적으로 수정, 보완하였다. 끝으로 제10장에서는 조어적 동음이의어, 조어적 동의어, 조어적 반의어를 상호 관련하에 서술하였다. 조어 체계의 가장 두드러진 특징으로서 그 상호 관계를 제대로 고찰하려면, 이 현상들을 반드시 조어족 층위에서 연구해야 한다.

본 연구에서는 조어론과 관련된 중요한 문제들을 공시적 관점에서 기술하고자 하였다. 그러나 조어론이라는 학문 자체가 언어의 여러 분과와 다면적으로 복잡하게 연관되어 있어, 실제 기술 과정에서 많은 어려움이 있었다. 특히 조어 의미에 대한 개념 정의, 여러 품사의 조어 의미 기술, 조어 의미에서 종합과 분석의 상호 관계, 파생어의 의미 해석을 위한 통사 구조의 사용, 특정 조어 유형에 속하는 단어들의 규칙적인 다의성 문제 등에 대해서는 더 체계적이고 심도 있는 기술이 요구된다. 이러한 미진한 부분들과 이론에 입각한 실제적 분석에 대한 연구는 앞으로 출간 예정인 조어 의미론을 통해서 수정, 보완해 나갈 것이다.

이 책의 출판을 기꺼이 맡아 준 한국문화사 김진수 사장님께 진심으로 감사의 뜻을 전한다. 또 책이 나오기까지 시간과 도움을 아끼지 않은 길숙영 선생과 연학, 그리고 박광채, 최경순님께 감사와 사랑의 마음을 전한다.

2018년 8월 15일
조남신·박수빈

▌ 차례 ▐

05 조어의 형태 음운적 특성 __ 95

06 파생의 종류 및 방향 __ 109

07 파생어의 조어 의미 __ 130

08 조어 방법 __ 173

09 품사의 조어 의미 __ 189

01 서론

조어론이 언어학의 독립된 분과로서 성립된 것은 1940, 50년대의 일로, 누구보다도 비노그라도프(Виноградов), 비노꾸르(Винокур), 스미르니쯔끼(Смирницкий)와 같은 학자들에 의해서이다. 이 무렵에 벌써 공시적인 조어론에서는 언어학 분과에서 조어론의 위치, 단어 분리성의 문제, 공시적인 파생 관계 설정의 원칙, 파생어의 의미적 특성 및 구조 등과 같은 중요한 문제들이 연구되기 시작하였다.

그 후 60년대에서 80년대 사이에 공시적인 조어 이론은 더욱 커다란 발전을 이룩하였다. 형태론과 어휘론에서 분리된 조어론은 고유한 연구 대상과 분석 방법, 그리고 고유한 개념 체계를 갖춘, 언어학의 독립적인 한 분과가 되었다.

1.1. 조어론의 정의

용어 '조어'(словообразование)는 음성학, 문법, 형태론, 통사론 등과 같은 다른 언어학적 용어와 마찬가지로 언어 현상과 그에 대한 학문을 동시에 지칭한다. 용어들의 이러한 의미적 이중성은 러시아어 문법에서 전통적인 현상이다. 이 용어 외에 라틴어 derivatio에서 비롯된 '파생'(деривация)과 '파생론'(дериватология)이 사용되기도 한다[1].

언어 현상으로서 조어, 즉 단어 형성은 새로운 단어의 형성을 의미하며, 학문으로

---

[1] 이처럼 러시아어에서 중의적으로 사용되는 'словообразование'는 우리말로는 '조어'와 '조어론'으로 쉽게 구별될 수 있다. 독일어에서도 두 용어는 각각 'Wortbildung'과 'Wortbildungslehre'로 구별되고 있다.

서 조어, 즉 조어론은 단어의 형성 측면에서 본 단어들의 연구와 기술이다.

조어를 '단어의 형성'으로 정의하는 것은 아주 자연스럽고 간단하며, 분명한 것 같다. 그러나 이 현상에 대한 이해와 해석은 학자에 따라 다양하다.

'단어의 형성'이라는 것은 '단어들이 어떻게 형성되는가?' 하는 것을 의미한다고 볼 수 있다. 그러나 단어들이 어떻게 형성되는지를 관찰하는 것은 사실상 불가능하다. 사실 우리는 이미 존재하는 단어들이 '어떻게 형성되었는가' 하는 것과 새로운 단어들이 '어떻게 형성될 수 있는가' 하는 점에 대해서만 말할 수 있다. 따라서 이두 가지, 즉 과거의 단어 형성(그러나 여전히 살아 있는)과 미래의 단어 형성(아직 실현되지 않은)이 바로 조어이다. 그러나 쉐르바에 의하면 조어의 규칙, 즉 새로운 단어를 어떻게 만들 수 있는가에 대한 문제는 문법의 한 중요한 분야이며, 기존의 단어가 어떻게 만들어졌는가 하는 문제는 사전의 문제이다(Щерба 1974: 51). 결국 조어론은 구체적인 어휘적 대상이 없는, 예언적 학문이라는 이야기이다. 그렇지만 '새로운 단어들을 어떻게 만들 수 있는가?' 하는 명제와 '기존의 단어가 어떻게 만들어졌는가?' 하는 것은 특히 실제 단어에 적용될 경우에 쉐르바에 의해 변증법적으로 받아들여진다. 즉 어떤 단어가 잊혀지고 다시 만들어 질 수 있는 과도적인 경우들이 있을 수 있다.

이상을 종합하면 조어론의 대상은 그 형성의 측면에서 볼 때, 즉 그것이 어떻게 '만들어졌는가?'와 어떻게 다시 '만들어질 수 있을 것인가?'에 대한 관계에서 언어에 실제로 존재하는 단어들이라는 것을 알 수 있다.

1.2. 조어론의 대상과 과제

단어의 구성과 형성을 연구하는 언어학의 한 분과를 흔히 조어론이라고 한다. 따라서 조어론의 연구 대상이 되는 것은 한 언어의 단어이다. 단어는 조어론뿐만 아니라 언어학의 다른 분과에서도 연구되는데, 이들은 각기 다른 측면에서 단어를 연구 대상으로 한다. 음성학에서는 단어가 그 소리 측면에서 연구되고, 어휘론에서는 의미적 측면, 단어의 다른 단어들과의 관계 및 결합성 등이 연구되며, 형태론에서는 단어의 형태적인 구조, 즉 품사 문제, 형태적 범주, 문법적 의미 등이 연구의 주요 관심사가 된다.

그러나 조어론이 다른 언어학의 분과로부터 구별되는 중요한 차이점은 한 언어의 모든 단어가 아니라, 단지 파생어만이 연구 대상이 된다는 것이다. 이 경우 파생어는 특정 언어의 어휘를 구성하는 개별적인 단위로서가 아닌, 상응하는 파생 모어, 다른 파생어에 대해 가지는 상호 관계의 측면에서, 그리고 조어 구조상 동일한 유형의 파생어들과 관련하여 연구된다. 따라서 조어론에서는 개별적인 파생어뿐만 아니라 공통의 형식적·의미적 특성을 가지는 파생어들의 일정한 범주 및 그룹이 언어 단위로서 연구된다.

조어론의 연구 대상이 되는 기본적인 언어 단위로는 파생 모어 및 파생어 사이의 의미적·형식적 관계, 즉 조어 의미와 그 표현 수단, 특히 조어 접사, 조어 유형, 그리고 조어의 구성에서 분절되는 언어 구조의 다른 요소들을 들 수 있다.

그러나 조어론의 특성은 새로운 단어가 형성되는 과정에 대한 연구가 최종적인 결과에 근거하여 실현된다는 데 있다. 연구자는 조어 행위를 직접적으로 관찰할 수 없다. 다시 말해, '단어가 어떻게 만들어지는가?'(как делаются слова?)에 대해서 대답하기 위해서는 '단어가 어떻게 만들어졌는가?'(как сделаны слова?), 즉 파생어의 구성 및 그것과 관련된 의미를 미리 설명해야 한다. 이러한 측면에서 볼 때 파생어의 조어 구조와 조어 의미에 대한 연구가 바로 조어론의 기본적인 임무 중 하나라는 것을 알 수 있다.

그러나 파생어의 구조와 의미는 그 자체로서 중요한 게 아니라 특히 생생한 조어적 과정과 관련하여 중요한 것이다. 따라서 조어론 연구자의 관심의 대상이 되는 것은 "그 자체로서 형태가 아니라 이 형태와 관련된 조어 행위이며, 언어 단위의 일정한 관계에 의해 제약되는 새로운 단어의 출현 자체"(Марков 1980: 155)이다. 그러나 아카데미 문법(АГ 1980: 133)에서는 조어론의 연구 대상을 조어적으로 파생된 단어, 즉 그 의미와 소리가 다른 단어들에 의해서 제약된 단어로 기술하고 있다. 이러한 연구 대상의 제약은 저자가 언어 현상을 공시적으로만 접근한 결과로 볼 수 있다.

대부분의 학자들은 조어론 연구에 대한 공시적·통시적 접근 방법의 가능성을 인정한다. 이러한 조어론 연구의 기본적인 임무도 설정되었으며, 연구 대상도 지적되었다. 통시적인 조어론 연구의 대상이 되는 것은, 더 이전에 존재하였던 단어들을 기반으로 특정 언어의 고유한 조어 수단에 의해서 언젠가 형성된 단어들이다. 통시적인 접근에서 이 단어들은 그 구조 및 발전의 특정 단계에서 다른 단어와 그것들 사이에 존재하는 독특한 상호 관계와 무관하게 연구된다. 여기에는 언어의 상이한 발전 시기에 조어에 참여할 수 있었던 조어적 형태소들과 단어의 다른 부분들이 관련된다.

공시적인 조어론에서는 화자에 의해 '파생된 것'으로 인식되는 단어들, 다른 단어를 기반으로 하여 형성된 단어들, 또한 다른 단어와 상호 관련하여 파생어를 분석할 때 의식적으로 자유롭게 분절되는 단어의 부분들만이 연구 대상이 된다. 꾸브랴꼬바(Кубрякова 1965: 22)에 의하면, 조어론의 공시적인 체계에는 그 존재 사실이 공시적인 조건에서 반복적으로 나타나는 상관 짝만이 포함된다.

공시적인 조어론의 기술에서는 조어 수단과 조어 유형, 조어 모델 등과 같이 규칙적이고 생산적이며, 능동적인 언어의 조어 체계만이 연구되어야 한다(Арутюнова 1958: 129). 그러나 공시적인 조어론 기술에서는 현대 언어에서 기능하는, 살아 있는 모든 조어적 요소(규칙적이며 생산적이고, 능동적인 조어 요소뿐 아니라 불규칙적이고 비생산적이며, 수동적인 요소들까지), 특히 현대 언어에서 화자의 의식상 동일한 어근을 가지는 단어에서 파생된 것으로 느껴지는 모든 파생어들이 연구 대상이 되어야 한다(Кубрякова 1965: 21; Свердлов 1967: 8). 그러나 현대 러시아어의 조어 체계를 기술하기 위해서는 근본적인 관심이 잔존하는, 개별적이고 비규칙적이며 비생산적인 조어 유형들이 아닌, 아주 오랫동안 생존해서 확고하고 생산적이며, 진전될 수 있는 유형에 주어져야 한다(Виноградов 1951: 7).

지금까지 기술한 바와 같이, 공시적·통시적 조어론에서는 연구 대상과 관련하여 연구 과제들도 달라진다. 공시적인 조어론은 파생어와 언어 발전의 특정 단계에서 그것의 상태에 따른 다른 조어적인 단위들을 연구하는데, 이 경우 그 변화는 고려되지 않는다. 반면에 통시적인 조어론은 상응하는 조어 단위들의 형성 및 변화와 관련된, 상이한 조어 과정을 연구한다. 결국 공시적인 조어론은 공존하는 단위들 사이의 관계를 연구하고, 통시적인 조어론은 어떤 단위들의 다른 단위들로의 변화를 연구한다(Земская 1973: 6).

현대 러시아어에서 대부분의 단어들은 일정한 형태로 서로 관련되어 있는 형태소들로 이루어져 있으며, 일정한 구조를 나타낸다. 바로 이러한 단어의 구조, 그것을 구성하는 부분들, 그것들 사이의 다양한 상호 관계에 대한 연구는 공시적인 조어론 기술의 중요한 과제가 된다.

조어론에서는 파생어가 연구되기 때문에 친족의, 동일한 어근을 가지는 단어들 사이의 공시적인 조어적 파생 관계를 규정하고, 또한 공시적으로 파생어를 비파생어로부터 구별하는 것이 특히 중요하다. 이와 관련하여 공시적인 조어론에서는 무엇보다도 파생어를 비파생어로부터 구별해주는, 공시적으로 파생된 단어들의 구체적인 형식적·의미적 특성, 파생어를 비파생어로부터 구별해주는 구체적인 방법이 연구 과제가 된다.

공시적인 관점에서 볼 때 파생어의 형성 방법, 즉 조어 방법은 파생어의 가장 두드러진 형식적 특성의 하나이다. 따라서 공시적인 조어 방법은 조어 기술에서 가장 중요한 임무가 된다. 이 경우 조어 방법 자체를 규정하는 조어 수단이나 형성소(формант)에 대한 연구는 특히 중요한 의미를 지닌다. 반면에 통시적인 조어론 연구의 주 임무는 언어에 존재하는 어휘 단위들에 근거하여 새로운 단어가 형성되는 과정, 역사적인 과정으로서 조어 방법, 즉 단어의 형태소 구조의 변화에 대한 연구에 있다.

현대 러시아어에서 통시적인 조어의 문제에 대한 연구는 부차적인 특성을 지니며, 공시적인 조어론의 임무에 속한다. 파생어는 러시아어의 어휘 구성에서 절대적인 부분을 구성한다. 찌호노프의 조어 사전(Тихонов 1985)에는 126,690개의 파생어와 복합어가 수록되어 있으며, 전체 어휘 144,808개의 약 87.5%를 차지한다. 이 사전에 의하면, 비파생어와 파생어 사이의 비율은 1:7이 된다. 하나의 비파생어는 하나가 아니라, 여러 개, 가끔 수십 개, 심지어는 수백 개의 파생어를 가진다: ходить - 470개의 파생어와 복합어, нести - 541개, два - 547개 등. 만약 파생 모어와 파생어를 비교하면 1:9.1이 된다.

그러나 비파생어 역시 일정한 형태로 조어와 관련되어 있다. 그것들은 대체로 파생 모어로 등장하여 파생어의 형성을 위한 기반으로 작용한다. 찌호노프의 조어 사전에는 18,118개의 비파생어가 수록되어 있는데, 그 중에서 12,542개(약 69%)가 파생 모어로 기능한다. 이렇게 비파생어는 파생어 형성의 바탕이 되며, 파생어가 지니는 조어적 특성의 근원이 된다.

그러므로 조어론은 파생어와 그 파생 모어의 형식적·내용적, 즉 구조적·의미적 상호 관계를 밝혀야 한다. 또한 이것에 근거하여 파생어 형성의 수단과 방법, 조어 의미와 단어의 다른 조어적 특성도 규명해야 한다.

1.3. 언어 체계에서 조어론의 위치

최근 조어론의 광범위한 문제를 다루는 연구 결과들에 의하면 조어론은 하나의 독립된 분야로 고찰된다. 그럼에도 언어 이론에서 조어론의 위치 및 언어학 내에서 조어론의 규정, 다른 언어 영역에 대한 그 관계는 여전히 해결되지 않은 채 남아 있다. 그러나 이러한 사실은 그리 이상한 일은 아니다. 왜냐하면 조어론은 비교적 역사가 짧은 학문 분야이며, 그 개념이 담고 있는 내용도 언어학에서 아직 충분히 밝혀지지 않은 분야에 속하기 때문이다. 조어론에 대한 규정도 언어 체계에서 조어론의 불확실한 위치, 조어론의 위치에 대한 상이한 관점들과 다른 언어 영역에 대한 관계의 상이한 기술 등에 의해서 어려워진다. 그러나 조어론 규정의 어려움은 무엇보다도 기술 대상 자체의 복잡성에 있다(Кубрякоба 1965: 4).

언어학의 다른 분야에 대해 조어론이 가지는 관계의 기술에서 언어학자들은 서로 다른 입장을 보이고 있다. 이와 관련하여 세 가지 흐름을 들 수 있는데, 우선 많은 학자들은 조어론을 문법에 관련시킨다. 이 경우 어떤 학자들은 조어론을 형태론 및 통사론과 동등한 자격을 가진, 문법의 한 분야로 간주하거나(Шахматов, Реформаций, Винокур, Арутюнова 등), 또는 형태 형성(формообразование), 어형 변화(флексия)와 함께 분리되는, 형태론의 한 부분[2]으로 본다(Ломоносов, Востоков,

---

[2] 국어에서 조어론은 구조 문법의 영향으로 인해 굴곡법과 함께 일반적으로 형태론의 한 분야로 간주된다(이경우 1981, 1990; 하치근 1989). 그러나 이와는 달리 이희승(1955)은 조어론을 어휘론의 한 분야로, 그리고 이숭녕(1961)은 형태론에서 독립시켜 하나의 독립 분야로 설정하고 있다.

Буслаев, Фортунатов, Вогородицкий, Булаховский, Кузнецов 등). 또한 어떤 학자들은 조어론을 어휘론에 관련시키는데, 이 경우 그들은 어휘론과 문법, 특히 형태론과의 밀접한 관계에 관심을 기울인다(Смирницкий, Левковская, Исаченко 등). 마지막으로 일련의 학자들은 조어론을 음성학, 어휘론, 형태론, 통사론과 같은 분야와 함께 언어에 대한 독립적인 학문 분야로 간주하는데, 이 경우 어휘론 및 문법과의 밀접한 관계가 강조된다(Головин, Кубрякова, Янко-Триницкая, Сахарный, Улуханов 등).

러시아 언어학에서는 전통적으로 조어론에 대한 문법적 입장이 주류를 이룬다. 그래서 많은 언어학자들은 조어론과 조어 종류 및 조어 수단을 문법의 틀 안에서 규정하려고 시도했다. 이러한 관점에서 조어론은 형태론의 좁은 의미로서 문법의 한 부분으로, 그리고 조어 종류와 조어 수단은 문법적 구조로 간주되었다. 조어론과 형태 형성의 이러한 밀접한 관계에 대한 기술은 슬라브어뿐만 아니라, 독일어에서도 찾아볼 수 있다. 예를 들면, 바이스게르버의 내용 중심의 문법(inhaltbezogene Grammatik)에서는 조어론이 형태론 및 통사론과 동등하게 분리된다(Weisgerber 1963: 44). 또한 에르벤은 조어론을 "문법의 한 중요한 부분"(Erben 1975: 7)으로 간주하며, 그것의 통사론과 낱말 사전(Lexikon) 사이의 특별한, 중간적 위치가 강조된다. 이처럼 조어론을 형태론에 포함시키는 연구자들은 한편으로는 형태 형성과 어형 변화, 그리고 다른 한편으로는 파생에 대한 연구가 근본적으로 동일한 형태 형성의 수단과 관계가 있다는 점에서 출발한다.

이러한 관점은 비노그라도프 저술의 기저를 이루고 있다. 그는 형태론을 더 넓게 파악하여, 형태 형성과 어형 변화뿐만 아니라, 조어론도 그것에 포함시킨다.

> "넓은 의미에서 형태론은 어형의 형성 방법, 다시 말해서 형태 형성(어형 변화도 여기에 포함하여)에 대한 연구뿐만 아니라, 조어에 대한 연구, 즉 단어 형성의 방법에 대한 연구도 반드시 포함해야 한다."(АГ 1960: 15)

이러한 맥락에서 그의 아카데미 문법(АГ 60)에서는 명사와 형용사의 조어 체계들이 이 품사를 기술하는 형태론 부분에서 다루어지고 있으며, 독립적인 분야로서의 조어론은 기술되지 않고 있다.

조어론과 형태론은 서로 영향을 미치며, 단어의 구조에 관한 한 서로 교차되는, 그럼에도 동일하지는 않은 하위 체계이다(Кубрякова 1972: 291). 조어론이 파생어의 구조를 다루기 때문에 그것은 형태론과 마찬가지로 단어 구성과 그 형식적 분류의 보편적 원칙들이 동일하다. 바로 이러한 점에 근거하여 이 두 부문 안에는 공통으로 연구될 수 있는 영역들이 존재한다는 것을 알 수 있다.

비노그라도프는 이미 50년대에 조어론의 복잡성, 그리고 문법 및 어휘론과 동시에 연관되는 조어론의 특성을 분명히 보여주었다. 그는 언어 체계에서 조어론의 위치에 대한 구조적 측면에 주의를 기울였다. 그는 조어론을 어휘론뿐만 아니라 형태론에도 관련시키는데, 이는 조어 과정에 의해 형성되어 어휘를 완전하게 보충하는 모든 단어들은, 이미 존재하는 어떤 문법적 범주의 하나에 속하게 된다는 사실에 근거한다(Виноградов 1975: 220). 한편 쉐르바(Щерба 1962: 99)에 의하면 단어의 어형 변화와 형태 형성 및 조어론 사이에는 아무런 차이도 존재하지 않으며, 이러한 관점에서 조어론은 형태론에 직접 귀속된다.

지금까지 기술한, 조어론을 문법(좁은 의미에서 형태론)의 한 부분으로 보는 관점은 조어와 형태 형성의 종류와 수단이 흔히 동일하며 이중 기능(Doffelfunktion), 즉 조어적 의미와 문법적 의미를 동시에 가지는 형태소 또는 혼합적 형태소가 존재한다는 사실에 근거한다.

комната(방) → комнатный(방의)
рыбак(어부) → рыбачить(어업에 종사하다)
Farbe(색) → färben(채색하다)
Öl(기름) → ölen(기름을 짜다) 등[3]

이 경우 각 형태소는 품사의 의미와 조어 의미를 동시에 나타낸다.

조어론의 문법에 대한 유기적 관계는 품사의 문제와 결부되어 있다. 비록 조어론을 형태 형성으로부터 구분하는 것이 가능하다 할지라도, 형태적 조어의 과정을

---

[3] 여기에서 →는 파생의 방향을 나타낸다.

순수한 어휘적 현상으로만 설명하는 것은 거의 불가능하다. 왜냐하면 모든 파생어는 이미 존재하는 품사 중 하나에 소속되기 때문이다. 한 조어 구조의 어휘적·조어적 의미는 품사에 전형적인 문법적 범주와 문법적 파라디그마를 특정 단어에 부여해 주는, 상응하는 품사의 어휘 범주적 의미를 동시에 지니게 된다(Stepanowa, Fleischer 1985: 185).

그러나 조어적·문법적 관계는 서로 매우 밀접하게 연관되어 있기 때문에, 두 부문 사이에 경계를 설정하는 것은 단지 기계적인 의미에서만 가능하다. 그럼에도 조어론과 형태론 사이에 원칙적인 차이가 존재한다는 사실에는 의심의 여지가 없다.

조어를 문법(또는 좁은 의미에서 형태론)의 틀 안에서 다루는 경우, 단어 파생의 형식적 수단의 특징과 그 관계가 강조되는 반면, 이러한 과정의 내용적인 면과 파생어 및 복합어 사용의 기능적인 면이 흔히 간과된다. 이것은 조어를 문법적 측면에서 다룰 경우에는 주로 일정한 품사 형성의 문제가, 형태론적 측면에서 접근할 경우에는 단어 구조와 그 형태소 구조의 문제가 연구자의 관심의 대상이 된다는 사실에 의해 설명이 가능하다(Кубрякова 1965: 5).

조어론과 어휘론은 이 두 분야의 공통적인 관련을 통해서만 설명될 수 있는, 서로 일치하는 영역을 가지고 있다. 이것은 파생어를 비롯한 개별적인 단어가 여러 가지의 어휘적·어휘 의미적 분류의 대상이라는 점만을 의미하지는 않는다. 여기에는 개별 언어에서 명명의 원칙, 새로운 단어에 의한 어떤 언어의 어휘 보충 등과 같은 문제들이 고려되어야 한다. 이러한 관점에서 조어론은 흔히 어휘론의 일부로 간주된다. 개별어와 파생어, 복합어와 같은 임의의 단어들의 의미와 사용의 측면에서 볼 때, 언어의 사전 구성을 풍부하게 하는 수단이 되는 조어론은 그 형태가 다양한 어휘·의미적 통합체로서 어휘론의 영역에 속한다(Левковская 1952: 165).

언어 체계에서 조어론의 위치에 대한 이와 동일한 관점은 이사첸꼬에게서도 발견할 수 있다. 그에 의하면 새로운 단어의 형성은 어휘의 구성을 확대하고 풍부하게 하는 유일한 수단이며, 따라서 조어론은 전적으로 어휘론에 관련된다(Исаченко 1954: 26). 따라서 이사첸꼬에 의하면 파생은 단지 조어론의 한 부분에 불과하다. 독일어에서와 마찬가지로 러시아어에서도 파생적 조어는 그것이 일정한 형태소들－접미사 또는 접두사들－을 사용하는 한, 그 도움으로 언어의 어휘가 풍부해지는 한 방법일 뿐이며, 그것은 분명히 "어휘론(어휘에 대한 연구)의 영역"(Исаченко 1962: 7)에 속한다. 파생은 그것을 통해서 새로운 어휘소, 즉 새로운 독립적인 단어들이 형성됨으로써 어휘를 풍부하게 하는 어휘적인 한 방법이다. 이러한 의미에서 새로운 단어의 형성은 동일한 단어의 형태 형성을 연구하는 형태론과는 아무런 관계가 없다. 따라서 파생을 형태론에 포함시킬 아무런 이유가 없으며, 또한 조어는 어휘의 문제이지, 문법의 문제가 아니다(Исаченко 1962: 7 이하).

물론 조어론의 연구 대상이 되는 파생어의 조어 의미는 파생 모어의 어휘적 의미에 근거하며, 이 의미를 인용하는 방법으로 정의된다. 따라서 파생어의 어휘적 의미에 대한 고려 없이는 단어들 사이의 조어적 파생성의 관계에 대한 정의나, 파생 모어 어간의 분리가 불가능하다. 다시 말해, 일반적으로 조어적 분석이 불가능하다. 그러나 여기서 한 가지 지적할 것은 조어론과 어휘론의 연구 대상이 서로 다르다는 점이다. 어휘론과 달리 조어론에서는 고유한 어휘적 의미가 아니라, 파생어의 조어적 의미가 연구된다.

조어가 어떤 언어의 어휘를 보충하고 풍부하게 하는 하나의 일정한 과정으로서 나타난다는 사실을 고려하면, (형태론적 및 통사 형태적) 조어의 문제점을 충분히 검토하여 조어론을 어휘론에 포함시키는 것이 어휘론의 임무라는 데에는 의심의 여지가 없다. 그러나 조어론을 이처럼 어휘론에 포함시킬 경우에는 여러 가지 무리가 따른다. 이 경우 복합어의 연구가 통사적 측면을 포기해서는 안 되며, 조어론은 특히 굴절어의 경우에 그렇듯이 형태적인 관찰 방법이 없이는 독립적으로 존재할 수 없고, 또 단어 파생을 위하여 주요한 형태 형성적 과정들이 이용될 수 있다는 점들이 간과될 수 있다(Dokulil 1968: 14 이하).

조어론이 특수한 체계, 다른 내적 관계 및 다른 언어 영역과의 복잡하고 다양한 관계, 그리고 그 작용(Funktionieren)의 규칙성 등과 같은 특성을 지닌다는 점에는 의심의 여지가 없다. 언어 구조에 대한 이러한 사실에 근거하여 우리는 조어론을 문법과 어휘론의 틀을 훨씬 넘어서면서, 동시에 그것과 밀접히 관련되는 독자적인, 특수한 언어 체계의 한 영역으로 분류할 수 있다.

언어 체계에서 조어론의 이러한 분류는 로빠찐(Лопатин), 울루하노프(Улуханов), 도꿀릴(Dokulil) 등에게서 발견할 수 있다. 조어론에 대한 이러한 관점은 최근의 두 아카데미 문법에 철저하게 반영되어 있다. 조어론을 형태론의 한 부분으로 다루고 있는 아카데미 문법 60과는 달리, 러시아어 아카데미 문법 70뿐 아니라, 아카데미 문법 80도 독립된 분야로서의 조어론을 형태론과 통사론에 대비시키고 있다. 두 아카데미 문법에서는 조어론의 문제점과 그 기본 단위에 대한 정의가 형태소학 입문(Введение в морфемику), 조어론: 기본 개념(Словообразование: Основные понятия)의 부분에서 이론적으로 세밀하게 다루어지고 있다. 이와 비교될 만한 관점이 쎄르보·크로아티아 언어학에서도 발견된다. 브라베쯔·흐라스떼·쥐꼬비치, 마레띠치, 스떼바노비치, 바리치, 그리고 바비치 등에 의해 저술된 문법서(Brabec, Hraste, Zivkovic 1961; Maretic 1963; Stevanovic 1981; Baric 외 1979; Babic 1986)에서도 조어론은 하나의 독립된 영역으로서 언어학의 다른 분야, 즉 형태론, 통사론 등과 동등하게 다루어진다.

로빠찐과 울루하노프에 의하면, 조어론은 독자적인 층위를 가지고 있기 때문에[4] 다른 언어 분야와 비교하여 언어 체계에서 그 독자성을 지닌다. 그들은 그 기능(작용)과 조직 종류의 다양성에 근거하여 조어의 고유한 단위를 분리한다.

> "… 언어의 다양한 층위를 분절 단위에 근거해서가 아니라, (계열적 관계에서와 마찬가지로 결합적 관계에서도) 또한 그 기능과 구성 방법에 근거해서도 분리하는 것이 타당하다."(Лопатин, Улуханов 1969: 120)

조어론과 형태론은 상이한 층위로서 서로 다르다. 다시 말하면, 언어의 조어 층위에는 개별적인 어형이 아니라, 전체적으로 파생어에 고유한 특성들이 관련된다. 형태론을 조어론으로부터 구별하는 문제는 결국 '어떻게 한 단어의 상이한 형태들을

---

[4] 조어론을 고유한 단위를 가진 독립적인 층위로 분류하는 데 있어서 학자들은 서로 이견을 보이고 있다. 스쩨빠노바(Степанова)는 자신의 논문 "О месте словообразования в системе языка"(1969: 278-279)에서 조어론을 분리된 층위로 보지 않고, 형태론뿐 아니라 통사론에도 관련되는, 이 두 부분 사이의 특성을 지닌 언어학의 특수 분야로 보아야 한다고 강조한다. 그리고 젬스까야(Земская)도 "О принципах выделения языковых уровней"(1969: 279-280)에서 유사한 입장을 보이고 있다. 그러나 꾸브랴꼬바(Кубрякова 1972: 284)에 의하면, 언어학에서는 언어에서 어떤 층위와도 직접 상응하지 않는 영역 역시 구별하는 것이 합리적이다. 언어적인 전체 체계 내에 존재하면서도 언어의 특수한 하위 체계를 연구하는 언어학의 중요한 분야가 곧 조어론이다.

공통의 어근을 가진 상이한 단어들로부터 구분해 낼 수 있는가' 하는 점으로 귀결된다. 형태론에서는 한 단어의 상이한 형태들의 특성과 관계가 연구되는 반면, 조어론에서는 상이한 단어들의 특성과 관계가 연구된다. 따라서 조어론에는 명명의 형태론 또는 어휘적 형태론과 관련된 문제들이, 형태론에는 굴절 형태론과 관련된 문제들이 속한다.

조어론은 조어 의미와 그 표현 수단을 통해서 확립된 언어 구조의 독자적 층위로서 나타나는데, 특히 조어 의미는 개별 단어의 어휘적 의미와 문법적 의미 사이의 중간 위치를 차지한다[5]. 바로 이러한 사실로부터 언어 체계에서 문법과 어휘론 사이에 존재하는 조어론의 위치는 물론, 이 두 층위와 조어론의 상호 영향 관계가 서로 다른 형태로 출현한다는 것을 알 수 있다.

지금까지 조어론이 문법 및 어휘론과 가지는 관계를 살펴보았다. 그러나 조어론은 언어학의 다른 영역, 예를 들면 의미론 및 통사론과도 관련되어 있다. 조어론의 임무는 새로운 단어의 형성에만 있는 게 아니라, 언어의 기능(작용)과 단어의 사용에도 있다. 즉, 조어론은 가변적인 어휘적 의미를 포함하는 일종의 확고한 토대로서 이면에 존재한다(Dokulil 1968: 15). 또 조어론의 통사론과의 연관성은 러시아어보다는 독일어에서 더 중요한 역할을 하는 복합어(Kompositum)에서 나타난다. 이 경우 통사적 어그룹은 파생어를 위한 출발점이 되며, 그러한 통사 단위는 관련되는 개념의 명명으로서 하나의 단일어로 변형된다.

с ума сшедший - сумасшедший(미친)
за благое время - заблаговременный(사전의, 미리부터의)
senkrecht startendes Kampfflugzeug - Senkrechtstarter(수직 이륙 전투기)
Filter zum Herausfiltern von Viren aus einer Flussigkeit - Virus Filter(바이러스 여과기)

이러한 사실은 조어 과정과 그 결과 여러 층위에서 나타나는 구체적 현상들의 상호 관계를 통해 확인되며, 또한 음운적·어휘적·형태적 및 통사적 층위와 관련되

---

[5] 이들 세 가지 유형의 의미에 대한 좀 더 자세한 기술은 조남신(1990: 313-314) "조어 의미와 그 표현 수단" 참조.

는 규칙성에 직접 종속된다는 사실을 통해서도 이해된다. 조어론의 이러한 다면적인 특성은 언어 체계에서 독자적인 분야로서의 분리를 촉진한다. 조어론을 어떤 특정한 영역, 예를 들면 문법 또는 어휘론에 범주적 및 선험적으로 귀속시키는 것은 실제로 받아들이기 어렵다. 왜냐하면 조어론에는 연구 대상과 밀접히 관련되어 전적으로 조어론에서만 해결 가능한, 고유한 과제가 존재하기 때문이다. 조어론 분야에서 연구되는 규칙과 과정은 어휘적 규칙과 과정뿐만 아니라 문법적 규칙, 과정과 확실히 구별되는 일련의 두드러진 특징을 가진다. 결국 조어론에 대한 다면적인 접근은 조어론이 하나의 독자적인 언어학 분야로 파악될 때 비로소 가장 잘 실현될 수 있다.

꾸브랴꼬바(Кубрякова 1965)는 조어론을 하나의 독립된 영역으로 고정시키려고 시도하면서 다른 영역, 즉 형태론 또는 어휘론에서가 아니라, 단지 조어론에만 고유한 용어들의 완성에 관심을 기울였다. 오늘날 많은 언어학자들은 조어론을 문법과 어휘론의 중간에 위치하는 하나의 독립적인 영역으로 간주한다. 언어 체계에서 조어론의 이러한 분리는 조어론이 단어의 어휘 의미 및 형태적인 표현 수단에 의해 실현된다는 점에서 어휘론 및 문법과 관련되지만, 동시에 고유의 개념과 단위에 의해 기능하는 하나의 독자적, 자율적인 언어 층위를 형성한다는 사실을 반영한다.

02 조어론의 기본 개념

조어론의 기본적인 개념으로는 비파생 어간과 파생 어간, 파생 모어 어간과 파생어 어간, 비파생어와 파생어 및 파생 모어, 조어 짝, 조어 유형과 조어 모델, 조어 범주, 조어 사슬, 조어 파라디그마와 조어족, 조어 수단(조어 형성소), 조어 의미 등을 들 수 있다.

2.1. 비파생 어간과 파생 어간

러시아어 단어의 어간은 구조적인 관점에서 비파생 어간(непроизводные основы)과 파생 어간(производные основы)으로 나뉜다. 비파생 어간은 하나의 어근적 형태소로 구성되어 있어 구조적으로 더 이상 분절되지 않는다.

дом, время, вчера, белый,
гор-а, стен-а, нес-у, вез-ти 등

반면에 파생 어간은 어근적 형태소와 접사적 형태소, 즉 접두사와 접미사로 구성된다.

учи-тель, мор-як, при-город, хлеб-н-ый, быстр-о, хорош-е-ть 등

파생 어간이 비파생 어간으로부터 구별되는 가장 중요한 특징 중의 하나는,

그것이 항상 상응하는 비파생 어간에 종속된다는 점이다. 비파생 어간은 파생 어간과 무관하게 존재할 수 있다. 그러나 파생 어간은 항상 비파생 어간에 종속되며, 그것 없이는 존재할 수 없다. 모든 파생 어간은 반드시 의미적, 문법적으로 서로 관련되어 있는 비파생 어간의 존재를 전제한다. 만약 비파생 어간이 어떤 이유로 사라지거나 특정 파생 어간과 상호 관련성을 잃게 되면 파생 어간은 자신의 파생적, 분절적인 특성을 잃고 비파생 어간의 범주로 전이된다. 예를 들면, 어간 молодёжь, печальн(ый), члени(ть), шагом 등은 파생 어간이기 때문에 의미를 지니는 부분들로 분절되며, 이러한 특성으로 인해 상응하는 비파생 어간이 존재한다.

▌ молод(ой), печаль, член, шаг 등

비파생 어간과 파생 어간 사이의 상관관계에 대해 비노꾸르는 다음과 같이 기술하고 있다.

"파생 어간에 대해서는 그것과 관련된 비파생 어간이 존재할 때에만, 그리고 존재할 때까지만 말할 수 있다."(Винокур 1959: 425)

이 두 어간 사이의 차이점은 그 내용을 구성하는 어휘 의미의 표현에서도 나타난다. 비파생 어간의 의미는 그 자체에 포함되어 있다. 따라서 러시아어 어휘의 현 상태에서 그 어휘 의미의 설명이 불가능하다. 예를 들면, 왜 단어 вода가 '물'을 의미하는지, 또는 왜 단어 дом이 '집'을 나타내는지 설명할 수 없다. 반면에 파생 어간의 의미는 바로 그것을 구성하고 있는 형태소들의 의미로부터 도출되기 때문에 쉽게 설명이 가능하다.

▌ водяной - 물로 이루어지거나 물에 사는
▌ вод-н-ый - 물과 관련된, 물과 관계가 있는
▌ вод-янист-ый - 수분이 많은

파생 어간과 달리 거의 대부분의 비파생 어간은 실제의 대상을 직접적으로 지칭

한다. 그러나 파생 어간은 그것이 다른 대상과 가지는 어떤 관계의 설정을 통해 간접적으로 표현된다. 이렇게 파생 어간과 비파생 어간은 서로 분명히 구별된다.

파생 어간은 1) 개별적인 형태소로 분절되고, 2) 분절되는 어간으로서 상응하는 비파생 어간에 종속되며, 그것의 존재를 전제로 한다. 3) 전체 의미는 그 의미가 상대적으로 파생되기 때문에 그 부분을 구성하는 의미들의 합과 상응하지만, 4) 간접적으로, 즉 다른 대상에 대한 어떤 관계의 설정을 통해서 실제의 대상을 지칭한다.

그러나 비파생 어간은 1) 구조적인 관점에서 분절이 불가능하며, 2) 파생 어간과는 무관하게 존재할 수 있고, 3) 그 어휘 의미가 일차적이고, 비파생적이어서 공시적으로는 설명이 불가능하고, 4) 현대적인 의미적·조어적 관계의 측면에서 볼 때 항상 직접적으로 실제 대상을 지칭한다.

이처럼 두 어간은 서로 분명하게 대립된다. 그리고 개별적이고, 구체적인 경우에 이러한 상호 관계는 단어의 조어적 분석에서 기본적인 필수 조건이 된다.

여기에서 주의할 것은 파생 어간과 상응하는 비파생 어간이 항상 직접적으로 서로 관련된 것은 아니라는 점이다. 새로운 단어는 어근적 단어에 의해시뿐만 아니라 파생 어간을 가진 단어들에 근거해서도 형성된다. 따라서 비파생 어간을 파생 모어 어간(производящая основа)과 혼동하거나 동일시해서는 안 된다.

파생 모어 어간은 그것으로부터 실제로 어떤 파생 어간이 형성된 어간을 말한다. 따라서 비파생 어간과 파생 어간 모두 파생 모어 어간으로 기능할 수 있다.

2.2. 파생 모어 어간과 파생어 어간

위에서 기술한 구조적인 관점과 달리 단어의 어간은 그 기능 측면에서도 연구될 수 있다. 이 경우 어간은 파생 모어 어간과 파생어 어간으로 구분된다. 특정 단어가 형식적으로나 의미적으로 어떤 단어로부터 직접 형성되었을 때, 그 근원이 되는 어간을 파생 모어 어간(производящая основа)이라 한다. 그리고 이 파생 모어 어간으로부터 형성된 이차적인 단어의 어간을 파생어 어간(производная основа)이라고 한다. 예를 들면, 파생 모어 어간 пис(а)-에 조어 접미사 -тель이 첨가되어 파생어 어간 писатель-이 형성되며(비교: писать → писатель), 파생 모어 어간 писатель-에 접미사 -ств(о)를 부가하여 파생어 어간 писа-тель-ств(о)-를 얻게 된다(비교: писатель → писательство). 이렇게 파생어 어간은 항상 두 부분, 즉 파생 모어 어간과 접사로 구성된다는 것을 알 수 있다.

파생 모어 어간으로는 구조적으로 비파생 어간이나 파생 어간이 모두 기능할 수 있다. 순차적인 파생 관계에 있는 учить → учитель → учительский에서 동사 учить의 어간 учи-는 비파생 어간이며, 이것은 동시에 단어 учитель과의 관계에서는 파생 모어 어간이기도 하다. 그러나 단어 учительский와 관련하여 파생 모어 어간으로 기능하는 어간 учитель-은 단어 учить로부터 형성된 파생 어간이다.

2.3. 비파생어, 파생어, 파생 모어

조어 관계에서 비파생어는 어떤 다른 단어로부터 이차적으로 형성되지 않은, 일차적 단어이다. 따라서 그것은 구조적으로도 분명히 비파생적이다.

▎ вод(а), дом, лед, лес, гор(а)

구조적 관계에서 비파생어는 어근과 조어적 접사로 분리되지 않는 단어이다(이 경우 괄호 속의 형태 변화적 접사는 고려되지 않는다).

▎ дом, вод(а), лес

파생어와 비파생어의 실제 조어적 및 구조적 파생성/비파생성은 분명히 다르다. 파생어는 구조적으로 분리 가능하거나(лес-н-ой), 분리가 가능하지 않을 수 있다 (звать → зов). 그러나 비파생어는 구조적 관계에서도 항상 분리가 불가능하다. 따라서 단어의 조어적 분리성은 파생성의 지표라고 볼 수 있다.

이러한 비파생어는 형태소 구성상 두 개의 단어 그룹으로 분리된다. 먼저 첫 번째 그룹에는 어근과 어미로 이루어진, 변화하는 단어가 속한다.

▌ стен-а, стекл-о, шкаф-∅

그리고 다른 그룹에는 там, для, пальто, около 등과 같이 단지 어근으로만 이루어진, 불변화 단어들이 속한다.

형식적으로나 의미적으로 직접 파생 관계에 있는 두 단어는 조어 짝을 이루는데, 이 경우 한 단어가 파생 모어(производящее слово)[1]가 되며 다른 단어는 파생어 (производное слово)가 된다. 파생어는 조어 및 조어적 분석의 기본적 개념으로서, 어떤 다른 단어나 어결합으로부터 형성된 단어이다.

▌ лёд → ледник, ледяной, обледенить
▌ колоть лёд → ледокол
▌ голый лёд → гололёд, гололедица

파생어의 가장 두드러진 특성은 의미적 파생성이다. 파생어의 의미는 파생 모어의 의미로부터 전이되며, 그 고유한 구조에 반영된다.

▌ лед-ян-ой: 얼음으로 이루어진, 또는 얼음으로 덮인
▌ об-лед-ене-ть: 얼음으로 덮이다

따라서 파생어의 의미는 임의적이 아니며, 바로 언어에 의해 부여되며 미리 준비된다. 예를 들면 왜 '일정한 임무를 가지는 배'가 단어 ледокол로 불리는지, 그리고 이 단어가 왜 그러한 의미를 가지는지는 형태소 구성을 통해서 이해된다. 이에 대해 비노꾸르는 다음과 같이 기술하고 있다.

"... 파생어 어간을 가진 단어의 의미는 항상 상응하는 첫 번째 어간(즉, 파생 모어 어간)의 의미에 대한 인용의 방법으로 정의된다."(Винокур 1959: 421)

---

[1] 이 용어는 국어에서 흔히 '기저'라는 용어로 사용되나, 이것은 조어론 외의 분야에서도 광범위하게 사용될 수 있으므로 '파생어'에 상응하는 개념으로는 적합하지 않다. 본 연구에서는 국어에 이미 존재하는 용어 '파생어'에 상응하는 개념으로 '파생 모어'라는 용어를 사용하기로 한다.

일반적으로 파생어는 복잡하고 분할된 구조에 의해서도 특징지어진다. 그 어간에는 어근 외에 어떠한 조어 접사 — 접미사(город-ск-ой), 접두사(при-город), 접미사와 접두사(за-город-н-ый), 복합어는 두 개의(드문 경우에는 세 개, 또는 그 이상) 어근과 보통 연결 접사 — 를 가진다.

> лед-о-кол, земл-е-мер, гряз-е-вод-о-леч-ение

가끔 이러한 구조적 특성에 따라 파생어는 그 구성에 어떤 조어 접사를 포함하는 단어로 정의된다. 그러나 이것은 조어적 정의가 아니라, 단지 구조적 정의, 즉 파생어의 구조적 기준 내지는 특성이다. 또 구조적 파생성과 조어적 파생성이 항상 일치하는 것은 아니다. 물론 단어의 조어적 분석에서는 파생어의 조어적 정의에 중점이 주어져야 한다. 그러나 그 구조적 특성도 의미와 의의를 지닌다.

위에 기술한 파생어의 특성 — 파생성과 구조적 복잡성 — 이 그것들을 구별하기 위한 기초가 될 수도 있다. 이것은 다른 단어로부터 도출되는, 즉 의미와 구조상 그것에 의해 매개되는 단어들이다. 이 경우 파생어의 바로 양면적인 종속성과 도출성, 즉 의미적·형태적으로 다른 단어들과 가지는 상호 관계를 고려해야 한다. 단지 의미나 형태에만 근거해서는 안 된다.

여러 가지 측면에서 비파생어와 파생 모어는 파생어에 대비된다. 파생 모어는 그것으로부터 어떤 다른 단어나 몇 개의 단어들이 형성된 단어를 지칭한다.

> лёд → ледник, ледяной, обледенеть 등

따라서 이것은 절대적인 개념이 아니라, 전적으로 상대적인 개념이다. 파생 모어는 일반적으로 파생의 근원으로 기능하는 것이 아니라, 상응하는 파생어에 대한 관계에서만 그러하다. 조어적 특성에 따라 파생 모어는 비파생어가 될 수도(рыба → рыбак), 파생어가 될 수도 있다(рыбак → рыбацкий, рыбачий).

파생 모어라는 개념과 용어를 학문에 널리 도입한 사람은 보고로지츠끼(Богородицкий)이다. 후에 비노꾸르 등에 의해서 파생 모어 어간(производящая основа)이 언급되었으나, 이 개념은 '파생시키는 단어의 어간' 또는 '파생 모어로부터

물려받은 파생어 어간의 한 부분'으로 상이하게 이해되었다. 그러나 파생 모어의 어간은 파생어에 완전히, 또는 부분적으로 전이될 수 있기 때문에, 이 두 개념은 일치하지 않을 수도 있다.

▍ писа(ть) → писа-тель, писа-ние, 그러나 пись-м(о), пис-чий[2]

파생 모어는 파생어의 출발점이며, 그 형성의 기저가 된다. 아카데미 문법 70과 80, 로빠찐과 울루하노프 및 다른 저자들의 저술에서는 производное/непроизводное/производящее слово 대신에, мотивированное/немотивированное/мотивирующее слово라는 용어가 사용된다. 이것은 언어의 공시적 연구에서는 단어들의 구조·의미적 관계만이 고찰될 뿐이며, 단어의 형성, 즉 전적으로 통시적 현상으로 인정되는 조어는 고찰되지 않는다는 사실과 관련된다.

2.4. 조어 짝

두 단어 사이의 상호 관련성을 정의하기 위해서는 분석되는 단어의 의미와 구조를 파생시키는, 의미적으로 관련된 동일한 어간을 가지는 단어를 찾아야 한다. 다시 말하면, 연구되는 단어는 동일한 어근을 가지는 파생 모어에 종속되고, 그것으로부터 구조적·의미적으로 도출되어야 한다. 이 경우에 파생 모어의 어간은 파생어에 최대한으로 반영되어야 한다.

▍ домик → маленький дом
▍ читатель → тот, кто читает
▍ 새빨갛다 – 아주 빨갛다

이처럼 서로 관련된 두 단어 중에서 한 단어가 다른 단어의 의미에 포함되거나, 다른 단어를 통해 해석될 수 있으면 두 단어는 서로 파생 관계에 있다. 그러나 파생

---

[2]   이 경우에는 파생 모어 어간이 절단된다.

관계와 조어 관계는 구별되어야 한다. 조어 관계는 항상 파생 관계를 나타내지만, 모든 파생 관계가 반드시 조어 관계를 나타내는 것은 아니다.

울루하노프는 조어적 파생(словообразовательная мотивация)을 두 단어 사이의 관계로 보는데, 그에 의하면 동일한 어근(즉 동일한 기본 형태소)을 가진 두 단어는 다음과 같은 특징을 가질 경우 항상 파생 관계에 있다(Улуханов 1977: 7 이하).

1) 두 단어가 동일한 어근을 가진다.

2) 한 단어의 의미가 다른 단어의 의미에 완전히 포함된다.
   дом(집) → домик(작은 집); читать(읽다) → читатель(읽는 사람, 즉 독자)

3) 두 단어가 품사의 문법적 의미는 다르지만, 그 어휘적 의미는 동일하다. 즉, 두 단어의 어휘적 의미는 동일하나, 통사적 특성이 서로 다르다. 이 경우 이들 사이에는 꾸릴로비치(Курилович)의 이른바 '통사적 파생'[3] 관계가 성립된다.
   быстрый(빠른) → быстро(빠르게, 빨리); резать(자르다) → резание(자르기); белый(하얀) → белизна(흰색)

두 단어 사이의 의미 관계를 이처럼 기술할 경우 이것은 항상 의미소(Sememe) 사이의 관계에 관한 것임을 알 수 있다. 그리고 파생 관계는 동일한 조어족 (словообразовательное гнездо) - 동일한 어근을 가지는 단어들의 합 - 의 구성원, 달리 말하자면, 조어 짝(словообразовательная пара) 사이에 설정된다. 그러나 동일한 조어족에 속하는 모든 단어들 사이에 항상 조어적 파생 관계가 성립되는 것은 결코 아니다. 어떤 한 단어가 다른 단어와 공통적 의미 요소뿐만 아니라, 상이한 의미 요소(즉 의미의 교차)를 가지는 동일 어근의 단어들 사이에는 파생 관계가 성립되지 않는다. 예를 들면, домик(작은 집)과 домище(큰 집)는 서로 파생 관계에 있지 않다. 왜냐하면 이들 단어는 각각 다른 단어에는 존재하지 않는 의미적 구성 요소인 '작은'과 '큰'을 포함하고 있기 때문이다. 아래에 인용된 어근 дом-을 가지는 조어족의 일부에서 дом - домик, дом - домина, дом - домище, дом -

---

[3] 파생 모어와 파생어가 어휘 의미에서는 동일하고, 단지 품사만 서로 다른 경우 조어 짝을 이루는 두 단어 사이의 관계를 '통사적 파생'이라 한다. 자세한 것은 6.5. 통사적 파생과 어휘적 파생 참고.

домовый 사이에는 파생 관계가 성립되지만, домик - домина, домик - домище, домик - домовый, домина - домище, домина - домовый, домище - домовый 사이에는 파생 관계가 성립되지 않는다.

$$\text{дом(집)} \rightarrow \begin{cases} \text{домик(작은 집)} \\ \text{домина(대저택)} \\ \text{домище(큰 집)} \\ \text{домовый(집의)} \end{cases}$$

이미 앞에서 기술한 바와 같이 동일 어근을 가지는 어떠한 관계도 1) 그들 중 한 단어가 다른 단어의 의미에 포함되거나, 2) 단어들 중 하나가 다른 단어를 통해서 해석될 수 있으면, 비록 그것이 조어 짝을 이루지 않는다 할지라도 파생 관계로 간주된다(Тихонов 1985: 37).

> красный(붉은) - краснеться(붉게 보이다)
> синий(푸른) - посинение(푸른 상태)
> вода(물) - обезвоживание(탈수)

그러나 다음과 같은 경우에는 조어적 관계가 성립된다.

> красный(붉은) - краснеть(붉어지다) - раскраснеться(새빨개지다)
> вода(물) - обезводить(탈수하다) - обезвоживать(탈수하다)[4] - обезвоживание (탈수)

다시 말하면, 조어적 관계는 항상 파생 관계에 있다. 그러나 모든 파생 관계가 반드시 조어적 관계로 나타나지는 않는다. 조어적 파생은 동일 조어족에 속하는 단어들 사이의 관계를 특징짓는 파생 관계의 일부에 불과하다. 서로 파생 관계에

---

[4] 이것은 앞 동사의 불완료상이다.

있는 단어들은 동일한 어근을 가지기 때문에 결국 동일한 조어족에 속한다. 따라서 파생 관계의 분석은 동시에 한 조어족에 속하는 단어들 사이의 의미적 관계의 분석을 의미한다.

이처럼 파생 관계에 있는 단어 중에서 한 단어는 파생 모어(мотивирующее слово)가 되며, 다른 단어는 파생어(мотивированное слово)가 된다. 파생 관계에 있는 두 단어 중에서 어떤 단어가 파생 모어이고, 또 어떤 단어가 파생어인지를 정확히 파악하기 위해서는 우선 파생 관계를 나타내는 지표를 찾아야 한다. 그러한 지표가 되는 것이 바로, 파생 모어에 비해 파생어가 가지는 형식적·의미적 복잡성이다. 여기에서 형식적 복잡성이란 파생어가 파생 모어에 비해 파생 모어 어간 외에 어떤 형식적 지표, 대개 파생 접사(영 접사를 포함하여)를 추가적으로 포함하는 것을 의미한다. 한편 파생어의 의미적 복잡성이란 파생어가 파생 모어와 비교하여 어떤 부가적인 의미 요소를 포함하는 경우를 지칭한다.

조어 짝을 이루는, 즉 서로 파생 관계에 있는 두 단어 — 파생 모어와 파생어 — 는 형식뿐만 아니라, 의미적으로도 서로 관련된다. 파생어는 형식적으로는 파생 모어와 형성소의 결합으로 나타나며, 의미적으로는 파생 모어의 의미에 근거한다. 이들 파생 모어 어간과 파생어 어간 사이의 의미적 상호 관계는 매우 다양하게 나타나는데, 이것은 무엇보다도 러시아어에서 형태적 조어(단어 형성)의 복잡한 메커니즘, 상이한 조어 유형 및 모델들의 상호 작용, 품사 사이에 존재하는 복잡한 조어 관계, 러시아어 단어의 형태적 변화에 대한 강한 예속성 등에 기인한다.

임의의 두 단어가 조어 짝을 형성하기 위해서는 공통의 의미적 요소가 존재하여야 하며, 또한 파생어의 의미가 파생 모어로부터 도출되어야 한다. 두 단어가 단지 형식적으로 가깝다는 기준만으로는, 파생 관계에 있는 두 단어를 조어 짝으로 인정하기 어렵다. 예를 들면, 단어 двор와 дворец, держать와 содержать, разить와 выразить, лимон과 лимонад는 역사적으로 조어 짝의 관계에 있었다고 하더라도 조어 짝을 형성하지는 않는다. 여기에서는 조어 짝에서와 같이 두 번째 단어의 의미가 첫 번째 단어의 의미로부터 도출되지 않는다. 다시 말해 짝을 이루는 두 단어가 살아 있는 의미적 연관성을 가지지 않는다.

찌호노프는 조어 짝을 이루는 두 단어 사이의 의미적 측면을 강조하면서, 그들 사이의 의미적 상관관계를 다음과 같이 유형화한다(Тихонов 1967: 117-119; 1974: 13-14).

1) 파생어 어간은 파생 모어 어간의 모든 의미를 소화시키며, 단지 다른 '분류적 의미'(классифицирующее значение)를 가진다. 이것은 파생 모어와 상응하는 파생어가 어휘적 의미에서는 완전히 일치하고, 품사만 서로 다른 경우이다. 예를 들면, 동사와 그것으로부터 파생된 행위를 나타내는 명사 사이의 관계를 들 수 있다.

▎ чистить(청소하다) → чистка(청소), белый(하얀) → белизна(백색)

2) 파생 모어 어간과 파생어 어간이 의미적으로 완전히 일치한다. 이 경우 의미적 일치란 어휘적 의미뿐 아니라 분류적 의미의 일치도 포함하는데, 여기에는 동사의 상 및 태의 어간들이 관련된다.

▎ делать(행하다) - сделать, стройть(건축하다) - построить

3) 파생어 어간은 단지 부분적으로만 파생 모어 어간의 의미와 연관된다. 이것은 주로 다른 품사 사이의 조어에서 나타나며, 또한 동일 품사 내의 조어에서도 관찰된다. 이 경우는 다음과 같은 두 가지 유형의 의미 관계를 포함한다.

(1) 파생 모어 어간이 파생어 어간보다 더 넓은 의미 영역을 가진다. 즉, 파생 모어 어간에 접사가 결합될 경우 파생어의 의미가 구체화되어 결과적으로 그 의미가 좁아진다. 여기에는 '평가'를 나타내는 명사와 형용사, 형용사로부터 파생된 부사가 해당된다.
    стол(책상) → столик(작은 책상)
    здоровый(건장한) → здоровенный(키가 크고, 강한)
    холодный(추운) → холодно(춥게)
(2) 파생 모어 어간이 파생어 어간보다 더 좁은 의미 영역을 가진다. 이 경우 파생어 어간에는 파생 모어 어간에 존재하지 않는 새로운 의미가 발생한다.

пламя(1. 불길, 2. 열정) → пламенный(1. 불길의, 2. 열렬한, 타는 듯한,
3. 정열적인)
дочь(딸) → дочерний(1. 딸의, 2. 분리되어 있는)

찌호노프가 조어 짝 사이의 의미 관계에 주로 관심을 기울인 것과 달리, 울루하노
프는 이들 사이의 의미적 관계뿐만 아니라, 형식적 관계에도 관심을 기울였다. 그는
파생 모어와 파생어 사이의 관계를 형식적, 의미적 특성에 근거하여 다음과 같이
분류한다(Улуханов 1970: 29).

1) 의미적 파생과 형식적 파생이 일치한다. 이 경우 형태의 부가는 동시에 의미의
부가를 수반한다.

петь(울다) → запеть(울기 시작하다), дом, → домик(작은 집)

2) 의미적 파생과 형식적 파생이 일치하지 않는다. 이 경우는 다음과 같이 세분
된다.

(1) 파생 모어가 파생어보다 의미적으로 더 단순하지만, 형식적으로는 더 복잡하다.
попрошайничать(걸식하다) → попрошайка(걸식하는 사람)
радоваться(기뻐하다) → радовать(기쁘게 하다)
(2) 파생 모어가 파생어보다 의미적으로 더 단순하고, 형식적으로는, 즉 형태소의
수에서는 파생어와 동일하다.
приклеить(붙이다) → отклеить(붙인 것을 떼다)
припаять(땜질하여 붙이다) → отпаять(땜질한 것을 떼어내다)
завязать(묶다) → развязать(묶인 것을 풀다)

이 경우에 두 번째 단어는 의미적으로 첫 번째 단어에 의해서 파생된다. 이때
접두사가 없는 동사들은 의미적으로 파생 모어로서 기능할 수 없는데, 바로 이 동사
를 사용하여 접두사 от-, раз-를 가진 동사의 의미를 해석할 수 없기 때문이다. 예를

들면, 동사 отклейть는 동사 отломать - 'ломая, отделить'(부수어서 분리하다), отпилить - 'пиля, отделить'(잘라서 분리하다) 등과 달리, 'клея, отделить'(붙여서 분리하다)를 의미하는 게 아니라, 'отделить что-н. приклеенное'(붙여진 것을 분리하다), 또는 'аннулировать результат приклеивания'(접합의 결과를 없애다)를 의미한다.

> (3) 파생 모어가 파생어보다 의미적, 형식적으로 더 단순하다.
> функция(기능) → функционировать(기능을 수행하다)
> коллекция(수집) → коллекционировать(수집하다)

> (4) 파생 모어로 기능하는 부분이 하나의 어결합(сочетание слов)이다.
> монгольское нашествие(몽고의 침입) → домонгольский(몽고 침입 이전의),
> ударный слог(역점이 오는 음절) → предударный(역점이 오는 음절 앞의)

위에서 기술한 의미적 파생과 형식적 파생이 일치하지 않는 모든 경우에 파생어의 의미 해석 부분에는 의미적으로 파생 모어로 기능하는 단어가 포함되며, 파생 모어가 다의어일 경우에는 어떤 의미에서 그것이 파생 모어로 기능하는지가 그 해석에서 지적되어야 한다.

지금까지 기술한 바와 같이 조어의 중요한 과정은 조어 짝의 범위 안에서 일어난다. 거의 모든 기본적인 조어 현상은 이 범위 안에서 관찰할 수 있다. 파생어, 파생 모어, 조어의 수단과 방법, 조어 의미, 조어족과 조어 유형은 조어 짝으로 귀결된다. 결국 조어 짝은 조어의 축소판이라고 말할 수 있다. 이러한 관점에서 조어적 분석의 기본 단위는 흔히, 바로 조어 짝으로 인정된다.

> комната → комнатный; учить → учитель; петь → запеть

조어 짝들은 모여서 조어족을 이루게 된다. 만약 여기에서 과정이 끝나지 않고 동일한 파생 모어나 첫 번째 파생어에 기초해서 새로운 파생어가 형성되면, 조어 짝은 조어 사슬이나 조어적 부채꼴을 형성하게 된다.

арфа → арфист → арфистка; баян → баянист, баянный

그리고 단어의 부채꼴과 사슬은 더 복잡한 복합체로 통합될 수 있다.

рыба → ┌ рыбка
        ├ рыбный
        ├ рыбак → ┌ рыбачий
        └ рыболов   └ рыбацкий

여기서 파생성의 단계가 나타나며, 조어족의 유형은 이것에 종속된다.

모든 단순 파생어는 파생 모어를 단지 하나만 가지며, 그것과 함께 조어 짝을 이룬다. 따라서 조어 짝은 파생어의 수만큼 존재하게 된다. 그러나 조어 짝의 수는 파생 모어의 수와 대비되지 않는다. 왜냐하면 한 개의 파생 모어는 몇 개의 파생어를 지닐 수 있으며, 결과적으로 몇 개의 조어 짝에 속하게 되기 때문이다.

река - речка, речной, речник, заречный 등

이런 이유로 조어 짝은 파생 모어에 의해서가 아니라, 바로 파생어에 의해 정의되어야 한다.

2.5. 조어 유형

조어 짝 사이의 의미적 관계에 대한 연구는 조어론뿐만 아니라, 의미론(Semasiologie), 형태론, 문법, 그리고 어휘론에서도 중요한 역할을 한다. 이와 관련하여 조어론에서 의미적 관계는 많은 연구가들의 관심을 끌어 왔다. 조어론은 이러한 맥락에서 하나의 체계로서 연구되기 시작하였으며, 70년대부터는 주로 조어 유형(словообразовательный тип)의 체계로서 집중적으로, 광범위하게 다루어졌다.

조어 유형은 조어 체계에서 가장 중요한 기본 단위의 하나로서 보통 파생어의 형식적·의미적 특성을 고려하여 정의된다. 이렇게 파생어는 모여서 일정한 조어

유형을 이룬다.

조어 유형이란 구체적인 어휘적 의미로부터 도출된, 일련의 파생어를 형성하는 추상적인 모형(образец)으로, 다음과 같은 기본적인 세 가지 특징을 공통적으로 가지는 파생 모어와 파생어 사이의 관계이다.

1) 직접 파생 모어의 품사
2) 동일한 형식적 지표, 즉 동일한 형성소
3) 파생 모어에 대한 동일한 의미적 관계, 즉 동일한 조어 의미

따라서 조어 유형은 위의 세 가지 조어적 특성을 공유하는 하나의 조어 모형으로 정의된다. 예를 들면, 파생어 работник, заступник, наследник, путешественник 등은 동일한 조어 유형에 속한다. 왜냐하면 이 단어들은 모두 다음 조건을 공통적으로 가지기 때문이다.

1) 동일한 품사, 즉 동사로부터 파생되었으며
2) 동일한 형식적인 지표, 즉 접미사 -ник를 가지고 있고
3) 동일한 조어 의미, 즉 '파생 모어인 동사에 의해 지칭된 행위의 수행자-사람' 을 나타낸다.

파생어 училище, хранилище, вместилище, жилище 등은 또 하나의 다른 조어 유형에 속한다. 이 파생어들은 모두 1) 동사로부터 형성되었으며(즉 учить, хранить, вместить, жить), 2) 동일한 형성소인 접미사 -лищ(е)를 가지고, 3) 동일한 조어 의미 '파생 모어인 동사에 의해 지칭된 행위의 장소'를 나타내기 때문이다.

위의 설명을 통해 알 수 있듯이, 동일한 조어 유형에 속하는 파생어는 상응하는 파생 모어와 동일한 형식적·의미적 관계에 있게 된다.

работ-ник : работать = заступ-ник : заступить = наслед-ник : наследовать = путешествен-ник : путешествовать
또는 учи-лищ(е) : учить = храни-лищ(е) : хранить = вмести-лищ(е) : вместить = жи-лищ(е) : жить

위에 기술한 조어 유형의 세 가지 특성 중에서 단 한 가지라도 일치하지 않는 파생어는 서로 다른 조어 유형에 속한다. 다음의 예를 살펴보자.

1) взрыв-ник, клевет-ник, работ-ник, шут-ник
2) коров-ник, птич-ник, муравей-ник, оленят-ник
3) вест-ник, фокус-ник, сапож-ник, пут-ник
4) уголь-ник, градус-ник, цен-ник, локот-ник
5) молоч-ник, чай-ник, кофей-ник, бумаж-ник

위에 인용된 모든 단어는 조어 형성소로 접미사 -ник를 가지는, 동일한 조어 유형에 속하는 것처럼 보인다. 그러나 실제로 이 파생어 그룹은 다섯 가지의 상이한 조어 유형에 속한다. 먼저 첫 번째 조어 유형 1)은 동사에서 파생된 명사로 조어 의미 '파생 모어에 의해 지칭된 행위자-사람'을 나타낸다. 나머지 2)~5)의 조어 유형은 모두 명사에서 파생된 명사들로서 파생 모어의 품사와 형성소인 접미사 -ник가 일치한다. 그럼에도 이 네 가지 유형(2~5)은 서로 다른 조어 유형에 속한다. 왜냐하면 서로 다른 조어 의미를 나타내기 때문이다. 먼저 조어 유형 2)는 '파생 모어에 의해 지칭된 것을 위한 장소'를 나타내며, 조어 유형 3)은 '파생 모어에 의해 지칭된 행위와 관련된 사람'을 의미하고, 조어 유형 4)는 '파생 모어에 의해 지칭된 것과의 관계로 특징지어지는 대상(도구, 기구)'를 표현하며, 조어 유형 5)는 '파생 모어에 의해 지칭된 것을 위한 용기(그릇)'를 의미한다. 따라서 조어 유형 1)과 2)는 형성소 -ник과 조어 의미에서는 동일하지만 파생 모어의 품사가 서로 다르기 때문에 상이한 조어 유형에 속한다. 또한 조어 유형 2)~5)는 파생 모어의 품사 및 조어 형성소가 동일하지만, 조어 의미가 서로 다르기 때문에 각각 상이한 조어 유형에 속한다.

다른 경우로, 두 계열의 파생어 그룹 1) учи-тель, води-тель, преподава-тель 2) двига-тель, глуши-тель, рыхли-тель을 비교해 보자. 이 두 조어 유형은 모두 동사로부터 파생되며(즉 учить → учитель; двигать → двигатель), 동일한 접미사 -тель을 형성소로 가진다. 그러나 이 두 유형은 조어 의미에서 서로 구별된다. 첫 번째 조어 유형은 조어 의미 '행위자-사람'을 지칭하는데 반해, 두 번째 조어 유형은 '행위의 도구'를 의미한다. 이 경우 이 두 조어 유형이 동일한가, 아니면 두 개의 서로 다른 조어 유형인가 하는 문제가 제기될 수 있다. 실제로 학자들 간에도 의견이 일치하지 않아서 어떤 학자들은 이것을 조어 의미 '행위자-사람과 대상'을 나타내는 하나의 조어 유형으로 보지만, 다른 학자들은 두 유형을 서로 다른 조어 유형에 관련시키면서 그것이 하나의 조어 범주(словообразовательная категория)를 형성한다고 간주한다. 이 경우에 두 유형을 서로 다른 조어 유형으로 보는 게 실제 사실에 더 부합된다. 그러나 이처럼 의견의 차이가 생기는 것은 바로 조어 의미를 어떻게, 어떤 범위로 정의할 것이냐 하는 문제와 직결된다[5].

그러나 여기서 한 가지 지적할 것은 위에서 열거한 조어 유형의 세 가지 요건 중에서, 파생 모어의 품사가 동일해야 한다는 첫 번째 조건은 잉여적이라는 것이다. 그런 주장에 의하면 조건 2)와 3)은 이미 조건 1)을 포함한다(Милославский 1989: 27-28).

그러나 파생 모어의 품사가 상이한 파생어는 항상 다른 조어 유형에 속한다. 찌호노프(Тихонов 1985: 31)에 의하면, 파생 모어의 품사가 다른 파생어의 조어 의미는 반드시 다르다. 왜냐하면 조어 의미는 이미 앞에서(조어 관계 참소) 기술한 바와 같이 파생 모어와 파생어의 의미적인 상호 관계에 의해 정의되기 때문이다. 이와 관련하여 동사 умнеть, белеть, юнеть, яснеть와 звереть, сатанеть, каменеть, хаметь는 서로 다른 조어 유형에 속한다. 왜냐하면 위의 두 동사 그룹은 동일한 형성소 -е-와 조어 의미 '어떻게 되다'(становиться чем)에서 일치하지만, 서로 다른 품사에서 파생되기 때문이다. 첫 번째 동사들은 형용사에서 파생되지만, 두 번째 동사 그룹은 명사로부터 파생된다.

조어 유형은 언어의 조어 체계에서 가장 중요한 단위이다. 조어 유형은 조어 체계의 최소 단위로서, 여기에서는 표현 측면의 요소가 내용 측면의 일정한 요소와 일치한다(Лопатин, Улуханов 1969: 122).

조어 유형들은 규칙성(регулярность)과 생산성(продуктивность)의 정도에 의해 서로 구별된다. 조어적 규칙성은 조어적으로 상관관계에 있는 단어들의 형식적·의미적 관계가 다른 단어에서도 반복되는 것을 의미한다. 예를 들면, влажный(축축한)의 влажнеть(축축해지다)에 대한 관계는 прочный(단단한)의

---

[5] 이에 대한 자세한 것은 7.2. 조어 의미 참조.

прочнеть(단단해지다), седой(백발의)의 седеть(백발이 되다)에 대한 관계와 동일하다. 이러한 형식적·의미적 규칙성은 바로 조어 유형을 규정하는 특성이 된다. 따라서 위에 언급된 유형의 동사들은 다음과 같은 관계를 나타낸다.

1) 의미적 관계: '특성 - 이 특성의 생성'
2) 형식적 관계: '파생 모어인 형용사의 어간 + 어미' - '연자음으로 끝난 파생 모어의 어간' + '-e(ть)'

위에 기술한 의미적 관계를 벗어나는 것으로는 동사 хорошеть를 들 수 있는데, 이것은 '(더) 좋아지다'를 의미하는 게 아니라, '더 예뻐지다'(사람에 대하여)를 의미한다. 형식적 관계를 벗어나는 예로는 동사 безлюдеть(사람이 살지 않게 되다), скудеть(빈약하게 되다)를 들 수 있는데, 이 경우 파생 모어로 기능하는 형용사 어간의 마지막 |н|은 존재하지 않는다(АГ 80: 136).

조어 유형의 의미적 규칙성은 그에 관련되는 모든 단어에 동일한 조어 의미가 존재함으로서 규정된다. 파생 모어와 파생어 사이의 어휘 의미가 어떠한 관계에 있느냐에 따라, 조어 유형은 두 그룹으로 나뉜다(АГ 80: 136).

1) 파생 모어와 파생어 사이의 의미 관계가 모든 단어, 또는 대부분의 단어들에서 동일하게 나타나는 유형:
   дом(집) → домик(작은 집); стол(책상) → столик(작은 책상)
2) 파생 모어와 파생어 사이의 의미 관계가 문맥에 따라 다양하게 실현되며, 이러한 관계의 수가 원칙적으로 제한되어 있지 않은 유형:
   хлебный(빵의), лесной(삼림의), водный(물의)
   이 형용사의 의미는 여러 가지 명사와의 결합에서 구체화된다.
   кирпичный цвет(벽돌과 같은 색), кирпичный дом(벽돌로 지은 집), кирпичный завод(벽돌을 생산하는 공장), кирпичная глина(벽돌을 만들기 위한 점토); лесной край(숲을 가지고 있는 지역), лесные птицы(숲에 사는 새들), лесная дорога(숲속으로 난 길) 등

각각의 조어 유형은 생산성의 관점에서도 기술할 수 있는데, 조어 유형의 생산성

이란 새로운 단어의 생산을 위하여 모형으로 기능할 수 있는 능력을 의미한다. 현대 러시아어에서 특정 유형에 따라 새로운 단어가 형성되면 그 유형은 생산적이며, 그러한 유형에 따라 형성된 단어들은 비고립적이다. 반면 새로운 단어가 일정한 유형에 따라 형성되지 않으면 그 유형은 비생산적이고, 그에 관련되는 단어들은 고립적이다.

부분적인 조어 의미를 가지는 각각의 하위 유형은 생산성에서 서로 상이하며, 대체로 생산적인 유형의 어떤 하위 유형은 비생산적일 수 있다. 예를 들면, 형용사에 의해서 파생된, 공통의 의미 '특성의 보유자'를 가지며 접미사 -ин(а)로 끝나는 명사의 조어 유형에서 1) '물질 또는 무엇의 총체': пушнина(모피), древесина (목재), 2) '장소, 공간': равнина(평야), целина(처녀지), 3) '구체적인 무생물 대상': сушина (고목), маковина(양귀비 씨)을 나타내는 하위 유형은 생산적인 반면, 1) '사람': задина(욕심쟁이), 2) '전체의 부분': четвертина(4분의 1)의 의미를 가지는 하위 유형은 비생산적이다.

2.6. 형태 음운적 모델

조어론에서 조어 유형과 조어 모델이라는 용어는 흔히 동의어로 사용된다. 그러나 두 용어는 각각 다른 현상을 지칭하는 것으로, 서로 구별하지 않으면 안 된다. 먼저 조어 유형이란 동일한 조어 의미와 조어 수단을 가지는 파생어들의 그룹을 지칭한다. 이러한 조어 유형은 조어의 어떤 형태 음운적 특성에 의해 야기된 몇 가지 변이형을 포함할 수 있는데, 이 변이형을 조어의 형태 음운적 모델이라고 한다. 여기서 모델이란 용어는 동일한 조어 유형 안에 존재하는 형태 음운적 변이형을 지칭하는 것으로 보는 게 타당하다.

동일한 조어 유형에 속하는 단어들은 상이한 형태 음운적 모델에 따라 파생될 수 있다.

1) 형태부 경계에서 음소가 교체되는 경우와 그렇지 않은 경우:
   таганрож-ский → таганрог-ский, риж-ский, лейпциг-ский

2) 접요사가 삽입되는 경우와 그렇지 않은 경우:

ленинград-ский, орл-(ов)-ский, ялт-(ин)-ский

3) 어간이 절단되는 경우와 그렇지 않은 경우:

Манилов → манилов-щина, прямолинейн(ый) → прямолиней-щина

4) 형태부가 중첩되는 경우와 그렇지 않은 경우:

лиловый → лиловатый, красный → красноватый

이처럼 상이한 형태 음운적 모델에 따라 파생된 단어들은 하나의 조어 유형에 나타날 수 있다. 따라서 러시아어 조어 체계에서 파생어 분류 단위의 일정한 계층을 설정할 수 있다. 형태 음운적 모델은 파생어 분류의 최소 단위가 되며, 조어 유형은 몇 개의 모델을 포함할 수 있는 더 큰 단위가 된다. 조어 유형은 또한 더 큰 단위인 조어 방법에 포함된다.

2.7. 조어 범주

조어 범주(словообразовательная категория)는 조어 유형보다 더 복잡하고 추상적인 단위이다. 그것은 공통의 조어 의미를 가지는 조어 유형의 총체이다. 따라서 조어 범주는 공통의 조어 의미를 가지는 조어 유형들로 구성된다. 그러나 이 경우 공통의 조어 의미를 표현하는 수단은 조어 유형에 따라 각기 다르다. 그 예로 공통의 조어 의미 '파생 모어인 동사에 의해 지칭된 행위의 수행자'를 가지는 명사의 조어 범주[6]를 들 수 있다. 이 명사는 동사로부터 상이한 접미사에 의해 형성된다. 따라서 이 조어 범주에는 -тель(учи-тель, писа-тель, води-тель); -ник(работ-ник, наслед-ник); -ок(игр-ок, езд-ок); -щик(обман-щик, прицеп-щик); -ун(бег-ун, лг-ун) 등의 접미사를 가지는 명사들이 포함된다.

따라서 각 품사의 조어는 동일한 조어 방법과 상이한 조어 방법 내에서 어떠한 조어 범주가 작용하는가 하는 점에서 출발하여 기술하는 것이 합리적이다.

---

[6]　이에 대한 자세한 것은 Улуханов(1975: 27; 1977: 129-130) 참조.

2.8. 조어 사슬

조어 사슬(словообразовательная цепь)은 순차적인 파생 관계에 있는, 동일한 어근을 가지는 단어들의 총체로 정의된다. 따라서 조어 사슬에서는 모든 단어가 직전의 단어와 관련하여 파생어가 되며, 직후의 단어와 관련하여서는 파생 모어가 된다.

파생 모어1(근원어) - 파생어1(파생 모어2) - 파생어2(파생 모어3) ··· 파생어n

따라서 사슬에서 다음에 오는 모든 고리는 구조적 및 의미적으로 직전의 고리에 종속된다.

старый → стареть → устареть → устарелый → устарелость

учить → учитель → учительство → учительствовать

모든 조어 사슬은 시작 고리를 가지는데, 공시적으로 볼 때 그것은 비파생어 (непроизводное слово, 또는 исходное слово: 근원어)로 다음 고리에 대한 파생 모어로서만 기능한다(위의 예에서 단어 старый와 учить). 조어 사슬에서 근원어로는 여러 품사가 나타날 수 있으며, 이것은 마지막 고리에서도 마찬가지이다.

поздный → поздно → поздновато

лить → влить → вливать → вливаться

влага → влажный → увлажнить → увлажнительный

много → немного → по-немногу → понемножечку

러시아어에서 조어 사슬은 일반적으로 3∼4개의 고리로 이루어지며, 최대 7개의 고리로 구성될 수 있다. 그러나 이러한 경우는 드물게 나타나며, 모든 고리는 최소한 2개의 단어, 즉 조어 짝(слоовобразовательная пара)으로 구성된다.

ведомость → ведомостичка

мысль → мыслить → смыслить → смысл → осмыслить → переосмыслить

→ переосмыслять → переосмысляться

지금까지의 기술을 통해서 알 수 있듯이, 한 조어 사슬에 속하는 일련의 단어들은 파생 모어의 구체적인 어휘적 의미와 밀접히 관련되어 있다.

> старый(낡은, 늙은) → стареть(낡다, 늙다) → устареть(낡다) → устарелый (낡은) → устарелость(진부성)
> тёмный(어두운) → темнеть(어두워지다) → потемнеть(어두워지다) → потемнение(어두워진 상태)

따라서 조어 사슬에서 파생 단계에 따른 의미적인 전이를 살펴보는 것은 매우 중요하다. 러시아어 조어론 연구에 중요한 역할을 하는 '러시아어 조어 사전'(Тихонов 1985: 44-45)을 만든 찌호노프는 조어 사슬에서 관찰되는 의미적 전이를 다음과 같이 몇 가지 유형으로 나눈다.

1) 근원어의 직접적인 의미는 물론, 전의적인 의미도 역시 조어 사슬을 따라 순차적으로 전이된다.

> острый → обострить(обострять) → обостриться(обостряться) → обострение
> тонкий → утончить(утончать) → утончиться(утончаться) → утонченный → утонченность

이러한 의미 관계에 근거하여 이루어진 조어 사슬은 안정된 형태를 이루는데, 이러한 안정성은 조어 사슬을 구성하는 단어들 사이의 의미적 관계가 지니는 체계적 특성에서 비롯된다고 볼 수 있다.

2) 근원어가 다의어일 경우 그 모든 의미가 조어 사슬을 따라 전이되는 것이 아니라, 흔히 (전의적 의미를 포함한) 일부만 전이된다.

> угаснуть → угасать → угасание

3) 조어 사슬의 어떤 고리에서 근원어의 의미와는 다른, 고유한 의미가 발생하여 조어 사슬을 따라 전이된다.

дуть → надуть → надувать → надувала → надувательство → надувательский

여기에서 단어 надуть는 근원어인 дуть에는 없는 의미 '속이다'(обмануть)를 가지는데, 이 의미는 그 다음의 파생어에 전이된다. 뿐만 아니라, 파생어 надувала, надувательство, надувательский는 근원어의 의미는 전혀 가지지 않으며, 전적으로 새로운 의미만을 나타낸다.

4) 조어 사슬의 임의의 고리에서 직전의 파생 모어에 없는 새로운 의미가 발생한다.

гнуть → загнуть → загибать → загибщик
гнуть → перегнуть → перегибать → перегиб → перегибщик

여기에서 동사 перегибать는 '탈선하다'(нарушать правильную линию в какой-л. деятельности)를 의미한다. 바로 이 동사의 전의적 의미를 바탕으로 명사 перегиб의 전의적 의미 '편향, 탈선'(крайность, неумеренность в чем-л., нарушение правильной линии в какой-нибудь деятельность)이 생겨났다. 이 조어 사슬의 맨 끝에 오는 명사 перегибщик은 동사 перегибать 및 명사 перегиб와 조어적으로 연관된다.

위의 기술에서 알 수 있듯이, 동일한 조어 사슬에 속하는 단어들의 의미적 관계는 다양하다. 그러나 일반적으로 그것들 사이의 분명한 의미적 관계는 직접적 의미에서 보존되어 조어 사슬을 따라 전이되는데, 흔히 근원어의 전의적인 의미 역시 전이된다.

근원어가 다의어인 경우 그 의미가 모두 조어 사슬의 모든 고리를 통하여 전이되지는 않는다. 어떤 의미들은 파생의 두 번째 단계에서 끊길 수도 있고, 또 어떤 의미들은 그 다음 단계까지 전이되어 조어 사슬의 마지막 두 번째 단계에서 끊길 수도 있다. 또한 근원어의 일부 의미는 보통 조어에 참여하지 않는다[7].

조어 사슬에서는 일반적으로 근원어의 직접 의미 중 하나가 모든 고리를 통하여 전이되며, 가끔 둘 또는 그 이상의 의미가 전이된다. 어떤 의미(전의적 의미를 포함하여)가 전이되느냐 하는 것은 근원어가 어떤 의미 그룹에 속하는가에 따라 다르다.

조어 사슬에서 파생 모어의 어떤 의미는 사라지고, 또 어떤 의미는 살아남는다. 조어 사슬의 맨 끝에 오는 단어를 제외한 임의의 파생 단계에 속하는 단어는 그 다음 단계에 대해서 파생 모어로 기능할 수 있는, 제2의(부차적인) 의미를 가질 수 있다. 따라서 동일한 조어 사슬에 속한다 할지라도 상이한 파생 단계에 있는 단어들은 다른 의미들을 함께 가질 수 있다.

문제는 어떤 단어에서 근원어로부터 전이된 의미가 더 이상 조어에 참여하지 않음으로써 파생 모어로 기능하지 않는 경우이다. 이 경우 이 단어에는 새로운 의미가 발생하여, 계속해서 조어 사슬을 이어 나간다. 이러한 의미에 근거하여 발생한 파생어는 근원어로부터 멀어지면 멀어질수록 그것과의 의미적 관계도 약해진다.

앞의 3)과 4)에서처럼 조어 사슬의 어느 한 파생 단계에서 이전 단계의 파생어들에는 존재하지 않는 조어 의미가 나타나는 경우, 가끔 조어 고리들 사이의 의미적인 관계는 약화된다. 그 결과 그러한 파생어와 조어 사슬의 근원어 및 이전의 고리에 속하는 단어는 직접적인 의미적 상관성을 잃게 된다: нести(나르다, 가지고 가다)와 выносливость(인내력, 지구력).

그러나 조어 사슬의 특정 고리에서 일어나는 이러한 변화가 의미적인 변화만을 수반하는 것은 아니다. 조어 사슬 안에서 전개되는 모든 과정은 형태적 조어의 특성에서 비롯되는 양면적인 구조적·의미적 관계를 가진다. 따라서 조어 사슬의 고리들 사이에서 일어나는 모든 의미적 변화는 조어 사슬을 구성하는 단어들의 구조에도 반영된다.

이처럼 조어 사슬을 구성하는 단어들의 의미적·구조적 변화와 관련되는 가장 두드러진 과정이 바로 '탈어원화'(деэтимология) 현상이다. 이 과정은 조어 사슬에서 다음과 같은 변형을 초래한다(Балалыкина, Николаев 1985: 141-142).

---

[7] 파생 모어가 다의어일 경우에 그 파생어와 가질 수 있는 의미 관계에 대해서는 조남신(1992), "Nomina agentis의 의미 구조" 참조.

2.8.1. 고리의 상실

어원적인 관계의 파괴로 인하여 조어 사슬 мех → мешок → мешочный에서 근원어 мех가 조어 사슬에서 떨어져 나갔다. 그 결과 조어 사슬의 모든 고리가 앞쪽으로 하나씩 이동하게 되었다. 이와 관련하여 단어 мешок은 공시적인 관점에서 근원어가 되었다.

2.8.2. 파생 관계의 확장

접미사 -н-를 가지는 형용사와 조어적으로 관련된, 접미사 -ик를 가지는 단어의 의미적 발전으로 인해 명사들의 상당한 그룹이 형용사에 대한 관계를 상실하고, 조어 사슬의 첫 번째 고리인 명사와 직접적인 조어 관계를 가지게 되었다. 그 결과 접미사 -ик를 가지는 많은 명사들이 조어 기저를 바꾸고, 새로운 조어 유형을 형성하게 되었다. 또 어떤 명사들은 부가적인 파생을 얻게 되어 비단일 파생의 구조를 가지게 되었다.

$$\text{плен} \rightarrow \begin{bmatrix} \text{пленный} \rightarrow \text{пленник} \\ \text{пленник} \end{bmatrix} \qquad \text{грех} \rightarrow \begin{bmatrix} \text{грешный} \rightarrow \text{грешник} \\ \text{грешник} \end{bmatrix}$$

2.8.3. 고리의 위치 변경

접미사 -тельство를 가지는 명사(учитель → учительство)를 포함하는 조어 사슬에서 접미사 -ство를 가지는 명사는 명사적인 파생을 동사적 파생으로 바꾸어 (вредитель → вредительство에서 вредить → вредительство), '행위'의 의미를 획득하였다.

접미사 -ство를 가지는 명사에 선행하는 고리로서 앞에 동사가 오지 않는 조어 사슬에서는 동사적인 파생에 대한 상관성의 교체가 파기되지 않았다. 접미사 -ство를 가지는 명사는 뒤에 오는 동사, 즉 접미사 -ствова(ть)를 가지는 파생 동사에 종속되어 이러한 동사를 가지는 조어 사슬에서 그 위치가 바뀌게 된다. 즉, 조어 사슬 покровитель → покровительство → покровительствовать가 조어 사슬 покровитель → покровительствовать → покровительство로 변형된다. 왜냐하면 명사 покровительство(보호)는 동사 покровительствовать(보호하다)의 행위를 지칭하기 때문이다.

2.8.4. 역 파생 관계

흔히 역 파생 관계는 조어 사슬의 개별적인 고리가 의미적으로 근접하면서 발생한다. 예를 들면, 조어 사슬 предводить → предводитель → предводительство → предводительствовать에서 두 동사의 의미는 동의어가 될 정도로 가까워졌다. 따라서 첫 번째 조어 고리인 동사 предводить가 접미사 -ствова(ть)를 가지는 동사에 의해 밀려나게 되었다. 결국 동사 предводительствовать는 이 조어 사슬의 유일한 동사적 대표자가 되어, 의미적으로 접미사 -ств(о), -тель을 가지는 명사들에 종속되었다. 하나의 조어 사슬을 구성하는 모든 고리에 공통적인 어휘 의미가 존재한다는 사실은 그것들이 의미적으로 직접 접촉할 수 있는 가능성을 높여 준다. 그리고 이러한 직접적인 의미적 접촉의 가능성은 조어 사슬에서 임의의 고리를 뺀 단어들이 형성될 수 있는 기반을 제공한다.

아루쮸노바(Арутюнова 1961: 142)에 의하면, 조어 사슬이 반드시 모든 고리를 포함하지는 않는다. 조어 사슬을 구성하는 임의의 두 구성 요소 사이에는 직접적인 의미 관계가 쉽게 설정되어 파생 관계가 성립된다. 이 경우에 의미적으로 간접적인 관계에 있게 되는 임의의 요소들은 생략된 채, 새로운 형태의 조어 사슬이 구성된다.

조어 사슬은 또한 구체적인 조어 사슬(конкретная словообразовательная цепочка)과 전형적인 조어 사슬(типовая словообразовательная цепочка)로 나누어진다. 전형적인 조어 사슬은 언어의 조어 체계의 바탕에 놓여있는 가능성에 근거하여 도출되기 때문에, 일련의 구체적인 조어 사슬에 의해 실현되는 이상적인 조어적 순차성을 나타낸다. 구체적인 경우에 이 전형적인 조어 사슬은 다르게 실현될 수 있다. 예를 들면, 다음과 같은 계열이 전형적인 조어 사슬이 된다.

동사 → 명사(-тель) → 명사(-ство) → 동사(-ствова-ть) → 명사(-ние)

이러한 전형적인 조어 사슬을 완벽히 나타내는 것은 아래의 구체적인 조어 사슬
뿐이다.

> ▍учить → учитель → учительство → учительствовать → учительствование

다른 경우에 전형적인 조어 사슬은 하나, 또는 몇 개의 고리가 생략된 조어 사슬
에 의해 실현된다.

> ▍вредить → вредитель → вредительство → вредительствовать
> ▍мучить → мучитель → мучительство

지금까지의 기술을 통해서 알 수 있듯이, 전형적인 조어 사슬에는 유추(аналогия)
의 법칙을 적용할 수 있다. 언어에 전형적인 조어 유형이 존재한다는 사실은 그
모델에 따라 새로운 단어가 형성될 수 있는 가능성을 제시한다.

2.9. 조어 파라디그마

조어 사슬에서는 일련의 단어들이 순차적인 파생 관계에 있기 때문에 그 고리들이
직접 또는 간접적인 파생 관계를 이룬다. 그러나 조어 파라디그마(словообразовательная
парадигма)에서는 모든 파생어가 파생 모어와 파생 관계에 있으며, 동시에 계열적
관계에 의해 서로 연관되어 있다.

러시아어 조어론에서 조어 파라디그마란 개념이 본격적으로 도입된 것은
젬스까야에 의해서이다. 그에 의하면, 조어 파라디그마는 동일한 파생 모어 어간을
가지는, 동일한 파생 단계에 위치한 파생어들의 총체이다(Земская 1978: 71-72).
예를 들면, 동사 читать의 조어 파라디그마를 구성하는 것은 чтение, читка,
читатель, читальня, читальный와 같이, 동일한 동사에서 파생되어 동일한 파생
단계에 있는 모든 파생어이다.

따라서 조어 파라디그마에는 상이한 품사들이 포함되지만, 특정 파라디그마에 속하는 단어들의 파생 모어는 포함되지 않는다. 여기에서 한 가지 지적할 것은, 조어 파라디그마가 결코 조어족과 동일한 조어 단위는 아니라는 점이다. 일반적으로 하나의 조어족은 몇 개의 조어 파라디그마를 포함한다. 예를 들면, 러시아어 형용사 возможный의 조어족은 다음과 같다.

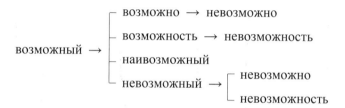

이 조어족은 다음과 같은 4개의 조어 파라디그마로 이루어져 있다.

1) 형용사 возможный의 조어 파라디그마: возможно, возможность, наивозможый, невозможный
2) 부사 возможно의 조어 파라디그마: невозможно
3) 명사 возможность의 조어 파라디그마: невозможность
4) 형용사 невозможный의 조어 파라디그마: невозможно, невозможность

위에서 알 수 있듯이, 조어 파라디그마의 숫자는 조어족에서 파생 모어로 기능하는 단어의 수와 동일하다.

조어 파라디그마를 구성하는 파생어들은 의미적으로 연관되어 있다. 그것들은 의미적 공통성을 가지는데, 이것은 조어 파라디그마를 구성하는 모든 파생어들이 동일한 파생 모어에서 파생되며, 그 어휘적 의미가 파생 모어의 어휘 의미에서 도출된다는 사실에 의해 잘 설명된다. 그러나 동일한 조어 파라디그마에 속하는 단어들은 의미적으로 무엇보다도 파생 모어와 관련되고, 서로 간의 관계에서 동등한 파생어로서 의미적으로 대등한 특성을 가진다. 따라서 조어 파라디그마를 구성하는 모든 요소는 같은 파라디그마에 속하는 다른 파생어와는 무관하게, 파생 모어의 의미를 나름대로 변화시킨다.

조어 파라디그마는 여러 가지 품사를 포함하며, 또한 동일한 품사의 파생어를 포함하는 몇 개의 그룹, 즉 명사, 형용사, 동사, 부사 그룹 등으로 나뉜다. 그런데 이러한 상이한 품사의 조어 파라디그마에는 유사성과 차이점이 있다. 가장 큰 유사성은 동일한 주제 그룹이나 어휘 의미 그룹에 관련되는 단어들의 조어 파라디그마에서 나타난다. 예를 들어, 색깔을 나타내는 형용사의 조어 파라디그마를 살펴보자.

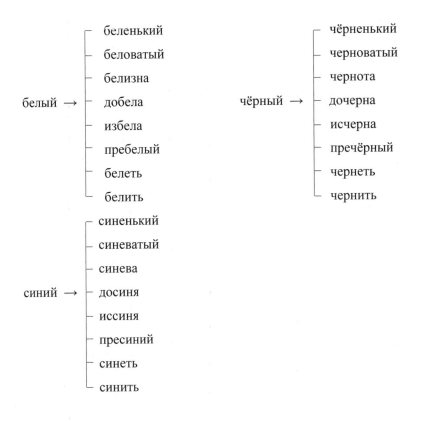

белый →
- беленький
- беловатый
- белизна
- добела
- избела
- пребелый
- белеть
- белить

чёрный →
- чёрненький
- черноватый
- чернота
- дочерна
- исчерна
- пречёрный
- чернеть
- чернить

синий →
- синенький
- синеватый
- синева
- досиня
- иссиня
- пресиний
- синеть
- синить

동일하거나 가까운 일련의 파생어를 가지는 조어 파라디그마들은 하나의 유형으로 연합되어, 하나의 '전형적인 조어 파라디그마'(типовая словообразовательная парадигма)를 형성한다. 따라서 색깔을 나타내는 형용사, 동물을 지칭하는 명사, 소리를 나타내는 동사 등의 모든 조어 파라디그마는 각각 하나의 전형적인 조어 파라디그마를 형성한다. 공시적인 조어론에서 이 개념은 전혀 새로운 것으로, 상이한 언어 체계의 구성 사이에서 이형태소(изоморфизм)를 찾고, 조어 단위들 사이의 계열적 관계를 설명하기 위하여 젬스까야에 의해 도입되었다(Земская 1989: 334-335).

전형적인 조어 파라디그마는 언어에 존재하는 일정한 구조를 가지는 모든 조어 파라디그마를 보편화한 것이다. 따라서 전형적인 파라디그마에서 파생어들의 집합은 어떤 '구체적인 조어 파라디그마'(конкретная словообразовательная парадигма)에 속하는 파생어들의 합과 완전히 일치하지 않는다. 바로 이러한 이유로 인해 어떤 조어 파라디그마가 자신의 전형적인 조어 파라디그마에 특징적인 파생어들의 완전한 집합을 나타낼 수 없는 것이다. 그러나 각 조어 파라디그마에는 특정한 전형적인 파라디그마에 속하는 파생어들의 일정한 집합이 어떤 형태로든 실현된다.

조어 파라디그마와 전형적인 조어 파라디그마에서 파생어는 그것들의 품사에 따라서 독특하게 배열된다. 모든 조어 파라디그마와 전형적인 조어 파라디그마는 자신의 품사적 구조를 가진다. 따라서 조어 파라디그마의 특성은 파생 모어가 어떤 품사에 속하느냐에 따라 정의되며, 또 동일한 품사 안에서는 어떤 어휘 의미 그룹에 속하는가에 따라 밝혀진다. 이에 대해 젬스까야는 다음과 같이 기술하고 있다.

"가장 큰 차이점은 상이한 품사에 속하는 단어들의 조어 파라디그마 사이에서 관찰된다. 그러나 동일한 품사 안에서도, 여러 어휘 의미 그룹의 조어 파라디그마 사이에는 본질적인 차이가 있다."(Земская 1978: 72)

조어 파라디그마와 전형적인 파라디그마의 품사적 구조에 대한 기술은 언어의 단어 생성 메커니즘에서 상이한 어휘 의미 그룹과 주제 그룹, 단어의 문법적 부류의 역할을 정의하고, 그 속에서 품사들이 어떻게 서로 작용하는지를 설명하는 데에 매우 중요하다. 따라서 전형적인 조어 파라디그마와 구체적인 조어 파라디그마를 비교해 보면 파생어의 형성에서 어간과 접사가 어떤 규칙에 의해 결합하는지를 알 수 있다. 러시아어에서는 동물을 지칭하는 명사로부터 크기와 평가를 나타내는 명사들이 쉽게 형성된다. 이 경우 상이한 문법적 성을 가진 기저 단어들이 여러 접미사와 결합한다. 예를 들면, 접미사 -к(a), -енциj(a), -'онк(a)는 단지 여성 명사와만 결합한다.

▪ собачка, коровка; собаченция; коровёнка, сабачонка

러시아어에서 단어 коровенция는 사용되지 않지만, 그러한 명사가 형성될 수는 있다. 왜냐하면 이 접미사가 여성 명사의 어간과 결합하는 것은 이 단위들의 체계적인 관계에 모순되지 않기 때문이다.

다른 성의 제약은 어휘에서 비롯된다. 동물을 지칭하는 조어 파라디그마에서는 조어와 어휘 사이의 관계가 매우 분명하게 나타난다. 따라서 이 단어 그룹에 고유한 의미 중에서 어떤 의미는 개별 단어에서 나타나지 않을 수 있다. 예를 들면 собака, корова, баран과 같은 단어들의 조어 파라디그마에는 동물의 새끼와 암컷을 지칭하는 명사가 없다. 단어 корова로부터는 비록 송아지 고기가 널리 식용으로 이용됨에도 불구하고 그 고기를 지칭하는 коровина가 파생되지 않는데, 이것은 다른 어간을 가지는 명사 говядина가 존재하기 때문이다.

동물을 지칭하는 구체적인 조어 파라디그마는 전형적인 조어 파라디그마가 포함하고 있는 모든 조어 의미를 실현시키는 요소들에 의해 끊임없이 보충된다. 따라서 새끼 동물의 명칭은 임의의 동물을 지칭하는 명사로부터 능동적으로 형성된다.

▪ кабаржонок, кускусёнок, мамонтёнок

또한 동물의 고기를 지칭하는 단어 역시 임의의 동물 명칭으로부터 잠재적으로 형성된다.

▪ китятина, слонятина, гнучатина

따라서 만약 우리가 전형적인 조어 파라디그마에 어떤 조어 의미를 가지는 단어들이 속하는지 알게 되면, 어떤 어휘 의미 그룹에 속하는 임의의 단어로부터 새로운 파생어의 출현을 기대할 수 있다. 이러한 측면에서 볼 때 조어 파라디그마는 새로운 단어의 출현을 미리 짐작케 해 주는 예견력을 가진다.

조어 파라디그마는 단어의 파생적 결합가를 반영하며, 그 특성을 기술하기 위해 필수 불가결한, 언어의 조어 층위에서 기능하는 가장 중요한 개념이다. 조어 파라디그마가 반영하는 단어의 파생적 결합가는 통사적인 결합가와 마찬가지로 단어의 의미적 및 결합적 특성들 간의 일정한 친족 관계를 보여준다. 따라서 언어의 특성을 완전히 기술하기 위해서는 단어의 '파생적 결합가'의 기술도 필수적이다(Земская 1978: 74-75).

이렇게 여러 유형에 속하는 단어들의 파생적 결합가의 설명을 통해 언어의 조어적인 잠재력을 정의할 수 있다. 또한 조어 파라디그마의 개념을 통해서 상이한 부류에 속하는 단어들의 조어적 잠재력을 확립할 수 있다. 따라서 파생어와 비파생어의 모든 그룹, 상이한 품사에 속하는 단어들, 어휘 의미 그룹과 주제 그룹의 조어 파라디그마를 특별히 연구해야 한다. 이러한 연구를 통해 언어에 존재하는 모든 전형적인 조어 파라디그마를 설명하고, 그 유형을 확립할 수 있기 때문이다.

2.10. 조어족

조어족(словообразовательное гнездо, Word family)은 70년대에 들어 연구되기 시작하였으나 당시에는 이것과 관련된 많은 문제를 제대로 조명하지 못했다. 그러나 그 후 더욱 집중적으로 연구되어, 현재에는 유형적인 조어족, 유형적인 파라디그마와 같은 개념들이 도입되었다. 이러한 현상은 무엇보다도 개별적인 조어족 구조에 대한 적극적인 연구와 관련된다고 볼 수 있다.

최근에 조어론 연구의 두드러진 특성으로 하나의 체계로서의 연구를 들 수 있다. 이것은 조어 유형의 체계뿐만 아니라, 더 큰 단위인 조어족 층위에서의 연구를 의미한다.

현대 러시아어 조어 체계의 조어족 형성에 관한 최초의 체계적인 시도는 찌호노프의 『Школьный словообразовательный словарь русского языка』(1978)에서 이루어졌다. 그의 이러한 시도는 후에 두 권으로 출간된 『Словообразовательный словарь русского языка』(1985)에 의해 더욱 완전해졌다.

수록된 어휘의 규모로 볼 때 이 사전은 가장 완전한 현대 러시아어 조어 사전이다. 여기에는 총 144,152개에 달하는 단어가 다루어지고 있는데, 이 중에서 12,542개는 근원어, 126,034개는 파생어, 5,576개는 개별적으로 존재하는 단어들이다. 이 조어 사전의 출현은 러시아어 조어론에 대한 체계적인 연구를 촉진하는 계기가 되었다.

조어족은 일반적으로 조어 체계에서 "파생 관계에 의해 정돈된, 동일한 어근을 가지는 단어들의 총체"(Тихонов 1985: 36)로 정의된다. 동일한 어근을 가지는 단어들의 공통성은 그것들에 동일한 어근이 존재한다는 표현의 측면뿐만 아니라, 어근이 같은 계통의 모든 단어들에 공통적인 의미 요소를 표현하는 내용적 측면에서도 나타난다(Тихонов 1985: 36). 결국 한 조어족에 속하는 모든 단어들은 형식적 공통성뿐 아니라, 의미적 공통성도 지닌다.

> соль(소금), соляной(소금의), солонка(식탁용 소금 그릇), солонина(소금에 절인 고기), соление(절이기), солить(절이다), посолить, засолить(소금에 절이다) 등

그러나 어떤 단어들이 공통의 의미 요소를 가진다고 해서, 그것들이 곧 동일한 조어족에 속하는 것은 아니다. 예를 들면 уложить와 укладывать(넣다, 두다), заложить와 закладывать(뒤쪽에 두다, 넣다), я(나)와 мы(우리) 등과 같은 단어들은 의미적 공통성에도 불구하고 동일한 조어족에 속하지 않는다.

또한 조어족은 흔히 '동일한 어근을 가진 단어들의 그룹', '공통의 어근을 가지는 단어들의 그룹', '한 어근에서 발생한 단어들의 그룹' 등으로도 정의된다. 그러나 이처럼 조어족을 단순히 '동일한 어근을 가지는 단어들의 합'으로 정의할 경우 조어족의 본질적 특성이 되는 단어들의 이 '정돈된 특성'(упорядоченный характер)[8]을

---

[8] АГ 80도 이러한 맥락에서 조어족을 정의하고 있다: "... 조어적 파생과 관련하여 정돈된 ...

반영하지 못한다. 문제는 모든 어족(гнездо)은 엄격하게 일정한 구조를 가지며, 각 요소, 즉 단어는 어족에서 언어 체계에 의해 규정된, 확고히 규범화된 위치를 차지한다는 데 있다. 어족의 구성에는 계층의 원칙, 즉 한 단위가 다른 단위에 연속적으로 종속되는 원칙이 그 기저를 이룬다. 그리고 러시아어 조어의 단계적 특성에 분명하게 반영되어 있다(Тихонов 1985: 36).

клей(풀, 아교)
   клеить(붙이다)
     склеить(맞붙이다)
       склеивать(склеить의 불완료상)
         склеиваль(щик)(붙이는 사람, 남성)
           склеивальщица(붙이는 사람, 여성)

двигать(움직이다)
   двинуть(한번 움직이다)
   выдвинуть(앞으로 내놓다)
      выдвигать(выдвинуть의 불완료상)
        выдвижение(등용)
        выдвиженец(등용된 사람)
         выдвиженка(등용된 사람, 여성)
   передвинуть(옮기다)
      передвигать(передвинуть의 불완료상)
        передвижной(이동할 수 있는)
        передвижник(이동 전람화가)
         передвижничество(이동 전람화가가 지도하는 사실파)
   подвинуть(조금 움직이다)
     подвигать(подвинуть의 불완료상)

단어들의 총체". 그러나 어족의 일반적인 정의로서 이 정의는 잉여적이다. 왜냐하면 정돈되지 않고도 동일 어간을 가지는 단어들의 총체는 어족을 구성하며, 그 정돈은 특별한 임무가 된다. 더구나 어족 내에서 단어의 정돈 자체는 상이할 수 있다. 더 중요한 것은 다른 것에 있다. 어족은 파생성과 파생에 의해서 형성된다. 따라서 어족의 정돈성은 부차적인 현상이다.

подвижный(움직이는, 가동성의)

неподвижный(움직이지 않는)

неподвижность(비가동성)

그러나 조어적 파생 관계에 조어족이 관련된다는 사실을 정돈성의 기준을 통해 반영해서는 안 된다. 조어족의 정의에서 전체적으로 정돈성의 기준은 대체로 잉여적이거나 또는 적어도 지나치게 엄격하다(Моисеев 1987: 173). 따라서 조어족은 "파생 관계에 의해 연관된 동일 어근을 가지는 단어들의 총체"(Балалыкина, Николаев 1985: 147)로 정의되어야 한다. 일반적으로 어족이 조어적 파생과 관련된다는 사실은 어족에는 동일한 어근을 가지는 단어들이 그 구성 요소로 나타나고, 어족 자체가 이미 조어적이라고 불린다는 사실에 의해 예측할 수 있다. 그럼에도 전체적으로 어족의 조어적 특성을 강조하기 위하여 '정돈성'을 특별히 강조하는 것은 큰 문제가 없다.

위의 예를 통해서 알 수 있듯이, 어족의 근원어(исходное слово)로는 항상 비파생어(немотивированное слово)가 기능하는데, 이것은 조어족의 필수적인 구성 요소이다. 단어의 생산 과정에서 생각되는 연결 고리는 이론상 없을 수도 있지만, 그 첫 번째 단계, 즉 근원점이 존재하지 않는다고 생각할 수는 없다(Винокур 1959: 424). 조어족에서 근원어로는 1) 자립 어근을 가지는 단어(писать, окно, озеро, синий 등)와 2) 종속 어근을 가지는 단어(добавить, отбавить, прибавить, добавка, прибавка 등)이 온다. 근원어를 제외한 나머지 단어들은 모두 파생어이다.

조어족은 다면적인 단위로서 수평적 계열과 수직적 계열로 구성된다. 수평적 계열의 조어족 구조에서 최소 단위는 조어 짝이며, 그 다음의 큰 단위는 조어 사슬이다. 반면에 수직적 계열에서는 조어 파라디그마가 기본 단위가 된다. 따라서 조어족의 구조는 통합적·계열적 측면에 속하는 단위들의 상호 관계에 의해 규정된다(Тихонов 1985: 41). 통합적 측면에서 보면 조어족은 조어 사슬들의 합이며, 계열적 측면에서 보면 조어 파라디그마들의 합이다. 두 측면의 이러한 연관성과 상호 작용은, 조어 층위에서는 모든 파생어가 통합적 관계뿐만 아니라 계열적 관계에도 있게 된다는 사실에 의해 확인된다.

따라서 조어 사전의 기본 의무는 단어의 조어 구조(словообразовательрая структура)

를 반영하는데 있다(Тихонов 1971: 20-21), 이 조어 구조는 공시적 관점에서 파생의 역사(деривационная история)로, 이 단어의 형성에 직접 참여하는 고리(звено) 뿐만 아니라, 그 단어에 선행하는 모든 나머지 사슬들의 파생 모어 및 파생어의 구조적·의미적 관계의 총체로 이해된다(Винокур 1959: 441). 조어 사슬은 결국 각 파생어의 조어 구조를 나타내므로, 조어족은 공통의 근원어를 가지는 조어 사슬의 총체로도 정의될 수 있다.

결국 조어 파라디그마는 조어족을 구성하는 부분이 된다. 따라서 조어족은 계층적으로 조직화된 부분적 파라디그마들의 총체이다. 그러나 조어족에서 출발점이 되는 단어는 항상 비파생어, 즉 근원어인 데 반해, 조어 파라디그마의 출발점이 되는 단어는 비파생어는 물론 파생어도 가능하다.

조어족의 기능은 동일한 어근을 가진 단어로부터 파생된 파생어들의 조어 구조를 보여주는 데 있다. 따라서 조어 연구에서는 각 조어 유형의 기술 외에도, 조어족에서 조어 과정과 조어적 관계(즉, 상호적인 파생적·계층적 관계) 역시 분석되어야 하는데, 이러한 분석을 통해서 조어 사슬과 조어 파라디그마의 의미적 특성과 기능에 대한 새로운 인식을 얻을 수 있기 때문이다.

조어족에서 의미적 관계를 설명하는 것은 특히 중요하다. 그것을 통해 파생의 규칙성에 대한 복잡한 기술이 가능하고, 또 다른 언어 층위와의 상호 작용에서 조어론의 참여도가 규정되기 때문이다. 따라서 어떤 어휘 단위를 조어족 층위에서 다룸으로써 조어족의 경계는 명확해지고, 파생어의 의미 구조와 그 의미적 용량이 규명될 수 있다. 또한 어족의 근원어와 다른 구성 요소 사이 및 파생어 상호 간의 의미적 근접성의 정도뿐만 아니라, 구체적인 조어족에 특징적인 의미적 상관성의 유형들도 역시 밝혀진다(Ширина 1975: 323).

따라서 조어족은 파생 모어와 파생어 사이의 의미적 상관성을 고려하여 관찰되어야 하는데, 바로 그 기저에 모든 어족에서 조어 사슬과 조어 파라디그마의 형태로 실현되는 파생 모어와 파생어 사이의 의미적·조어적 상관성의 원칙이 있기 때문이다. 다시 말하면, 조어 메커니즘의 단계성, 조어 사슬, 그리고 그 구조에 반영된 일련의 조어 행위의 산물로서 파생어에 대한 상황은 어족 이론의 연구에서 중요한 의미를 지닌다.

조어족에서 그것을 구성하는 단위들 사이의 의미적 관계는 다양하다. 일반적으로 조어족에서 파생어들은 기본 의미에 근거하여 그룹을 이루는데, 이때 기본 의미로는 직접적인 의미뿐 아니라 전의적인 의미도 기능할 수 있다. 그러나 조어족에서 파생어의 의미는 주로 근원어의 직접적 의미와 관련하여 형성된다. 근원어가 다의어일 경우 파생어는 근원어의 다양한 의미를 중심으로 그룹을 형성하며, 파생어 중 일부는 몇 개 또는 전체 의미에서 그것과 관련될 수 있다. 조어족의 어떤 단어는 직접적 의미를 소화하고, 또 어떤 단어는 전의적 의미를 소화시킨다. 그러나 기본적인 의미의 총체, 그 수, 결합은 조어족의 유형에 따라 상이하게 나타난다. 이것은 무엇보다도─ 조어 파라디그마에서와 마찬가지로─ 근원어의 의미 구조와 그것들이 어떠한 품사에 속하는가, 또 어떤 어휘 의미 그룹에 속하는가에 따라 달라진다.

2.11. 조어 수단

조어, 즉 단어의 형성은 일정한 조어 수단(словообразовательное средство)─ 주로 접두사와 접미사─ 에 의해서 실현된다. 이러한 의미에서 또 하나의 용어 '형성소'(формант)가 사용된다. 그러나 어떤 이들은 어원론 또는 용어 '형성소'의 내적 형태에서 출발하여 이것을 단어의 형성 수단이 아닌, 단어 형태의 형성 수단으로 본다. 그리고 단어의 형성 수단을 дериватор로 부를 것을 제안한다. 형성소의 구성이나 규모에 대해서는 일치된 의견이 없다. 형태소가 어근과 어미를 포함하여 단어의 모든 의미를 지니는 형태적인 부분들에 대한 유개념인 것과 마찬가지로, 형성소는 모든 조어 접사들에 대한 보편적인 유개념으로 이해된다.

그러나 형성소는 좀 더 확장된 개념으로 이해되기도 한다. 이 경우 형성소는 파생어로가 파생 모어로부터 형식적으로 구별되는 모든 것을 의미한다. 즉, 조어 접사뿐 아니라 역점, 소리의 교체, 구성 요소의 어순(복합어에서), 파생어의 어미 체계도 여기에 관련된다. 그러나 형성소의 개념을 이처럼 넓게 파악하는 것은 별로 타당하지 않는데, 이 경우에 형성소의 덩치가 너무 커져서 모든 구성 성분을 고려한다는 것이 실제로 거의 어렵기 때문이다. 이보다는, 역점과 소리의 교체는 조어에 수반되는 형태 음운적인 현상으로 기술하고, 파생어나 복합어의 어미 체계는 단어 변화에 관련시키는 것이 더 간단하다. 파생어의 모든 어미 체계를 형성소에 포함시키는 경우 모든 단어 변화는 본질적으로 조어의 한 부분을 이룬다. 따라서 실제 형성소는 조어적 접사 또는 접두사와 접미사 동시 첨가 방법(под-окон-ник, на-столь-н(ый) 등)과 동사의 접두사와 후치사 동시 첨가의 방법(в-думать-ся, за-думать-ся 등)에 서처럼, 접사들의 복합체가 된다.

03 조어론의 일반적 특성

3.1. 조어론에서 공시와 통시

조어론에서 공시와 통시에 대한 문제는 많은 학자들에 의해 연구되었다. 그러나 그들 사이에 일치된 견해는 아직도 존재하지 않는다. 어떤 학자들(Немченко 1985: 5)은 조어론에서 공시와 통시는 구별이 가능하며, 또한 반드시 구별되어야 한다고 주장하는 반면, 다른 학자들은 이러한 구별이 타당치 않으며 가능하지도 않다고 반박한다. 볼로츠까야(Волоцкая 1966)에 의하면 조어론은 공시화할 수 없으며, 만약 공시화할 경우 연구에 파생의 개념과 함께 주관적인 요소가 개입되어 단어의 실제적인 역사가 왜곡될 수 있다. 그렇다면 실제로 조어론의 공시화는 불가능하고, 조어론은 언어의 통시에만 관련되는가? 그렇지 않다. 현재 언어의 다른 모든 측면과 층위에 이 개념이 적용되는 것과 마찬가지로, 조어론에서도 공시와 통시를 구별할 수 있다.

공시와 통시의 관계를 정확히 이해하기 위해서는 언어의 공시와 통시가 어떻게 이해되고 있는가 하는 문제와 조어의 본질을 살펴볼 필요가 있다. 공시란 문자 그대로 '동시성'을, 통시는 '시간의 경과'를 의미한다. 언어에 적용될 경우 공시는 특정한 존재 시점에서 언어의 체계를 의미하며, 통시는 언어 발전의 이전 단계에서 이러한 체계의 생성을 의미한다. 그러나 언어는 항상 하나의 체계로서 존재하고 기능한다. 따라서 언어에서 통시란 때로는 더 완성되고 더 확고한 것이며, 덜 완성되고 덜 확고한 언어 체계의 공시적 상태가 무한히 교체된다고도 볼 수 있다(Ссосюр 1977: 144). 즉, 공시는 '언어의 상태'이고, 통시는 '언어의 진화'이다.

언어 현상으로서 조어는 단어의 형성이나 발생이다. 그러나 단어는 언어가 존재하는 한 끊임없이 창조된다. 조어론의 대상에 대해 말하자면, 이미 언어에 존재하는 단어들이 어떻게 형성되었으며 새로운 단어들이 지금 어떻게 형성되고 있는가, 그리고 앞으로 어떻게 형성될 것인가 하는 것이다. 이 모든 것들은 분명 조어론의 관심 영역에 들어간다. 언어 사용의 구체적인 행위에서 새로운 단어들은 이미 존재하는 어휘의 수와 비교하면 극히 적은 수에 불과하다. 단어가 장차 어떻게 형성될 것인가 하는 것은 언어적인 진단의 영역에만 관련된다. 공시와 통시, 조어론의 대상을 이처럼 이해할 경우 절대 다수의 단어가 언어 행위에서 사용되기 이전에 이미 존재했다, 즉 그 이전에 형성되었다고 볼 수 있으며 이는 언어의 통시에 속하게 된다.

그러나 조어론의 근본적인 문제는 단어가 언제 형성되었는가 하는 데 있지 않고, 그것이 어떻게 형성되었는가 하는 점에 있다(Моисеев 1987: 102). 파생 모어 어간이나 조어 수단, 조어 방법 등과 같은 단어 형성의 특성에 대해서는 이미 존재하는 다른 단어들과 관련하여 그것들이 가지는 구조·의미적 상관성에 의해서만 판단할 수 있는 것이다.

단어의 형성은 통시의 자산이며, 언어의 공시적 상태, 즉 그 발전의 구체적인 단계에서는 단지 파생 모어와 파생어의 구조·의미적 관계만이 연구된다.

파생어는 구조·의미적 관점에서 고찰하는 공시적 측면에서뿐만 아니라, 언어 발전의 특정 단계에서 새로운 단어의 출현과 관련하여 통시적으로도 연구될 수 있다(Тимофеев 1971: 34, 32). 대부분의 단어는 특정한 순간, 즉 언어의 공시에서는 형성되지 않으며, 이미 완성된 형태로 존재하여 단지 말에서 재현되고 사용될 뿐이다. 따라서 언어에서 새로운 단어의 형성은 언어 발전의 역사 영역(즉, 통시)에 관련되며, 공시적인 언어 상태에서는 파생어와 비파생어를 막론하고 모든 단어가 동등한 자격을 가지고 공존한다. 결국 조어는 언어의 통시적 현상에 속하며, 그 공시적인 고찰에서는 단어들의 구조·의미적인 상호 관계만이 연구의 대상이 된다.

러시아 언어학에서 조어론은 비노꾸르(Винокур)의 논문 "Заметки по русскому словообразованию"(1946)의 출판과 함께 공시적인 학문으로 발전하게 되었다. 이처럼 공시적 관점에서 조어론에 접근할 경우 연구자는 과정이 아닌 그 결과, 즉 파생어를 연구 대상으로 삼는다. 조어 체계를 공시적으로 연구할 경우에는 이 체계의 기본적인 단위를 설명하고, 그것의 언어적 특성 및 단어들의 '공존 관계'(Земская 1973: 6)를 밝혀야 한다. 다시 말해 조어적 사실로서 특정 시점에서 어떤 단어가 다른 단어와 가지는 상관성, 상관된 짝에서 파생 관계, 조어 수단 및 그것과 관련된 조어 의미, 어떤 단어가 가지는 구조·의미적 특성의 전형적인 특성이 연구되어야 한다.

예를 들어 단어 учитель을 현대 러시아어의 조어 체계에서 연구할 경우, 우리는 이 동사 учить와 관련되고, 나아가 구조·의미적으로 종속된다는 점, 즉 이 동사로부터 파생된다는 사실을 지적해야 한다. 이러한 파생성에 근거하여 단어 учитель은 상응하는 파생 모어와 공통적인 부분(учи-), 즉 파생 모어 어간과 파생 모어로부터 파생어를 구별해 주는 부분(-тель), 즉 조어 수단의 두 부분으로 구성된다는 것을 알 수 있다. 이렇게 두 단어 учить - учитель의 상호 관계는 현대 러시아어에서 전형적인 특성을 나타낸다.

■ писать - писатель, преподавать - преподаватель, читать - читатель

그렇다고 해서 조어를 순수한 공시적 측면에서만 기술할 수 있는 것은 아니다. 그러한 조어 연구의 불충분성에 대해서는 조어 기술에서 공시적 접근을 주장하는 학자들도 역시 인정한다. 조어의 연구에서 일관성 있게 공시적인 원칙을 고수하기는 어렵다. 왜냐하면 조어란 현재와 미래(단어가 어떻게 형성되고, 어떤 모델에 따라 형성될 수 있는가)뿐만 아니라, 과거(단어가 어떻게 형성되었는가) 지향적이기도 하기 때문이다(Быкова 1974: 44).

조어론에 대한 공시·통시적인 접근 방법에서는 동일한 용어로 불리는 많은 개념이 상이하게 해석되는데, 파생성(производность), 파생어 어간(производная основа), 파생 모어 어간(производящая основа)등이 바로 그러하다.

통시적 연구에서는 단어의 파생성을 확인하고, 비교되는 친족 관계를 나타내는 단어 중에서 어떤 단어가 다른 단어 형성의 기저가 되는지, 즉 어떤 단어가 파생 모어 어간을 가지며, 어떤 단어가 파생어 어간을 가지는지 명확히 하기 위해 이 단어들의 구체적인 역사를 연구해야 한다. 또한 그것들 중에서 어떤 것이 더 먼저 형성되고 더 늦게 형성되었는지, 그리고 어떤 단어가 역사적으로 다른 단어로부터 형성되었는지를 밝혀야 한다.

한편 공시적 접근 방법에서는 파생어 어간과 파생 모어 어간을 설정하기 위해, 다음과 같은 물음에 답해야 한다: 동일한 어근을 가지는 두 개의 단어 중에서 어떤 것이 형태적, 의미적으로 더 단순하며(즉, 파생 모어), 어떤 것이 더 복잡한가(즉, 파생어)? 이것에 답하기 위해서는 연구가 진행되는 바로 그 시대에, 단어들 사이에 존재하는 형태적·의미적인 상호 관계를 밝혀야 한다.

파생어 어간과 파생 모어 어간이라는 용어는 공시적 조어론에서도, 통시적 조어론에서도 사용된다. 그러나 만약에 통시적 조어론에서 그것들이 의미상 동사 **производить**의 형동사와 동일하다면, **производная**는 파생된 것이고, **производящая**는 파생시키는 것이다. 한편 공시적 조어론에서 이 용어들은 '과정적 의미'가 아니라, 그것들 사이의 일정한 관계에 존재하는 '기능적 의미'를 나타낸다. 대개 다음과 같은 형태가 일반적이다. 파생 모어는 동일 어간의 파생어보다 형태적으로나 의미적으로 더 단순하다. 파생 모어 어간의 의미는 파생어 어간의 의미를 파생시키며, 파생 모어 어간의 형태는 파생어 어간의 형태 형성에서 기저를 이룬다. 이때 우리는 파생시키는 어간을 포함하는 단어를 '파생 모어'라 부르고, 파생어 어간을 포함하는 단어를 '파생어', 그리고 비파생 어간을 포함하는 단어를 '비파생어'라고 부른다.

공시적 접근 방법과 통시적 접근 방법의 경계를 구분하는 것은 조어론의 연구에서 중요한 의미를 지닌다. 바로 이 분야에서 통시와 공시의 혼란이 특히 자주 일어나기 때문이다. 이러한 현상은 단어가 자신의 형태를 바꾸지 않으면서 의미를 바꿀 수 있는 언어 단위라는 사실로 증명된다. 이로 인해 언젠가 계통이 같았던 단어들 사이의 관계가 단절된다 하더라도, 남아 있는 형태적 유사성은 흔히 서로 갈라져서 다른 단어가 된 단어들을 하나로 묶는 역할을 한다.

3.2. 조어적 분석과 형태소적 분석

'파생성', '분리성'의 개념과 관련하여, 조어적 분석과 형태소적 분석이라는 두 가지 형태의 단어 분석이 가능하다.

어떤 어간의 공시적인 조어적 분석의 과제는 이것이 비파생 어간인지, 아니면 파생 어간인지를 규정하는 것이다. 후자의 경우에 특정 어간은 분석되는 어간과 관련하여 파생 모어가 되며, 그것이 어떤 조어 수단과 조어 방법에 의해서 파생되었는지를 밝혀야 한다. 그리고 분석의 대상이 되는 단어를 의미적으로나 형태적으로 직접 파생시키는 단위(어간, 어형, 어결합)가 바로 파생 모어 어간이 된다.

파생 모어 어간을 찾아내기 위해서는 분석되는 단어를 두 계열의 단위들과 관련시켜야 한다: 동일한 어간을 포함하는 단위와 동일한 조어 수단을 포함하는 단위. 이때 단어가 하나의 계열적 관계만을 가지게 되면 그것은 파생어로 볼 수 없다.

지금부터 단어 паровозный를 분석해 보자. 이것은 다음과 같은 일련의 단어 계열에 속한다.

1) паровоз, паровоз-ик, паровоз-ищ-е …
2) дорож-н-ый, вагон-н-ый, камен-н-ый …

위의 예를 통해 우리는 형용사 паровозный가 복합 명사 паровоз에 접미사 -н-을 붙여 형성되었다는 것을 알 수 있다. 이러한 대답은 형용사 паровозный(기관차의)의 의미와 형태를 살펴보면 자명해진다.

1) 이것은 'относящийся к паровозу'(기관차와 관련된)를 의미한다. 즉, 그 의미는 명사 паровоз(기관차)의 의미에 의해 형성되며, 이 명사에 직접적인 의미적 종속성을 나타낸다.
2) 이것은 명사 паровоз에 형태적으로도 직접 종속된다. 즉, 이 명사의 어간과 형용사 형성 접미사 -н-을 포함한다.

조어적 분석은 단어의 끝에서부터 시작해야 한다. 즉 어미를 분리한 후, 파생 모어 어간과 조어 형성소를 분리해야 한다. 곧바로 단어의 어근을 찾게 되면, 옳지 않은 결론에 이를 수 있기 때문이다. 단어 паровозный에서 어근 пар-와 воз-를 분리하고서, 단어 паровозный가 어간의 복합에 의해 형성되었다고 생각하는 것은 옳지 않다. 왜냐하면 이 단어는 '이미 만들어져 있는' 어간 паровоз로부터 형성되었으며, 이 단어에서 접미사 -н-은 조어 형성소이기 때문이다. 따라서 이 단어는 어간의 복합에 의해서가 아니라, 접미사적 조어 방법에 의해 형성된다.

조어적 방법과 형태소적 방법－용어 'морфологический анализ'(형태론적 분석)는 바람직하지 않다. 그것은 морфема(형태소)가 아닌, морфология(형태론)와 관련되기 때문이다－을 혼동해서는 안 된다. 형태소적 분석은 그 목적과 결과에서도 조어적 분석과 구별된다. 형태소적 분석의 목적은 특정 단어가 어떤 형태소들로 이루어져 있는지를 보여주는 것이다. 따라서 형태소적 분석의 결과 우리는 단어의 구성(состав)을 알게 된다. 그러나 형태소적 분석은 조어적 분석에 입각하지 않으면 안 된다. 단어가 어떻게 형성되었는지 알고 난 후에야 비로소 그것을 제대로 형태부로 나눌 수 있다.

그러면 지금부터 조어적 분석과 형태소적 분석의 결과를 비교하기 위하여, 단어 разброска를 살펴보자.

조어적 분석의 경우에 우리는 분석되는 단어의 파생 모어 어간을 찾아야 한다. 여기서 동사 разбросать의 어간은 파생 모어로 기능한다. 왜냐하면 명사 разброска는 동사 разбросать의 '행위'를 의미하기 때문이다. 즉, 동사 разбросать는 의미적으로 명사 разброска를 파생시킨다. 뿐만 아니라 동사 разбросать는 형태적으로도 동사 разброска의 파생 모어가 된다. 명사 разброска는 동사 разбросать의 어간으로부터 접미사 -к(а)의 도움에 의해 형성된다.

подбросить - подброс-к(а); читать - чит-к(а); починить - почин-к(а)

위의 예를 통해서 알 수 있듯이, 조어적 분석의 관점에서 단어 разброска는 접미사적 조어 방법에 의해 동사로부터 파생된 명사이다. 따라서 그 어간은 파생 모어 어간인 разброс-와 접미사 -к(а)를 포함한다: разброс-к(а).

조어적 분석의 경우 파생 모어 어간에서 접두사 раз-를 분리하지 않는데, 이것은 이 접두사가 단어 разброска의 형성에 아무런 역할을 하지 않으며, 즉 조어 형성소로 기능하지 않기 때문이다. 이는 단지 파생 모어인 동사 разбросать의 어간으로부터 전이된 것이다.

형태소적 분석의 경우에는 단어의 모든 의미를 지니는 부분, 즉 단어를 구성하고 있는 모든 형태부를 분리해야 한다. 여기서 동사 разбросать는 동사 раскидать, развеять, распылить 등과 대비되면서 어간 разброс-에서 접두사 раз-와 어근 брос-로 분리된다. 따라서 명사 разброска를 형태소적으로 분석해 보면 다음과 같은 부분들로 분리된다.

1) 접두사 раз- (разноска, раскладка)
2) 어근 -брос- (от-брос-ы, под-брос-ить, под-брос-ка)
3) 접미사 -к- (под-гон-к-а, раз-бор-к-а, раз-вес-к-а)
4) 주격 단수 어미 -а (вод-а, ног-а, уборк-а)

따라서 형태소적 분석의 관점에서 단어 разброска의 어간은 세 개의 형태소, 즉 접두사와 어근, 그리고 접미사를 포함한다: раз-брос-к(а).

이렇게 형태소적 분석은 단어가 어떻게 형성되었는가 하는 물음에 대해서는 내답하지 못한다. 한편 조어적 분석을 통해 우리는 단어가 최소의 구성단위인 형태소들 (стол-ик, апельсин-ов-ый, чай-ник)로 형성될 뿐 아니라, 하나 이상의 형태소로 구성된 더 큰 부분으로도 형성된다는 것을 알 수 있다(паровоз-н-ый, разброс-к-а).

단어를 정확히 분석하기 위해서는 파생어와 파생 모어의 상호 관계는 물론, 조어 유형, 더 넓게는 조어 체계에서 단어들 사이의 상호 관계 역시 지적해야 한다. 예를 들어, 단어 писарь(писать), пахарь(пахать)를 분석하면서 이들 단어에서 동사 어간 писа-, паха-와 접미사 -рь가 분리된다고 생각할 수 있다. 그러나 다른 단어 звонарь, лекарь 등을 분석해 보면, 여기서 -а-는 동사의 어근에 붙는 접미사라는 것을 알 수 있다.

пис-арь(пис-ать), пах-арь(пах-ать), звон-арь(звон-ить)

또한 조어적 분석은 어원적 분석과도 확실히 구별된다. 어원적 분석은 더 이전에 존재했던 단어의 구성과 그 근원적인 조어 관계를 규명한다. 따라서 조어적 분석과 어원적 분석은 서로 대비되는데, 후자가 단어의 일생에서 과거를 설명하는 수단이

되는데 반해, 전자는 단어의 현재를 설명하는 것이 그 목적이다. 다시 말해, 조어적 분석은 분석되는 단어가 현재 조어 관계에서 나타내는 것을 확인하는 반면 어원적 분석은 단어의 기원을 확인하고 그 발생 역사를 설명하며, 과거에 있었던 조어적 관계를 밝히고, 현재적 의미의 발생 경위를 보여 준다. 즉, 어원적 분석은 러시아어 및 다른 언어들의 역사적 자료에 근거한다.

3.3. 단어 형성과 형태 형성

단어 형성(словообразование)과 형태 형성(формообразование)은 분명히 언어의 다른 현상으로서 전자는 어휘에서, 후자는 형태론에서 일어나는 언어적 과정을 뜻한다. 단어 형성, 즉 조어는 단어의 창조이며, 형태 형성은 언어 사용에서 단어들의 형태 변화, 즉 단어들의 문법적인 형태 형성이다. 바꿔 말하면 단어 형성은 새로운 단어의 출현이며, 형태 형성은 그것의 기능이다. 그러나 어떤 구체적인 어휘 형성이 개별적인 단어인가(즉, 단어 형성), 한 단어의 다른 형태인가(즉, 형태 형성)를 규정하는 것은 매우 어려운 일인데, 이것은 단어의 형성과 그 문법적인 변화가 흔히 동일한 형태로 실현되기 때문이다(Моисеев 1987: 77-78). 단어 형성에서와 마찬가지로, 단어 변화에서 단어의 형태들 역시 형식적·의미적으로 서로 구별된다. 왜냐하면 어휘 단위들의 형태적인 변화는 일정한 의미적 변화를 수반한다고 볼 수 있기 때문이다. 특정 의미를 표현하기 위해서는 어떤 형태의 변화가 항상 수반된다.

стол - столяр, столовый;
그러나 стол - столик, столище; стол - стола, столу, столом

그러면 언제, 그리고 어떤 기준에 따라 단어 형성과 단어 변화 사이의 경계 설정이 가능한가? 기준은 근본적으로 두 가지이다. 먼저 어휘-문법적(лексико-грамматическое) 기준을 들 수 있다. 어휘 의미의 차이는 단어 형성의 결과이며, 문법적 의미의 차이는 단어 변화와 연관된다. 두 번째로는 도출성(выводимость)과 비도출성(невыводимость)을 들 수 있다. 단어 형성에서는 일차적 단어와 이차적 단어, 파생 모어와 파생어가 존재한다. 그러나 형태 형성에서는 대등한 크기의, 동등한 자격을 가진 단어 형태들이 동시에 공존한다.

단어에서 어휘적인 것과 문법적인 것은 원칙적으로 상당히 분명하게 구별된다. 어휘적 의미는 개별 단어 각각의 별개 의미로서 단지 특정 단어에만 고유하다. 반면에 문법적 의미는 개별적인 어휘적 의미에 수반되는 특정 단어 부류 전체에서 나타나는 보편적인 범주적 의미이다. 예를 들면, 명사의 격 의미, 동사에서 시제, 인칭의 의미 등을 들 수 있다. 그러나 단어에서 어휘적 의미와 문법적 의미를 일관성 있고, 모순되지 않게 구별하는 것은 여전히 쉽지 않은 일이다. 예를 들면, белый - беловатый - беленький - белее에서 어휘적·문법적인 변화가 일어나는지, 그리고 이 계열에 만약 문법적, 어휘적 변화가 존재한다면 그것들 사이의 경계는 어디에 있는지가 분명하지 않다.

어휘적인 것과 문법적인 것은 물론 본질적인 중요한 기준이다. 그러나 그 개념에 대한 정의 자체가 매우 어렵기 때문에 아직까지도 명확히 규정되어 있지 않은 실정이다. 단어 형성과 단어 변화가 어휘적인 것과 문법적인 것에 종속될 뿐 아니라, 반대로 단어에서 어휘적이고 문법적인 것이 단어 형성과 단어 변화의 경계에 따라 결정된다는 사실은 의미심장하다. 어휘적 의미와 문법적 의미의 경계 설정의 가능성과 관련하여 몇몇 학자들이 보이는 회의적인 태도는 단어 변화와 단어 형성 사이에 존재하는 불분명한 경계에 대한 과장된 반응이다(Филин 1982: 317-318).

두 번째 기준인 도출성과 비도출성은 더욱 명백하다. 일반적으로 단어 형성에서는 파생 모어와 그것으로부터 형성된 파생어가 분명하게 구별된다.

■ лес → лесной, рыба → рыбак, писать → писатель

그러나 단어 변화에서는 문법적 형태의 일차적 단어와 이차적 단어, 파생 모어와 파생어가 존재하지 않는다. 모든 형태는 원칙적으로 같은 크기이며, 공존하는 관계에 있다. 단어의 문법적인 형태 중에서 고유한 명명적 형태로서 다른 형태보다 분명히 선호되는 명사의 단수 주격, 동사의 미정형 등과 같은 소위 근원적 형태 (начальная форма)가 분리된다 할지라도, 그것은 다른 형태들을 위한 근원적인, 파생시키는 형태가 되지는 못한다. 근원적 형태의 의미는 절대로 다른 형태의 의미에 나타나지 않는다. 예를 들면, 주격은 사격의 의미에 절대로 나타나지 않는다.

그러나 이러한 차이가 매우 분명한 것은 아니다. 실제로 단어 형성에서 파생의 방향을 규정하는 데 논쟁의 여지가 있는 경우들이 나타난다.

■ пила - пилить, зло - злой

단어 형성과 단어 변화 사이의 경계 설정에 있어 학자들은 상당한 의견 차이를 보인다. 이러한 현상의 한 요인은 단어 변화의 개념을 넓게 이해하느냐, 또는 좁게 이해하느냐에 따라 단어 형성이 좁게 또는 넓게 이해되기 때문이다. 예를 들면, 넓은 의미에서 명사적 단어 형성에는 지대나 지소의 의미를 지니는 단어들(дом - домик, лапа - лапище)뿐 아니라, 심지어는 복수를 나타내는 단어들(книга - книги)까지도 관련된다. 이 경우 형용사에서 белый - беловатый, беленький와 같은 유형의 단어들 외에 белее, белейший 같은 비교급과 최상급 형태 역시 단어 형성에 관련된다. 그러나 단어를 좁은 의미로 이해할 경우에 이러한 것들은 단어 변화에 관련된다: 명사의 복수 형태, 명사와 형용사의 주관적 평가의 형태.

포르뚜나또프(Фортунатов), 그리고 통사적 범주(예를 들면, 명사의 격)를 비통사적 또는 조어적 범주(예를 들면, 명사의 수)에 대비시킨 뻬쉬꼽스끼(Пешковский)는 단어 형성을 넓게 이해하였다. 이처럼 단어 형성을 넓게 이해하려는 경향은 문헌에서도 나타난다.

> "단어들의 비통사적 형태들은 단어들 사이의 관계를 표현하면서 바로 단어의 어휘적 의미를 변화시킨다: выписываю газету와 выписываю газеты. 명사 수(число)의 상이한 형태는 단어들 사이의 관계를 규정하지 않으면서 대상의 수의 차이를 나타낸다. ... 통사적 형태들은 한 단어의 형태들이고 비통사적 형태들은 상이한 단어들의 형태이다."(Янко-Триницкая 1982: 4)

한편 비노그라도프는 단어 변화를 넓게 이해하여 столик, кашка, кашица, домище, беловатый, беленький 등과 같은 '주관적 평가'의 형태들을 여기에 관련시켰다.

이 문제와 관련하여 뽀쩨브냐는 극단적인 주장을 하였는데, 그는 "단어에서 최소의 의미 변화"(Потебня 1958: 15)도 단어 형성으로 보아 верста, версты, версте 등과 같은 격 형태들조차 상이한 단어들로 간주하였다. 그러나 이러한 관점은 뿌리를 내리지 못하였다. 단어 형성과 단어 변화의 경계 설정이 어려운 것은 사실이지만, 그래도 별도의 독립적인 것으로 인정된다.

단어 형성과 단어 변화, 특히 과도적인 위치의 현상에서 경계 설정을 어떻게든 쉽게 해 보기 위해, 어떤 언어학자들은 형태 형성(формообразование)이라는 또 하나의 영역을 분리할 것을 제안한다. 이렇게 형태 형성은 학자들에 따라 넓게 또는 좁게 이해된다. 형태 형성은 넓은 개념으로는 명사의 격 변화, 형용사와 형동사 및 수사와 대명사의 성/수/격 변화, 동사의 성/수/인칭 변화를 지칭하는 단어 변화와 명사의 성/수의 형태 형성, 형용사와 부사의 비교급 및 최상급의 형성, 형용사 단형, 동사의 시제, 법, 태의 형성, 형동사, 부동사, 미정형의 형성들을 의미하는 형태 형성을 포함하는 것으로 이해된다. 그러나 좁게는, 특수한 형태 형성 형태소들에 의한 동일한 단어의 형태, 즉 고유한 의미의 형태 형성으로 이해된다. 여기서 단어 변화의 형태들은 단어들 사이의 통사적 관계를 표현하기 위해 사용되기 때문에 통사적인 형태로 지칭되며, 반면에 좁은 의미의 형태 형성은 비통사적 형태와 관련된다. 형태 형성이란 이른바 단어의 비통사적 형태들의 형성을 의미한다. 여기에는 동사의 과거 시제, 형동사, 부동사, 형용사와 부사의 비교급, 명사의 복수 등이 속하는데, 이것들은 명사들의 격 형태, 동사들의 인칭 형태, 형용사와 다른 품사에 속하는 단어들의 일치 형태와는 다르다. 원칙적으로 단어 형성에 대비되는 현상은 내적인 면에서 한 종류가 아니며, 적어도 이 두 가지 변종으로 분리되기 때문이다. 그러나 이 변종들의 단어 변화와 형태 형성이라는 용어적 구분은 바람직하지 않다. 왜냐하면 내용상 이 용어들은 동일한 의미를 지니기 때문이다. 단어들의 변화, 즉 словоизменение는 바로 단어들의 문법적 형태의 형성, 곧 формообразование이며, 반대로 단어들의 문법적 형태 형성, 즉 формообразование는 다름 아닌 단어들의 문법적 변화, 곧 словоизменение이다. 이에 대해 비노그라도프는 다음과 같이 기술하고 있다.

"... 단어 변화의 규칙은 엄밀히 말해서 단어의 형태 형성 규칙이다."
(Виноградов 1952: 110)

단어 형성 또한 한 종류가 아니다. 어휘적 파생과 통사적 파생, 급변적 단어 형성과 제한적 단어 형성이 구별된다. 통사적 파생은 용어로도 알 수 있듯 문법적인 현상과 가까우며, 따라서 고유한 단어 형성의 주변에 위치한다. 제한적 단어 형성도 역시 주변적인 위치를 차지한다. 그럼에도 통사적 파생과 제한적 단어 형성은 단어 형성의 영역에, 형태 형성은 단어 변화의 영역에 남아 있다. 따라서 단어 형성과 단어 변화의 경계 설정 문제는 중요한 의미를 지닌다.

두 영역 사이의 경계 설정은 본질적인 어려움으로 인해, 어떤 부분에서는 단지 조건적으로만 해결 가능하다. 전통적으로 비교급, 형동사, 부동사, 그리고 거의 확실하게 명사의 복수형은 단어 형성이 아닌, 형태 변화 형성에 속한다. 반대로 명사와 부사의 주관적 평가의 모든 형태들, 대명사 부류, 동사의 행위 방법, 동사의 상과 태의 형성, 단어의 모든 품사적 전이, 즉 모든 종류의 통사적 파생과 제한적 단어 형성은 단어 변화가 아니라 단어 형성에 속한다. 이처럼 단어 형성과 형태 형성은 아주 밀접하게 관련되어 있다[1]. 이러한 관계의 설정은 원칙적인 의미를 지닌다. 우선 이것은 두 체계, 즉 단어 형성과 형태 형성의 상응 관계를 강조하게 되어, 양 체계에서 전개되는 일련의 과정이 여러 면에서 유사하다는 것을 보여 준다. 또한 단어 형성을 어휘를 보충하는 요인으로도, 문법적 형태와 범주를 활성화시키는 요인으로도 볼 수 있도록 해 준다.

단어 형성과 형태 형성은 단순히 공존하는 상응하는 두 체계가 아니라, 지속적으로 상호 작용하고 있다. 그리고 이러한 상호 작용은 양면적인 과정으로 이해되어야 한다. 단어 형성은 형태 형성에 영향을 주면서 동시에 형태 형성의 영향을 받는다. 이렇듯 상응하는 두 체계에 대한 양면적 상호 작용에 대한 연구는 각 체계에 대한 더욱 깊은 이해를 촉진할 것이다.

3.4. 조어 연구의 두 가지 방법

조어를 연구하는 방법에는 파생어에서 시작하여 파생 모어로 연구하는 분석적

---

[1] 단어 형성과 형태 형성에 관한 자세한 논의는 1.3. 언어 체계에서 조어론의 위치를 참조.

방법(ретроспективный анализ)과, 반대로 파생 모어에서 파생어로 연구하는 종합적 방법(перспективный анализ)이 있다. 첫 번째 연구 방법의 대표자로는 울루하노프를 들 수 있는데, 그에 의하면 조어의 연구 대상은 바로 동일한 어근을 가지는 단어들에 의해서 의미적, 형식적으로 제약되는 파생어가 된다(АГ 80: 133).

이러한 파생어는 파생 모어로부터 형성된 것으로 인식된다. 따라서 파생어의 의미적 특성을 설명하기 위해서는 먼저 파생 모어의 의미와 동일한 파생어의 의미적 구성 요소들을 연구해야 한다. 또한 파생어 의미의 나머지 부분 중에서 어떤 구성 요소들이 조어 형성소에 의해 수반되는 의미인지를 밝혀야 한다. 이러한 방법을 통해 파생어 의미의 비파생 부분의 구성 요소와 조어 수단이 나타내는 의미 사이의 상관관계가 분석된다. 즉, 이러한 분석은 조어 형성소들이 지니는 일련의 의미적 특성을 설명할 수 있게 해 준다.

이처럼 파생어의 어휘 의미를 구성하는 요소들을 분리하는 것은 타당한데, 파생어의 의미는 항상 파생 부분, 즉 파생 모어의 의미와 모든 나머지 부분, 즉 조어 형성소로 분리되기 때문이다. 이러한 분석적 방법을 통해 파생어의 파생 관계는 물론 파생 모어와 파생어의 의미적·형식적 관계를 정확히 포착할 수 있다.

나아가 이러한 접근 방법을 통해 동일한 어근을 가진 다른 단어로부터 특정 단어의 의미를 도출할 수 있으며, 단어의 조어적 형태, 즉 단어를 그것을 구성하는 조어적 요소들로 분절할 수 있다. 또한 분석적 방법을 통해 파생어를 유형화함으로써 조어 유형도 설명할 수 있다. 조어 형성소의 기본적인 특성 및 그 조어적 가능성을 설명할 수 있다: 접사가 어떤 어간에 첨가되고 어떤 조어 의미를 형성하는가, 조어 과정은 어떤 형태 음운적인 현상을 수반하며, 조어 수단의 생산성의 정도는 어떠한가 등.

그러나 이처럼 파생어의 직접적인 의미 분석으로부터 파생어의 의미까지를 기술하는 접근 방법은 러시아어를 외국어로서 가르치는 측면에서는 제한적으로 적용될 수밖에 없다. 이 경우에는 실제로 파생 모어에서 파생어 방향으로 접근하는 종합적 방법이 더 바람직하다. 러시아어를 외국어로 배우는 사람들에게는 파생어가 어떻게, 어떤 단어로부터 형성되었는가 하는 것을 아는 것보다, 파생 모어가 파생어를 형성하는 규칙을 아는 것이 훨씬 더 쉽다(Милославский 1989: 24-25).

이 문제를 해결하는 것은 생각과 달리 그렇게 간단하지 않다. 이를 위해 먼저 파생어에 어떤 의미적 차이가 실현될 수 있는지를 정확히 기술해야 한다. 둘째로는 어떤 조어 형성소가 사용될 수 있는지 알아야 한다. 셋째로, 조어 형성소는 일반적으로 파생 모어와 자유로이 결합하지 않으므로 그 결합의 가능성을 알아야 한다. 그리고 마지막으로 파생어가 형성되는 과정에서 파생 모어에 다양한 음성적 변화가 일어날 수 있음을 인지해야 한다.

이 방법으로 접근할 경우 단어의 조어적 가능성과 어휘적·문법적으로 연합된 단어 유형들의 조어 파라디그마를 설명할 수 있다. 이러한 접근 방법은 비교적 최근에 연구되기 시작하였으나, 이론적으로나 실제적으로 중요한 결과들(조어 사슬, 조어 파라디그마, 조어족)을 얻게 되었다. 따라서 연구 대상에 조어 사슬 – 순차적인 일련의 파생어들 – 을 포함시킬 경우 단어의 형태소적 분석에 타당한 근거를 제공할 수 있다.

이 두 방법 중 어떤 접근 방법을 택하든 어려움은 존재한다. 전자에서 파생 모어와 조어 형성소의 규명이 어려움이라면, 후자에서는 파생 모어와 조어 수단의 결합적 제약(형태적 측면뿐 아니라 의미적인 측면에서도)을 아는 것은 더 어려울 수 있다. 뿐만 아니라, 파생어가 의미적으로 이디엄성(идиоматичность)을 지닐 경우에 파생 모어에서 파생어로 접근하는 의미적 종합의 분석법은 파생어의 의미를 완전히 포착하지 못한다: зимник, зимовник 등.

실제로 파생어에서 파생 모어로 접근하는 방식을 통한 의미 분석적 방법은 대체로 이론적인 평가를 받고 있으며, 구체적인 성과들도 증명되고 있다. 실제로 현재 러시아어를 비롯한 다른 언어들에서 조어는 파생 모어에서 파생어 방향보다는 파생어에서 파생 모어의 방향으로 훨씬 더 많이 연구되고 있다.

04 단어의 형태소적 구성

4.1. 형태부와 형태소

음성학과 음운론에서는 음성 단위로서 말소리와 음소가 분리되는데, 이 언어 단위들은 의미를 지니지 않는다. 이와 마찬가지로 단어들에서는 단어의 의미 단위들이 분리된다. 이러한 단어의 최소의 의미 단위들이 바로 형태부(морф)와 형태소(морфема)이다.

형태부와 형태소의 개념은 매우 가깝고 서로 연관되어 있지만 동일하지는 않다. 형태부는 단어를 형태적으로 나누는 과정에서 분리되는 형태소의 여러 가지 형태 변화의 한 변종이다. 예를 들면, 단어 рука에서는 рук-와 -а가 그러하며 단어 ручка에서는 руч-, -к-, -а가 그러하다. 이 두 단어에서 рук-와 руч-는 상이한 형태부이다.

모든 단어는 적어도 하나의 형태부로 구성된다(что, там, где, я). 그러나 러시아 어에서는 둘 또는 세 개의 형태부로 이루어진 단어들이 일반적이다(рыб-а, рук-а; пис-а-ть, стен-к-а). 그러나 긴 단어들은 그 구성에 7, 8개의 형태부를 포함할 수도 있다(по-на-чит-ыва-л-и-сь, по-на-вы-лавл-ива-л-и).

단어를 분석할 경우 우리는 그것을 형태부로 나눈다. 그러나 언어학에서 단어의 의미를 지니는 최소의 부분을 형태소(морфема)라고 한다. 그러면 형태부와 형태소 사이에는 어떠한 차이가 존재하는가? 형태부와 달리 형태소는 음소처럼 하나의 보편적인 단위이다. 반면에 형태부는 형태소들의 구체적인 표현자이다. 이와 관련하여 동일한 의미를 지니지만, 위치적 제약으로 인해 소리로 구별되는 몇 개의 형태부들은 하나의 형태소로 귀속된다. 예를 들면, 단어 книга - книжный, сухой

- сушить, мука - мучной, любить - люблю에서 형태부 книг-와 книж-, сух-와 суш-, мук-와 муч-, люб-와 любл-는 각각 다음과 같이 하나의 형태소로 통합된다.

▍ книг-, сух-, мук-, люб-

위의 예를 통해서 알 수 있듯이, 다음과 같은 두 가지 특성을 가지는 형태부들은 하나의 형태소로 통합된다.

1) 동일한 의미를 지닌다.
2) 그것들 사이의 형태적 차이가 단어에서의 문법적(형태 음운적) 위치에서 비롯된다.

따라서 그것들은 단어에서 동일한 위치에 나타날 수 없다. 위치에 따른 이러한 분포를 상보적 분포라고 한다. 이처럼 의미적으로 동일하지만, 단지 단어에서 그것들이 나타나는 위치에 의해서만 형태적으로 구별되는 형태부들은 서로 이형태부(алломорф)의 관계에 놓인다. 한 형태소의 이형태부는 한 단어(예: -ец/ц: ленинград-ец, ленинград-ц-а) 또는 상이한 어휘소(예: книг-/книж-: книга, книжный; песок-/песоч-: песок, песочный; -ник/-нич-: школьник, школьнический)에서 나타난다.

이러한 이형태부와 구별되는, 형태소의 변이형(вариант морфемы)은 다음과 같은 특성을 지닌다.

1) 동일한 의미를 지닌다.
2) 동일한 위치에 나타난다.
3) 임의의 위치에서 서로 대체할 수 있다.

이러한 형태소의 변이형은 명사의 조격 어미와 형용사 여성형 어미 등에서 나타난다.

весной - весною, зимой - зимою, герой - герою

бедной - бедною, доброй - доброю

в цеху - в цехе

이 예에서 어미가 되는 형태부는 동일한 의미를 지니고, 동일한 위치에 오며, 모든 위치에서 서로 대체 가능하다. 결국 이형태부와 형태소의 변이형은 바로 형태소의 '형태'가 변한 것이다(Земская 1973: 18-22).

형태소들은 그 기능에 따라 어휘 개념적 형태소(лексико-понятийная морфема), 조어적 형태소(словообразовательная морфема), 형태 형성 형태소(формообразовательная морфема) 또는 문법적 형태소(грамматическая морфема)로 나뉜다. 어휘 개념적 형태소는 기본적인 어휘 의미의 보유자로, 여기에는 단어의 어근이 관련된다. 조어적 형태소에는 접미사, 접두사, 접요사, 후치사와 같은 접사들이 해당되며, 형태 형성 형태소는 단어들의 문법적인 형태 형성에 관여한다.

형태소들은 또한 음소의 수에 따라 단일음소적 형태소(монофонемная морфема)와 다음소적 형태소(полифонемная морфема)로 나뉜다.

у-ех-а-ть, рабоч-е-крестьян-ск-ий

그 외에 다른 형태소들과 결합 가능성의 정도에 따라 규칙적 형태소(регулярная морфема)와 비규칙적 형태소(нерегулярная морфема)로 나뉜다. 규칙적 형태소는 일련의 단어 전체에서 나타난다.

руб-к-а, вынос-к-а, подброс-к-а, перепел-к-а, перенос-к-а

그러나 비규칙적 형태소는 한 두 단어에서 개별적으로 나타난다는 차이가 있다.

рис-унок, нов-ичок, жен-их, ра-дуга, попадь-я

4.2. 러시아어 형태소의 분류

러시아어의 모든 형태소는 여러 가지 근거에 의하여 몇 개의 그룹으로 나뉘는데, 형태소의 분류에서는 단어에서 형태소의 역할, 그 의미, 단어의 구성에서 그것이 차지하는 위치, 기원 등과 같은 특성이 고려된다.

4.2.1. 접사와 어근

러시아어 단어의 구성에서 형태소는 그 역할에 따라 어근적 형태소(корневая морфема)와 접사적 형태소(аффиксальная морфема)로 나뉜다. 어근적 형태소는 단어의 필수적인 부분으로, 어근(корень)이 없는 단어는 러시아어나 다른 언어에 존재하지 않는다. 의미를 지니는 비파생어(дом, село, новый, один, меня, тут 등)에서 어근의 어휘적 의미는 단어 전체의 공통적인 어휘 의미와 일치하는데, 이것은 이들 단어에서 어근과 어간이 일치하기 때문이다. 그러나 파생어(пис-а-ть, при-город-н-ый, за-реч-н-ый)에서 어근은 어휘 의미의 한 부분의 보유자이며, 어간의 의미가 곧 단어의 어휘적 의미와 일치한다. 이러한 사실로부터 어근은 친족 관계에 있는 단어 중에서 공통부분을 나타낸다는 것을 알 수 있다. 따라서 어근을 다음과 같이 정리할 수 있다. 어근은 근본적인 어휘 의미를 포함하고 있는, 모든 친족 관계에 있는 단어들의 공통의, 필수적인 형태소이다.

그러나 접사적 형태소는 단어의 수의적인 부분이다. 러시아어에는 접사적 형태소가 없는 단어들이 존재한다.

ты, здесь, там, я, пальто

그리고 보조어와 감탄사는 어근으로만 구성된다.

на, но, либо, лишь, из, только, ау, увы

이외에 어근과 접사 사이의 근본적인 차이점은 의미의 추상성의 정도에 있다고 보는 견해가 있다. 어근은 구체적인 의미를, 접사는 추상적인 의미를 가진다는 것이다. 그러나 이러한 주장에 동의하기 어렵다. 매우 일반적인 의미를 지니는 어근적 형태소가 있고(예를 들면, это, отношение, делать와 같은 단어에서), 더 구체적인 의미를 가지는 접사적 형태소도 존재한다. 예를 들면, 단어 слон-ёнок, лис-ёнок과 같은 단어에서 접미사는 '동물의 새끼'나 '덜 자람'의 의미를 가지며, дом-ище, стол-ище와 같은 단어에서 접미사는 '큰'의 의미를 나타낸다. 따라서 추상성의 정도에 따른 어간과 접사의 구별은 타당하지 않다. 또한 어근과 접사의 의미적 근접성을 뒷받침하는 접사적 형태소와 어근적 형태소의 동의어도 존재한다. 즉, 형용사의 접두사 пре-는 부사 очень과 동의어이며(비교: премилый와 очень милый), 동사적 접두사 за-는 начать와 동의어이다(забегал, закричал과 начал бегать, кричать). 또한 명사적 접미사 -ик는 단어 маленький와 동의적이다(паровозик과 маленький паровоз).

어근과 접미사는 모두 의미를 나타내지만 표현 방법에서는 차이를 보인다. 어근은 독립적으로 의미를 표현하는 반면, 접사는 오직 어근과 결합하여서만 의미를 나타낸다. 바로 이 점에서 또한 어근과 접사는 서로 구별된다.

어근은 단지 한 단어에서만 나타날 수도 있는 반면에, 접사는 일반적으로 여러 단어에서 나타난다. 접사는 단어에 포함되어 단어를 변화시키거나, 어떤 대상, 특성, 과정의 부류에 관련시킨다. 따라서 단어의 구성 요소로서 접사의 특징은 일련의 단어에서 반드시 반복된다는 점에 있다. 단어의 형태적인 속성으로서 접사의 이러한 특성은 19세기 말에서 20세기 초, 저명한 러시아 언어학자인 포르뚜나또프 (Фортунатов)에 의해 주목되었다.

이와 같이 접사적 형태소와 어근적 형태소의 근본적인 차이점은, 유사한 구조를 가지면서 공통적인 의미 요소를 지니는 단어에서 접사는 반드시 반복되는 반면, 어근은 이러한 특성과는 무관하다는 사실이다. 다시 말해서, 많은 단어에서 반복되거나, 오직 한 단어에서만 발견되는 어근은 존재해도(я, фрау, какаду 등), 오직 한 단어에서만 발견되는 접사는 존재하지 않으며 또 존재할 수도 없다.

4.2.1.1. 접사의 종류

형태소의 위치 측면에서 볼 때 모든 접사는 단어의 구성에서 어근에 대한 관계에 따라, 어근 앞에 오는 접두사(префикс)와 어근 뒤에 오는 후치사[1](постфикс)로 나뉜다.

러시아어에서 접사적 형태소는 언어에서 그 기능과 의미적 특성에 따라 크게 조어적 형태소와 형태 형성 형태소의 두 부류로 나눌 수 있다. 조어적 형태소에 의해서는 새로운 어휘 의미를 지니는 단어들이 형성된다.

▌ дом - дом-ик, читать - пере-читать

그러나 형태 형성 형태소에 의해서는 동일한 단어의 다른 형태가 만들어진다.

▌ лист - листья, крыло - крылья

러시아어에서 조어적 형태소는 나타나는 위치에 따라 접두사와 접미사로 구분된다.

▌ 1) 어근의 앞에 오는 접두사: при-летать, рас-красавица, сверх-человек, архи-плут, пре-милый
▌ 2) 어근 뒤에 오는 접미사: артист-к(а), газет-чик, журнал-ист, цемент-н-ый

이것을 도식화하면 다음과 같다.

> 접두사 + 어근 + 접미사 + 어미 + 후치사
> (= 어간)

접미사는 보통 어미 앞에 위치한다. 러시아어에서 어미 뒤에 오는 접미사는 오직 후치사 -ся 밖에 없다.

---

[1] 후치사라는 용어는 가끔 좁은 의미로 사용되는데, 이 경우에는 항상 어미 뒤에 오는 -ся/-сь와 같은 접사를 지칭한다: умывается, сержусь.

■ всмотримся, зачитаемся, набегаешься

'접두사'라는 용어는 넓은 의미와 좁은 의미에서 각기 다르게 이해된다.

  1) 어근 앞 또는 어근의 왼쪽에 위치하는, 후치사와 대립되는 접사적 형태소
  2) 다른 종류의 파생 형태소(접미사)와 대립되는 파생적 형태소(접두사)의 일종

4.2.1.1.1. 접두사와 접미사

현대 러시아어에서 가장 일반적이며 능동적인 조어적 형태소는 접두사(префикс, приставка)와 접미사(суффикс)이다. 그것들 사이의 차이점은 단지 단어 구성에서 나타나는 위치에 있다. 접두사는 파생 모어 어간 앞에 오고, 접미사는 그 뒤에 온다. 구체적으로 접두사와 접미사는 다음과 같은 특성에 의해 서로 구별된다.

  1) 접미사는 어떤 단어의 문법적 특성에 대한 정보를 지닌다. 반면에 접두사는 어미의 영향을 받지 않으며, 단어의 문법적 특성에 대해 아무런 정보도 담고 있지 않다. 예를 들면, 단어 стол-ик-∅에서 접미사 -ик와 영 어미 -∅는 이 단어가 2식 변화 남성형이라는 것을 의미한다. 또한 단어 колхоз-ниц-а, чернил-ниц-а, учитель-ниц-а에서 접미사 -ниц-는 어미 -а와 함께 이 단어들이 1식 변화를 하는 여성 명사라는 것을 보여 준다.

  2) 접두사의 첨가는 새로운 단어의 형성 과정에서 파생 모어의 품사적인 특성을 변화시키지 않는다. 따라서 파생어는 항상 파생 모어와 동일한 품사에 속한다. 즉, 접두사는 항상 동일한 범주 안에서만 단어 형성에 참여한다.

■ горный - нагорный, ехать - переехать, сынок - насынок

그러나 접미사의 결합은 단어를 파생 모어와 동일한 품사로 만들거나, 또는 다른 품사로 바꾸어 놓기도 한다.

> луна - лун-ник, артист - артист-к-а, дом - дом-ик, колхоз - колхоз-ник
> жёлтый - жёлт-ок, бегать - бег-ун, рыба - рыб-н-ый

3) 러시아어에서 접두사는 여러 품사와 결합할 수 있다.

> пере-ход, пере-ход-ный, пере-ход-ить
> при-город, при-город-ный, при-город-ить

그러나 접미사는 일정한 품사와만 결합한다. 예를 들어 접미사 -ик, -ник, -чик, -щик 등은 명사와만 결합하며[2](столик, чайник, переплетник, носильщик), -лив-, -чив-, -ин, -ов 등은 형용사와 결합한다.

> урод-лив-ый, обид-чив-ый, мам-ин, дед-ов

그리고 접미사 -ыва-(-ева-), -ова-(-ева-), -ну- 등은 동사와 결합한다.

> подпис-ыва-ть, выкрик-ива-ть, рис-ова-ть, свеж-ева-ть, крик-ну-ть

4) 접두사는 여러 단어의 어간과 결합하는데, 이 경우 단어의 의미를 근본적으로 변화시키지는 못하고, 단지 어간에 새로운 의미적 뉘앙스만을 첨가시킨다. 한 예로 уплыть, отплыть, приплыть, заплыть, переплыть, выплыть와 같이 접두사를 가지는 동사들은, 접두사가 없는 동사 плыть와 동일한 의미를 지닌다. 그러나 이 동사들은 새로운 뉘앙스 '운동의 방향, 운동의 특성'을 나타낸다. 이와 마찬가지로 단어 развесёлый, превесёлый, сверхвесёлый는 형용사 весёлый와 동일한 의미를 나타낸다. 그러나 접두사가 붙은 형용사는 '많은 정도의 특성 출현'이라는 뉘앙스를 부가적으로 표현할 뿐이다.

접두사는 주로 동사, 형용사, 부사로부터 새로운 단어를 형성하는데 사용된다.

---

2 물론 파생어 молчаливость와 같은 명사에서는 접미사 -лив-가 존재한다. 그러나 이것은 파생 모어 어간(молчалив-ый)의 한 부분으로서 명사의 형성에 관여하는 것은 아니다.

러시아어에서 명사에 접두사가 붙는 경우는 특징적이지 않다.

■ частица - античастица, раздел - подраздел, демократ - ультрадемократ

접두사를 가지지 않는 명사의 수와 비교하여 이러한 명사들은 그리 많지 않다. 조어 방법으로서 접두사 첨가는 동사에서 가장 많이 나타난다. 이 경우에 접두사는 순수한 조어적 기능 외에, 상의 형성에 참여하여 형태 형성의 기능을 수행하기도 한다(Балалыкина, Николаев 1985: 112).

러시아어에서 접미사는 특히 명사와 형용사의 영역에서 주로 사용되며, 동사 영역에서는 별로 사용되지 않는다. 접두사와 달리 접미사는 구체적인 의미뿐만 아니라, 넓은 추상적 의미도 나타낸다.

(1) 구체적인 접미사(-арь, -онок, -чик, -щик)
пахарь, токарь, пекарь, жеребёнок, мышонок, ослёнок, переплетчик, ответчик, гардеробщик, пильщик 등

(2) 추상적인 접미사(-ость, -ств-, -ниj-, -ениj-)
добрость, глупость, качество, количество, пение, погружение 등

일반적으로 명사의 접미사는 더 구체적이며, 위의 예에서 알 수 있듯이 사람, 대상, 추상적인 개념을 나타낸다. 그리고 이 보편적인 그룹 안에는 '사물이나 현상의 좁은 영역'을 지칭하기 위해 사용되는 접미사도 있다.

■ тигрёнок, лисёнок, поварёнок

러시아어에서는 동일한 접미사에 의해 형성된 단어들도 상이한 의미를 나타낼 수 있다.

колхозник(집단 농장원), чайник(찻주전자), ельник(전나무 숲)
ленинец(레닌주의자), храбрец(용감한 사람), купец(상인)
марксист(마크르스주의자), оптимист(낙천주의자), гитарист(기타 연주자)

동사와 형용사의 접미사는 명사의 경우와 달리 넓고 추상적인 의미적 특성을 지닌다. 다음과 같은 단어들에서 형용사적 접미사 -н-, -ов-, -ск-는 어떤 의미를 지니는가? 이 접미사들의 구체적인 의미는 다음에 오는 명사에 따라, 즉 문맥에 따라 결정된다.

1) автобус-н-ый, автомобиль-н-ый, желез-н-ый, книж-н-ый, бумаж-н-ый
2) ламп-ов-ый, осин-ов-ый, игр-ов-ый, поиск-ов-ый
3) институт-ск-ий, мор-ск-ой, учитель-ск-ий

이 접미사들은 '파생 모어인 명사에 의해 지칭된 것과 관련된 특징'을 나타낸다. 동사적 접미사 -ну-와 -е-도 이러한 넓은 추상적 의미를 지닌다.

1) прыг-ну-ть, толк-ну-ть
2) умн-е-ть, глуп-е-ть, син-е-ть

접미사 -ну-는 행위의 순간성, 일회성의 의미를 지닌다. 접미사 -е-의 의미는 더 추상적인데 바로, '어떻게 되다'(делаться, становиться каким-нибудь)를 의미한다.

5) 흔히 접두사보다는 접미사가 문법적 형태 형성에 사용된다.

сухой - суше, смелый - смел-ее, говорят - говорящ-ий

6) 단어에서 접두사는 접미사에 비해 더 독립적인 요소이다. 접두사는 어미의 영향을 받지 않으며, 단어의 문법적 특성에 대해 어떠한 정보도 지니지 않는다. 접미사가 어근의 끝에서 변화를 일으키는 데 반해(книг-а → книж-н-ый), 접두사는 단어가 시작되는 구조에서 그것에 별로 큰 영향을 주지 않는다.

7) 접두사는 부차적인 역점을 가질 수 있다.

противо-воздушный, анти-моральный, со-наниматели, внутри-клеточный

그러나 접미사는 이러한 특성을 가지지 못한다. 단어 구성에서 특별한 역점의 존재와 구조적인 독립성은, 단어의 모든 형태소로 확장되는 모음의 위치 변화가 접두사에는 영향을 미치지 않는다는 사실로 귀결된다.

접두사와 어근의 접합부에서 일어나는 자음의 위치적 변화(예: 동화된 자음의 연음화)는 어근과 접미사의 접합부에서와는 다르다.

8) 접두사 의미의 보편성, 불변화사 및 부사 의미에 근접하는 의미적 특성, 단어 구성에서 나타나는 구조적 독립성은 접두사가 대개 접미사보다 더 생산적인 형태소라는 사실을 의미한다. 실제로 접두사의 사용은 어간의 의미와 관련하여 덜 제약적이다.

지금까지 살펴본 바와 같이 조어 접사는 품사와 불가분의 관계에 있다. 따라서 조어 접사는 완전히 독자적으로 사용될 수 없고, 형태적 및 어휘적으로 특정한 어근적 요소에 종속되는 특성을 지닌다. 이러한 조건에서만 조어 접사의 의미 역시 존재할 수 있다(Виноградов 1952: 129).

4.2.1.1.2. 어미

변화하는 의미를 가지는 모든 단어는 어미(окончание 또는 флексия)를 가진다. 어미는 어근이나 접미사 다음에 위치하여 어결합이나 문장에서 특정 단어를 다른 단어들과 연결시켜주는 역할을 하는, 변화하는 형태소를 지칭한다.

наступила весн-а, приход весн-ы, пришёл к весн-е
больш-ой успех, больш-его успех-а, больш-ому успех-у

어미는 일련의 문법적 의미를 나타내는 표지이다. 예를 들어 문장 Лишь по небу тихо сползла погодя на бархат заката слезинка дождя(다만 하늘에서는 석양의 벨벳 위로 비의 눈물이 조용히 흘러내릴 뿐이었다)의 어형 сползла에서 어미 -a는 이 동사가 단수, 과거 시제, 여성 명사라는 것을 나타낸다. 그리고 어형 заката에서 어미 -a는 이 명사가 2식 변화, 남성 명사, 단수 생격 형태라는 것을 보여준다. 어형 слезинка에서 어미 -a는 이 명사가 여성 명사, 단수 주격을 나타내는 표지이며, 어형 дождя에서 어미 -я는 이 명사가 2식 변화, 남성, 단수 생격이라는 사실을 의미한다.

위의 예문에서 알 수 있듯이, 어미는 문장에서 단어들의 통사적 특성을 표현하는 연결 형태소이다. 단어의 일련의 다른 의미 단위에서 어미는 특정 단어의 다른 단어에 대한 관계를 나타내는 요소로 기능한다. 바로 이러한 점에서 어미는 모든 다른 형태소들과 대립된다. 보통 어미는 새로운 단어를 만드는데 참여하는 게 아니라, 한 단어의 상이한 형태를 형성하는 데 참여한다.

그러나 러시아어의 모든 단어와 단어의 문법적인 부류들이 어미를 가지는 것은 아니다. 불변화 명사(метро, пальто, кафе, кофе)와 동사의 미정형(жать, петь, нести), 형용사의 비교급(ниже, смелее, лучше), 부동사(читая, спеша), 부사(слева, по-русски, по-прежнему), 전치사, 접속사, 불변화사와 같은 연결사 및 감탄사(ой, увы, ау)에는 존재하지 않는다.

4.2.1.1.3. 종속 어근과 자립 어근

접두사와 접미사는 언어에서 독자적으로 사용될 수 없다는 점에서 어근과 구별된다. 단어에서 그것들은 항상 어근의 앞이나 뒤에 위치하며 어근에 '종속되어' 있다. 반면에 어근은 파생 접사와 결합하여 사용되기도 하고(дом-ик, пра-дед, лимон-н-ый), 그것 없이(дом, дед, лимон) 사용되기도 한다.

그러나 어떤 단어들의 경우 어근이 단지 접두사 및 접미사와 결합하여서만, 즉 '연결된' 형태로만 존재하는데, 그러한 단어들의 어근을 종속 어근(связанный корень)이라고 한다.

종속 어근은 свергнуть, отвергнуть, низвергнуть; добавить, отбавить, прибавить; добавка, прибавка, прибавление; вонзить, пронзить 등과 같은 단어들에서 나타난다. 종속 어근은 일련의 특징에 의해서 자립 어근(свободный корень)과 구별된다.

1) 종속 어근은 파생 형태소와 결합하지 않고는 사용되지 못한다.
2) 종속 어근은 일련의 단어들에서 반드시 반복된다.

종속 어근들은 '표준적인' 어근이 아니다. 이에 '유사 어근'(радиксоид)이라고도 한다.

지금부터 종속 어근 верг-/верж-를 가지는 단어들을 살펴보자. 그것은 접두사를 가지는 일련의 동사들(ввергнуть, свергнуть, низвергнуть, отвергнуть)과 동사에서 파생된 명사들(низвержение, свержение, извержение)에서 나타난다. 현대 러시아어에서 종속 어근 верг-/верж-는 그 자체로는 이해가 되지 않는다. 그 의미는 이 어근을 포함하는 단어들의 구성으로부터만 도출될 수 있다. 18세기에 동사 вергнуть는 장엄한 문체에서 '던지다'의 의미로 접두사 없이 자유롭게 사용될 수 있었으나, 일상 구어에서는 이미 사용되지 않게 되었다. 그러나 현대어에서는 종속 어근 верг-를 가지는 많은 단어가 형태소로 나뉘는데, 바로 그것들이 의미적 관계에서 대립되는 단어들의 그룹을 구성하기 때문이다. 이들 단어에서 접두사의 의미는 아주 분명하게 나타난다.

[안쪽으로 일어나는 행위] ввергнуть в бездну
  비교: ввести, входить, вдвинуть
[무엇으로부터의 행위] отвергнуть предложение
  비교: отбросить, откинуть
[아래쪽으로의 행위] свергнуть царя, низвергнуть тирана
  비교: сбросить царя, низринуться с горы
[무엇의 안으로부터의 행위] извержение вулкана, вулкан изверг лаву

외국어에서 차용된 단어들은 종속 어근을 가지는 특별한 단어 부류를 형성한다.

агит-ировать, агит-ация, агит-атор
изол-ировать, изол'-ация, изол'-атор
спекул-ировать, спекул'-ация, спекул'-ант

이 단어들에는 종속 어근 агит-, изол'-, спекул'-과 행위, 추상적인 행위, 행위자 또는 대상을 의미하는 접미사가 존재한다. 이러한 종류의 단어들은 잘 분리되는데, 이 단어들이 동일한 접사와 어간을 가지는 단어들과 이중으로 관련되어 있기 때문이다 (비교: тур-изм, тур-ист; ате-изм, ате-ист; эго-изм, эго-ист).

종속 어근을 가지는 단어들은 다음과 같은 특성을 지닌다.

1) 종속 어근을 가지는 단어들은 상이하게 분리된다. 그것은 단어들의 의미적인 특성, 단어의 품사, 그 단어와 의미 및 형태소 구성에서 상호 관련된 단어의 존재 여부에 따라 다르다.

2) 종속 어근을 가지는 일련의 단어들이 더 능동적이며 대비적일수록, 단어에서 조어적 접사의 의미가 분명하면 할수록, 또한 언어에서 이 접사들이 능동적일수록 단어의 분리성은 더 분명해진다. 특히 대립되는 의미의 파생 접사들이 분명하게 분리된다.

▍ обуть - разуть, одеть - раздеть, добавить - отбавить

3) 이중 계열의 상호 관계에 있는, 종속 어근을 가지는 단어들이 잘 분리된다.

▍ ассоциировать - ассоци-ация, изолировать - изол'-ация

4) 종속 어근을 가지는 단어들에서는 단어 의미의 무게 중심이 어근으로부터 접사, 특히 접두사로 이동할 수 있다.

▍ поднять, отнять, разнять

이러한 단어에서는 어근의 의미가 불확실하다. 따라서 흔히 상실되고, 결국 그 구성에 참여하는 단어들의 의미로부터 전체 의미가 도출된다.

5) 구체적인 의미를 지니는 종속 어근을 가지는 단어들은 더 잘 분리된다. 반면에 추상적인 의미를 나타내는 단어들은 흔히 분리성을 상실한다(비교: от-нять(빼앗다), раз-нять(분해, 해체하다)와 понять(이해하다), внять(경청하다)).

4.2.1.1.4. 조어적 영(∅) 접사

러시아어에서 подход, выбор, спуск, перенос 등과 같이 영 접사를 가지는 명사들은 상응하는 파생 모어인 동사 подходить, выбирать, спускать, переносить로부터 형성된 파생어로, 조어 의미 '파생 모어에 의해 지칭된 동사의 행위'를 나타낸다. 그럼에도 이 조어 의미를 표현하는 조어 형성소는 구조적으로 표현되지 않는다. 이와 같은 경우에 우리는 파생어에서 파생의 지표로서 조어 의미를 표현하는 조어적 영 접사를 분리할 수 있다.

조어적 영 접사를 분리하는 기준은 구조적으로 표현된 형태소의 분리와 동일하다. 어떤 단어가 상응하는 파생 모어와 조어 짝을 이룰 때, 파생어는 일정한 조어 의미를 가지는데도 불구하고 이러한 조어 관계나 조어 의미를 표현하는 구조적 지표가 부재할 수 있다. 이러한 경우 다른 단어들과 마찬가지로 파생어의 구조에서는 조어적 영 접사(형태소)가 분리된다. 영 접사가 되는 것은 보통 접미사나 집합 접사(конфикс)[3]와 같은 후치사적 요소들이다.

■ перелет-∅, глуш-∅-ь, без-рук-∅(ий), про-син-∅-ь

러시아 언어학에 이러한 영 형태소의 개념을 처음으로 도입한 이는 19세기 말 보드엥 드 꾸르뜨네와 포르뚜나또프이다. 그러나 오늘날 조어적 무형 접사 이론에 크게 공헌한 사람으로는 마르꼬프(Марков)를 들 수 있다. 그는 조어와 형태 형성의 밀접한 관계를 강조하면서 조어적 영 접사를 다음과 같이 정의한다.

---

[3]　항상 동시에 나타나서 하나의 형성소로 기능하는 접두사와 접미사의 결합을 지칭한다: под-окон-ник.

"무형적인 접미사 첨가는 친족 관계에 있는 접미사들(동사 ходить의 경우 ход - ходьба - хождение)의 형성 체계에서 파생 모어 어간과의 분명한 상관성이 존재하는 경우에 형식적인 지표의 부재로 이해된다."(Марков 1961: 16)

어미와 마찬가지로 조어 접사도 이처럼 어떤 소리나 소리 복합체에 의해 표현되지 않을 수 있다. 이러한 접사를 영 접사라 하며, 기호 ∅ 으로 표시한다.

러시아어에서 영 접사의 의미는 다양하다. 따라서 동음이의적인 영 접사들이 존재한다. 예를 들면, 어형 думал-∅, брат-∅, ламп-∅ 에서는 모두 영 접사가 분리된다. 그러나 첫 번째 단어에서 -∅ 은 남성 명사 단수의 표지이고, 두 번째의 -∅ 은 단수 주격의 표지이다. 그리고 세 번째의 -∅ 은 복수 생격을 나타낸다.

그러면 조어적 영 접사를 분리하기 위해서는 어떤 전제 조건이 필요한가? 문법적으로 영(∅)이라는 것은 어떤 문법적 단위가 의미를 갖지 않는다는 것을 의미하므로, 상응하는 단어의 의미가 조어적 영 접사를 가진 단어를 분리할 수 있는 토대가 되어야 한다. 영 접사의 의미에는 보통 특정 언어에서 파생 접사에 의해 표현되는, 의미적인 구성 요소가 존재해야만 한다. 다시 말해서, 조어적인 영 접사를 분리할 경우에는 해당 언어의 모든 조어 체계의 구조(строение)를 연구하지 않으면 안 된다. 왜냐하면 영 접사를 가지는 단어의 분리에서 바탕이 되는 것은 영 접사에 부여하는 것과 동일한 의미를 표현하는, 영 접사를 갖지 않는 단어이기 때문이다. 따라서 조어적 영 접사는 다음과 같은 두 가지 조건하에서 분리해야 한다(Земская 1973: 37-41; 1989: 256-259).

1) 영 접사에 부여되는 조어 의미(파생 의미)는 해당 언어에서 대체로 조어 접사에 의해 표현된다. 즉, 영 접사는 특정한 조어 의미를 구조적으로 표현된 수단에 의해서 전달할 수 있는, 일련의 동의적인 파생어들을 가져야 한다.
2) 분석되는 단어의 조어 의미가 영 접사에 의해 표현되는 경우, 그 파생 모어가 될 수도 있는, 의미적으로 더 간단하며 동일한 어근을 가진 단어가 존재해야 한다.

이렇게 조어적 무형 접사의 실체는 "현대적인 조어 관계의 모든 체계를 바탕으로

하여"(Лопатин 1975: 398) 정의된다. 위의 조건 중에서 하나라도 충족되지 못하면, 영 파생 접사를 분리하는 것은 불가능하다. 이 사실을 예를 들어 설명해 보자.

1) 일반적으로 러시아어 명사에서 과정의 의미는 접미사에 의해 표현된다.

> -ниj(e): пение, рассматривание, вышивание
> -к(a): подвеска, разбивка, переноска, подписка
> -б(a): борьба, пальба, молотьба, косьба

그러나 과정을 나타내는 단어 гам에서는 조어적 영 접사를 분리할 수 없다. 왜냐하면 이 명사는 위에 열거한 두 조건 중에서 두 번째 조건을 충족시키지 못하기 때문이다. 현대 러시아어에는 명사 гам의 파생 모어가 될 수 있는, 동일한 어근을 가진 단어(아마도 동사가 되겠지만)가 존재하지 않는다. 동사 гамкать는 명사 гам과는 의미적으로 아무런 관계가 없다.

> гам: 왁자지껄 떠드는 소리
> гамкать: (개가) 컹컹 짖다, 욕설을 퍼붓다

2) 영 접사는 과정의 의미를 지니는 명사들에서 나타나는데, 이 경우 파생 모어로 기능하는 동사가 존재해야 한다(비교: ход-∅ - ходить, перевод-∅ - переводить, разрыв-∅ - разрывать). 이러한 명사들은 '일반적인', 즉 영이 아닌 접사에 의해 과정의 의미를 표현하는 일련의 단어들에 포함된다.

```
                ┌─ ход-ок
                ├─ ход-к(ий)
ходить  →       ├─ ход-∅
                ├─ ход-ул(и)
                └─ в-ходить
```

단어 ход-∅의 구성에서 영 접미사의 존재는 파생 모어 어간을 포함하고 있는 동사 ходить와 비교하여, 의미적으로나 형태적으로 더 복잡하다.

3) какаду(카카두 앵무새), колибри(벌새)와 같은 유형의 단어들에서는 조어적 영 접사를 나타낼 만한 근거가 없다. 이 경우에 '새', '생물'과 같은 파생 의미를 조어적 영 접사에 부여할 수 없기 때문이다. 따라서 첫 번째 조건이 충족되지 않는다. 또 이 단어들의 파생 모어가 될 만한 어간 역시 없기 때문에, 두 번째 전제 조건도 결여하고 있다.

러시아어에서 조어적 영 접사는 접미사이다. 이러한 사실은 영 접사를 가지는 단어들이 의미상, 그리고 파생 모어와 상호 관련하여 영 접미사를 갖지 않는 파생어들과 계열적 관계에 놓인다는 점에 의해 잘 설명된다.

러시아어에서 영 접미사는 주로 동사에서 파생된 명사에서 나타난다. 접미사는 추상적인 행위 외에, 행위나 특성에 따른 사람(задира, заика, подлиза; интеллектуал, универсал), 추상적 특성(муть, темь, синь, гладь), 그리고 그 외의 의미들을 나타낸다[4](Лопатин 1966).

이러한 영 접사에 의한 파생은 영어권에서도 이미 여러 학자들에 의해 언급되었다[5]. 그러나 우리 국어에서는 체계적으로 심도 있게 연구되지 못하고 있는 실정이다. 이것은 무엇보다도 영 접사에 의한 파생 자체가 국어에서 흔한 현상이 아니기 때문일 것이다. 그럼에도 심재기(1982), 이병근(1986: 404-406), 송철의(1992: 265-288) 등에 의해, 파생의 한 방법으로 다루어지고 있다.

송철의(1992: 269-271)에 의하면 어떤 두 단어가 1) 형태적으로 동일하고, 2) 의미적으로 관련되면서, 3) 서로 다른 통사 범주, 즉 품사에 속하면, 이 두 단어는 영 접사에 의한 파생 관계에 있다고 볼 수 있다. 이러한 관점에서 [잘못]Ad 과 [잘못]N, [먼저]Ad와 [먼저]N, [오늘]Ad과 [오늘]N 등은 영 접사에 의한 파생 짝(조어 짝)으로 간주된다. 그러나 이러한 세 조건을 만족시킴에도 불구하고 [깊이]Ad와 [깊이]N, [넓죽이]Ad와 [넓죽이]N는 영 접사에 의한 파생 짝을 이루지 않는다. 따라서 영 접사

---

[4] 이에 대한 자세한 것은 뒤에서 다루어질 8. 조어 방법 참조.
[5] 자세한 것은 Marchand(1960), Bauer(1983), Allen(1986) 참조.

파생의 짝을 판별하기 위해서는 위의 세 가지 조건 외에, 파생어의 형성 과정이 동일해야 한다는 새로운 조건이 추가되어야 한다.

그러나 실제로 [깊이]_{Ad}와 [깊이]_N, [넓죽이]_{Ad}와 [넓죽이]_N는 조어적 동음이의어[6]로서 영 접사에 의한 파생과는 전혀 관계가 없다고 볼 수 있다. 뿐만 아니라, 위의 세 조건을 충족시키는, 즉 서로 파생 짝을 이루는 두 단어가 한 문법 범주에서 다른 문법 범주로 전이됨으로써 새로운 어휘 단위가 형성되면, 이것은 곧 형태 통사적 조어 방법[7]에 의한 단어 형성이지, 영 접사에 의한 파생으로 보기는 어렵다. 따라서 위에서 언급된 [잘못]_{Ad}과 [잘못]_N, [먼저]_{Ad}와 [먼저]_N, [오늘]_{Ad}과 [오늘]_N 등은 품사의 전성[8]과 관련된 형태 통사적 조어 방법에 의한 새로운 어휘의 형성으로, 명사의 부사화로 보는 것이 더 타당하다.

러시아어에 영 접두사는 존재하지 않는다. 왜냐하면 러시아어에는 접두사에 고유한 의미를 표현함과 동시에 동일한 어근을 가지는, 접두사가 없는 단어들의 파생어로 해석될 수 있는 단어들이 존재하지 않기 때문이다.

영 접두사가 존재하지 않을 때에는 접미사와 접두사 사이에 현격한 차이가 나타난다. 접두사와 접미사 사이의 차이는 접두사와 접미사의 비동질성, 접두사의 더 큰 어휘성, 즉 독립적인 단어에 대한 그것의 근접성을 증명한다. 뿐만 아니라, 접두사와 접미사 사이의 차이는 이·접사들이 작용하는 조어 방법(접두사 첨가와 접미사 첨가) 간의 차이에도 영향을 준다.

4.3. 단어의 형태적 구조 변화

언어의 역사적인 발전 과정에서 단어는 어휘적 의미, 음성 체계와 문법적인 특성뿐만 아니라, 그 형태적 구조 역시 변화한다. 이에 따라 이전에 분절되던, 즉 파생어로 간주되던 단어가 동일한 어근의 단어와 조어적 관계를 상실하고 더 이상 형태소로 분리되지 않는다. 그리고 그 결과 원래 자신의 내적 형태를 상실하고 어근적인

---

[6] 이에 대한 자세한 것은 10.1. 조어적 동음이의어 참조.
[7] 자세한 것은 8.2. 형태 통사적 조어 방법 참조.
[8] 이에 대한 자세한 것은 최현배(1975: 719-725) 참조.

단어, 즉 비파생어로 인식된다. 이렇게 파생어에서 형태소의 경계는 변화하여 이동할 수 있다. 예를 들어 мгла, бледный, льгота는 현재 비파생 어간을 가진다. 그러나 그것은 원래 접미사적 조어 방법에 의하여 파생된, 파생어 어간을 가지는 단어였다. 단어 мгла는 접미사 -л(a)에 의해 단어 мга(안개, 연기, 어둠)로부터 파생된 명사이며, 형용사 бледный는 접미사 -ьн-(현재의 -н-, -ен-)에 의하여 단어 бльдый(창백한)로부터 형성된 단어이다. 그리고 단어 льгота는 льга(자유, 가벼움)로부터 접미사 -от(a)에 의해서 형성된 명사이다.

현대 러시아어에서 단어 бедствие는 형태소 бед-ствиj(e)로 분절되어, 명사 беда의 파생어로 인식된다. 그러나 사실 이 단어는 오늘날에는 더 이상 존재하지 않는 명사 бедство에 근거하여 발생하였다. 따라서 이 단어는 이전에는 하나의 접미사 -ствиj-가 아닌, 두 개의 접미사 -ств-와 -иj-를 가지고 있었다.

그러나 반대의 과정도 발생할 수 있다. 이전에 비분절어가 새로운 동음의 단어로 출현하여 그것과 조어적, 의미적으로 관련된 것으로 인식되면서, 형태소로 분절되는 것이다. 예를 들면, 명사 ехидна와 동사 молоть는 오늘날 분절되는 파생 어간을 지닌다.

▮ ехид-н-а, ехид-ств-о; мел-ю, по-мол

그러나 예전에 이 단어들은 비파생 어간을 가져, 접미사 -н-(ехидна)과 -о-(молоть)가 분절되지 않았었다. 이외에도 의미적으로 단어 лоша와 가장 가까웠기 때문에 고대 러시아어에서 자유로운 비파생 어간 лош-와 접미사 -адь를 가졌던 명사 лошадь는, 현재 명사 лошак과 관련하여 접미사 -адь와 함께 종속 어간 -лош- 등으로 분절된다.

이처럼 현재 단어의 형태적인 구조는 흔히 발생 당시의 그것과 일치하지 않을 수 있다. 따라서 조어적 분석과 어원적 분석을 원칙적으로 구분하는 것이 중요하다[9].

러시아어사에서 일어났던 형태소 구조에서 우리는 다음과 같은 여섯 가지의 기본적인 역사적 변화를 지적할 수 있다.

---

[9] 이 두 분석 방법에 대해서는 3.2. 조어적 분석과 형태소적 분석 참조.

4.3.1. 단순화

단순화(опрощение)라는 개념과 용어가 러시아어학에 처음 도입된 것은 보고로지츠끼(Богородицкий)에 의해서이다. 그는 자신의 논문 "О морфологической абсорбции"(1881)에서 단순화 현상을 다음과 같이 정의한다.

> "복잡한 형태적 구성(*현재의 형태소를 의미함)을 가진 단어가 자신의 형태적 부분들 각각의 의미를 상실하여, 그것의 형태적 구성이 특정한 관념 представление)의 단순 상징이 되는 형태적 과정"을 단순화라고 한다. 예를 들면, 단어 вкус(비교: кус-ать, кус-ок), забыть 등은 구조적으로 분절되지 않는 의미만을 지니며, 이 단어들의 형태적 구성(в-кус, за-быть 등)은 더 이상 느껴지지 않는다. 따라서 단순화로 인해 어떤 단어는 자신과 친족 관계에 있는 단어들과 관계를 잃게 되고, 결과적으로 다른 단어들로부터 고립된다."
> Богородицкий 1935: 99-100; 1939: 193-195)

단순화는 이전에 개별적인 의미 부분으로 분리되던 파생 어간이, 이웃하는 형태소와 하나로 결합되어 여러 형태소로 나뉘는 분절성을 잃고, 더 이상 분절되지 않는 비파생 어간으로 변화되는 역사적 과정을 의미한다. 이러한 변화의 결과 단어는 형태소 구성에서 더 단순해진다.

이처럼 언어는 단순화의 과정을 통해 새로운 어근적 형태소들이 다른 접미사 및 접두사와 결합함으로써 보충된다. 예를 들면, 단어 вкус에서는 친족 관계에 있는 단어들 кус-ать, кус-ок에서와 달리, 어근 кус-와 접두사가 절대 분리되지 않는다. 단순화 과정을 통해 이 단어는 비파생어가 되었다. 그리고 단어 вкус와 함께 새로운 어족을 형성하는 다른 단어들, 즉 вкусный, вкусно, вкусовый, вкусовщина, вкуснятина가 형성되는 기반이 되었다. 이렇게 단순화는 러시아어 조어의 일반적인 체계에서 매우 중요한 의미를 지닌다.

형태소들 사이의 경계가 무너지면서 단어 гореть와 함께 친족 관계에 있었던 단어 горький에서도 단순화의 과정이 일어났다. 이러한 변화 과정은 단어 порох의 어족에 속했던 порошок에서도, 그리고 동사의 미정형 быть로부터 접두사 за-에 의해서 파생된 단어 забыть에서도 발생하였다.

　그러면 이러한 단순화는 왜 일어나는가? 여기에는 다음과 같은 몇 가지 이유를 들 수 있다.

　먼저 의미 변화에 의한 단순화를 들 수 있다. 이것은 파생 모어나 파생어, 또는 친족 관계에 있는 파생어들에서 옛 의미가 상실되고 새로운 의미가 발전됨으로써 일어난다. 예를 들면, воспитать, ведьма, околеть와 같은 단어들은 파생 모어인 питать, ведать, кол과 비교하여 원래는 관계가 없던 새로운 의미들을 가지게 됨으로써 단순화가 일어났다. 이와는 반대로 жабры, наречие, гребень과 같은 단어들에서는 파생 모어인 жаба, речь, грести가 옛 의미들을 상실함으로써 이러한 현상이 발생하였다. 이전에 단어 жаба는 '입'을, речь는 '동사'를, 그리고 грести는 '머리를 빗다'의 의미를 가졌었다.

　단순화가 일어나는 두 번째 원인으로는 개별적인 어휘 단위의 고어화(архизация)를 들 수 있다. 단어는 파생 모어뿐만 아니라 친족어로 느껴지는 다른 모든 단어들이 완전히 사용되지 않을 경우에만 단순화의 과정을 거치게 된다[10]. 예를 들면, 파생 모어로 기능했던 жадный, перек, рясно, жужель과 같은 단어들이 현대 러시아어에서는 사용되지 않게 됨으로써, жадный, перечень, ресница, жужелица와 같은 단어들은 비파생 어간을 가진 단어로 전환되는 단순화 과정을 겪었다.

　단순화는 또한, 흔히 파생어의 의미 구조 및 조어 구조를 애매하게 하는 음성적 변화에 의해서도 일어난다. 이 경우에는 파생어 및 그것들과 친족 관계에 있는 단어들의 음성적 변형이 유일한 원인이다. 예를 들면, 단어 затхлый에서 어간은 х 앞에서 축약되어 묵음화한 д가 탈락한 후에 비파생 어간이 되었으며(비교: задохнуться), 단어 сон의 어간은 소리 н이 탈락된 후에(비교: спать), 그리고 단어 страсть의 어간은 т 앞에서 д가 이화되어 각각 비파생 어간이 되었다(비교: страдать).

　많은 단어의 경우 일련의 명사들이 지소-애칭의 의미를 상실함으로써 단순화가 일어나기도 한다.

---

[10] 언어에서 단지 파생 모어만 사라지고 친족 관계에 있는 단어들이 존재하게 되는 경우에 상응하는 파생어는 자신의 분절적 특성을 보존하며, 재분절이나 비상관화의 과정을 겪는다. 자세한 것은 4.3.2 재분절, 4.3.4 관계 단절 항목 참조.

▌ платок, кольцо, ложка, лепёшка, ручка(가방의 손잡이)

여기에서는 두 가지 경우가 존재한다. 먼저 коло, лепёха, ласа, ласта 등과 같이 비지소적 의미를 가진 단어들은 사용되지 않게 되었고, 또 다른 단어들은 의미적으로 지소형 접미사를 갖지 않는 단어들과 서로 관련성을 잃게 된 것이다.

▌ 비교: площадь - площадка(활주로), 그러나 площад-к-а(작은 광장)
　　　 спина - спинк-а(소파의 등받이), 그러나 спин-к-а(어린이의 등)

단순화의 과정은 단어의 어근 및 접두사의 접합부(прелесть, воздух, нелепный, вкус 등), 어근과 접미사의 접합부(платок, узник, дворец, мыло 등) 및 어근과 어미 사이의 접합부(хотя, почть, суть 등)에서 일어난다.

지금까지 살펴본 바와 같이, 단순화는 새로운 단어 형성의 기저가 될 수도 있는 새로운 어근들을 생성함으로써 러시아어 조어 체계에서 중요한 의미를 지닌다.

4.3.2. 재분절

재분절(переразложение)은 19세기 말 인도 유럽어의 격 변화 연구와 관련하여 보드엥 드 꾸르뜨네가 발견한 현상으로, 단어 내에서 형태소 경계의 이동을 지칭한다. 재분절의 본질은 한 형태소의 소리 요소가 이웃하는 다른 형태소로 이동하는 데 있다. 이 경우 단어는 여전히 분절적이지만, 이전에 분절되었던 것과는 다르게 분절되기 시작한다. 단순화와 달리 재분절에서는 새로운 접사들이 형성된다. 그러나 단어의 어간은 이전과 마찬가지로 파생 어간으로 남아 있다.

재분절의 과정은 파생 모어 어간과 접미사의 접합부에서 가장 자주 일어난다. 그러나 파생 모어 어간과 어미, 파생 모어 어간과 접두사, 그리고 두 어근적 형태소들 사이에서도 발생한다.

재분절의 근본적인 원인은 특정한 단어에 상응하는 파생 모어 어간이 그것과 친족 관계에 있는 다른 단어들은 현존함에도 불구하고, 사용되지 않게 되는 데 있다. 예를 들면, 동사 обессилеть는 현재 обес-сил-е(ть)로 분절되며 명사 сила로부터 접미사와 접두사 동시 첨가에 의해 형성된 것으로 인식된다. 그러나 이 단어가 이러한 분절 구조를 지니는 것은 파생 모어인 동사 бессилеть(약해지다, 힘이 빠지다)가 사라지면서 이 단어에 재분절 현상이 일어났기 때문이다.

재분절은 또한 한 단어의 형태소가 다른 단어의 형태소에 동화되는, 이른바 유추 (аналогия)에 의해서도 일어난다. 예를 들면, 단어 пень으로부터 파생된 опёнок에서 접미사 -ёнок은 телёнок, поросёнок과 같은 명사들에서 나타나는 접미사 -ёнок 으로부터 유추하여 발생한 것이다.

파생어에서 재분절은 파생 모어 어간이 단순화됨으로써 일어날 수도 있다. 예를 들면, 현재에는 бодр-ость로 분절되는 명사 бодрость의 어간은 형용사 бодрый가 단순화되기 이전에는 형태소 (бъд-р)-ость로 분리되었다. 또 현재 убож-еств(о)로 나누어지는 단어 убожество의 어간은 형용사 убогий가 단순화되기 이전에는 형태소 (у-бож)-ьств(о)로 분절되었다. 이 경우 재분절 과정에서 연결 형태소는 어근에 용해된다.

어떤 경우에는 재분절시 연결 형태소가 파생 모어 어간에 포함되어 있는 조어적 접사를 흡수하기도 한다. 대개 두 개의 이웃하는 접미사들이 병합된다.

▌ 단어 бедствие에서 -ствиj-

그러나 극히 드문 경우에는 두 개의 접두사가 하나로 합해지기도 한다.

▌ 동사 обессилеть에서 обес-

이렇게 해서 형성되는 새로운 접미사는 흔히 규칙적이 되며, 그것이 형성되는 기저가 되었던 접미사보다 더 생산적이다.

▌ 접미사 -от(а)와 -ть가 융합되어 생겨난 접미사: -ость
▌ 관계 형용사적 접미사 -ск-와 접미사 -ик가 합해져서 생겨난 접미사: -чик, -щик

이러한 재분절 과정을 통해 나타난 새로운 조어 모델, 새로운 원래의 러시아어 접미사들은 러시아어 언어 체계를 풍요롭게 한다.

4.3.3. 복잡화

이것은 단순화의 반대 과정을 의미하는 것으로, 언어의 발전 과정에서 이전의 비파생 어간이 파생 어간으로 바뀌는 현상이다. 이러한 과정의 결과 어근적 형태소는 어근과 접사의 두 부분으로 나뉜다. 결국 러시아어에서 그 출현 시점에 비파생어적 특성을 지녔던 단어가 형태소들로 분절되는 것이다. 복잡화(усложнение)는 근본적으로 외국어에서 차용된 단어들에서 나타나는 현상이다. 이러한 현상은 차용 과정에서 친족 관계를 나타내는, 동일한 비파생 어간을 포함하는 외국어 단어들과 함께 나타나기도 하며, 또 한 차용어가 다른 단어들과 가지는 조어적, 의미적 관계의 인식 결과로 발생하기도 한다. 예를 들면, 명사 агитация는 19세기에 독일어 Agitation으로부터 비파생 어간을 가진 형태로 러시아어 표준어에 나타났다. 그러나 이와 함께 러시아어 구어에서 동일한 어근을 가진 단어 агита-тор가 사용되면서, 그 어간은 복잡화의 과정을 거쳐 결국 비파생 어간 агит-와 접미사 -ациј-로 분절되기 시작하였다. 또 프랑스어에서 차용된 명사 гравюра는 원래 비파생어로 러시아어에 도입되었다. 그러나 러시아어에 그것과 친족 관계에 있는 단어 гравировать와 гравёр가 존재하였기 때문에, 이 단어의 어간은 비파생 어간인 грав-와 접미사 -юр-로 분절되기 시작하였다.

복잡화는 가끔 재분절을 야기하는 원인에 의해서도 일어날 수 있다. 예를 들면, 명사 ехидна 어간의 복잡화는 접미사 -н-(-ьн-)을 가지는, 이 명사의 형용사 단형 여성형의 영향으로 일어났다. 또한 동사 молоть 어간의 복잡화는 고대 러시아어에서 충음화(полногласие)가 발전하기 전에 이 단어가 자신의 소리적인 모습을 바꾼 결과 발생한 것이다.

의미적·조어적 상관관계는 한 언어로부터 동시에 차용된 단어들 사이 그리고 다른 시대에 차용된 단어들 사이에서 설정될 수 있다. 민속 어원(народная этимология)의 경우에는 차용어와 순수 러시아어 사이에서도 이러한 의미적인 상관성이 확립될 수 있다.

위의 기술을 통해서 우리는 복잡화가 조어 체계의 발전을 위해 매우 중요하다는 것을 알 수 있다. 러시아어는 외국어의 조어적 형태소를 동화시킬 수 있으며, 외국어 기원의 접사들을 기반으로 자신의 조어 목록을 풍부하게 한다.

지금까지 기술한 단순화, 재분절, 복잡화는 단어의 구조적 변화와 관련된 것으로서 '외적' 과정이라고 부를 수 있다. 그러나 단어의 어근에서는 의미와 형태소의 특성 및 그것들의 상호 관계도 변화할 수 있는데, 이러한 변화를 '내적' 변화라고 한다. 여기에는 관계 단절(декорреляция), 간섭(диффузия), 대체(замещение)가 관련된다.

4.3.4. 관계 단절

이것은 형태소의 특성이나 의미의 변화, 단어에서 그것들의 상호 관계의 변화를 의미한다. 관계 단절(декорреляция)은 형태소 구성의 변화로 귀결되는 것이 아니다. 단어에서 형태소는 이전과 동일하게 분절되며, 그 단어가 형성될 당시에 분절된 수만큼의 형태소들이 분절된다. 그러나 단어를 구성하는 형태소들의 의미와 특성은 완전히 달라져서, 서로 완전히 다른 관계에 있게 된다. 다시 말하면, 단어가 이전과 동일하게 형태소가 분절되고 그것들 사이의 경계도 유지한다. 그러나 형태소의 의미와 그것들 사이의 관계에 변화가 생긴다. 예를 들면 파생어 ловец, ломоть, любовь는 현대 러시아어에서는 동사 ловить, ломать, любить의 파생어로 간주되며, 이 경우 조어 접미사로 -ец, -оть, -овь가 분리된다. 그러나 역사적으로 명사 ловец와 ломать는 명사 ловъ, ломъ로부터, 그리고 любовь는 형용사 любъ부터 접미사적 방법에 의해 형성된 것이다.

관계 단절의 결과, 이미 사라진 형용사 мѣдлый(천천히), вилый(굽은)로부터 파생된 동사 медлить, вилять에서는 조어 접미사 -и-, -а-가 조어 의미를 상실하고 동사 어간의 단순한 표지로 바뀌었다.

관계 단절은 러시아어의 조어 체계에서 중요한 역할을 한다. 그것은 조어 모델[11]

---

[11] 조어 모델과 조어 유형의 개념 및 차이에 대해서는 2.5. 조어 유형과 2.6. 형태 음운적 모델 참조.

전체가 다른 조어 유형으로 전이되는 원인이 될 수도 있다. 예를 들면, 접미사 -б(а)를 가지는 명사 ходьба, резьба, молотьба 등은 비록 그것들이 어원적으로는 명사 ходь, рьзь, молоть 등으로부터 형성된 파생어라 할지라도 공시적으로는 동사로부터 파생된 명사로 간주된다.

관계 단절을 통해서 어떤 형태소들은 자신의 의미를 확장한다. 예를 들면 генеральша, майорша, пропессорша, докторша와 같은 단어에서 '남편의 직무상 칭호에 따른 여성의 지칭'이라는 의미를 가졌던 접미사 -ш(а)는 '직업에 따른 여성의 지칭'을 나타내는 조어 형성소가 되었다.

■ кассирша, лифтерша, билетерша, киоскерша

관계 단절은 단어에서 어간의 변화를 수반할 수도 있다. 예를 들면 부사 пешком, босиком, целиком, голышом, нагишом 등은 구성상 명사 пьшькъ(보행자), босик(맨발로 걷는 사람), целик(미개발지), голыш, нагиш(노출된)의 조격 형태로 거슬러 올라가며, 그것들로부터 형태 통사적 방법(즉, 부사화)에 의해 형성되었다. 상응하는 명사의 상실로 인해 이 부사들은 현재 조어적 측면에서 형용사 пеш-ий, бос-ой, цел-ый, гол-ый, наг-ой의 어간과 연관된다. 또한 이 부사들은 단어 пеш-к-ом, бос-ик-ом, цел-ик-ом, гол-ыш-ом, наг-иш-ом으로부터 재분절 결과 발생한, 복잡화된 접미사 -ком-, -иком-, -ом-, -ишом-에 의해 형용사로부터 형성된 접미사적 파생어이다(Тихонов 1978: 27, 105, 544).

4.3.5. 간섭

간섭(диффузия)은 형태소들이 단어 의미 부분의 독립성과 특성을 분명하게 유지하는 동시에 서로 침투하는 현상이다(Шанский, Тихонов 1981: 59).

이 경우에 파생 어간은 이전과 동일한 형태소들로 분리되지만, 조어 사슬의 특정 구성 요소에서는 단어에서 분리되는 형태소들의 분절성이 한 형태소의 다른 형태소에 대한 부분적인 음성적 중첩으로 인해 약해진다.

при-и-ду로부터 при-й-ти와 приду

толк-ну-у로부터 толк-а-ть, толк-ну-ть 및 толкну

간섭이 일어나는 가장 중요한 원인은 어간에서 일어나는 여러 가지의 소리 변화, 즉 동일한 자음이나 모음 그룹의 단순화이다. 예를 들어 раз-зи-ну-ть가 разинуть로 되는 과정에서 зз는 з로 단순화되었다. 또 동사 подвинуть - подвигнуть (по-двиг-ну-ть) - двиг-ну-ти에서 완료상은 двиг-а-ти로부터 접미사 -ну-에 의해 형성되었으며, гн은 н으로 단순화되었다. 이것은 간섭 현상이 일어났다는 것을 의미하는데, 어간의 한 부분인 з는 접두사와 어근에 동일하게 관련되며, 어간 н의 한 부분은 어근과 접두사에 관련된다.

어떤 경우에 비파생 어간과 접미사의 간섭은 조어 모델 전체에서 일어날 수도 있다. 이것은 печь, мочь, стеречь, течь, стричь, беречь와 같이 -чь로 끝나는 동사의 미정형에서 나타난다. 문자가 존재하기 이전에 이 동사들의 소리 [ч']에서는 마지막 자음 어근인 [к]나 [г]와 미정형 어미 -ти가 하나로 융합되었다. 여기에서 형태소들의 간섭은 두 소리를 하나로 융합시키는 음성적 변화의 결과이다.

형태소의 간섭은 조어(즉, 단어 형성)의 순간에도 직접 일어날 수 있다. 시간이 흐름에 따라 서로 간의 관계상 특별한 형태소의 공존에 근거하여 발생한 단어 의미 부분의 간섭과 달리, 이러한 형태소 간섭은 중첩(аппликация)이라고 부른다. 한 예로 -ск로 끝나는 지명으로부터 접미사 -ск-에 의하여 형용사가 만들어질 때 형태소의 상호 침투가 관찰된다.

Минск + -ск- = минский

Смоленск + -ск- = смоленский

Витебск + -ск- = витебский

또 어간이 -ов-, -ев-로 끝나는 형용사로부터 접미사 -оват-, -еват-에 의해 형용사가 파생되는 경우 역시 그러하다.

> лилов-ый + -оват- = лиловатый, розовый + -оват- = розоватый, сиренев-ый + -еват- = сиреневатый
>
> Однако бел-ый + -оват- = бел-оват-ый, син-ий + -еват- = син-еват-ый

즉 중첩(аппликация)은 조어 과정에서 단어의 형태소들이 하나로 합쳐지는 한 수단으로, 단어의 형태적 구조의 변형으로서 나타나는 간섭과는 외적으로만 동일할 뿐 본질적으로 다르다.

4.3.6. 대체

시간이 흐름에 따라 단어가 매우 다르게 분절되기 시작하는 경우가 흔히 있는데, 이렇게 상이한 조어 구조는 한 형태소가 다른 형태소로 대체되었다는 것을 의미한다. 바로 이러한 과정을 대체(замещение)라고 한다. 이러한 대체의 결과로 인해 파생어 어간의 형태소적 구성은 수적인 관계에서는 동일하게 남으며, 단지 조어 사슬의 한 요소만이 바뀐다. 그러나 단어의 조어 구조는 전체적으로 동일하게 남는다.

형태소의 대체가 일어나는 원인으로는 생산적인 조어 모델의 어떤 단어와 어원적으로 친족 관계에 있는 어휘 단위의 형태 구조상의 유사 과정, 그리고 상이한 어근에 속한 단어들의 민속 어원적인 접근법을 들 수 있다. 전자의 예로는 단어 ров에서, сон - сн-а, день - дн-я에 유추하여 ров-а 대신에 рв-а가 되는 경우를 들 수 있다. 민속 어원적인 접근의 예로는 접미사 -ѣти (-еть)에 의해 доълъ(재산)로부터 형성된 довлеть를 들 수 있는데, 이것은 원래 '충분하게 되다'(быть достаточным)를 의미했다. 그러나 현대 러시아어에서는 давить와 관념적으로 연합하여 의미 '압력을 가하다'를 의미하게 되었다. 이러한 원인으로 형태적 구성도 역시 변화하게 된다.

> до-вл-е-ть와 현대의 довл-е-ть

이렇게 어간의 역사적인 변천 과정은 어간의 형태소 구조의 변화를 수반하며, 그 결과 단어의 어원적 구성과 현대적인 구성은 흔히 일치하지 않게 된다.

05 조어의 형태 음운적 특성

조어는 두 개의 구성 요소, 즉 파생 모어 어간과 조어 접사의 상호 작용의 결과이다. 이러한 상호 작용은 파생어와 파생 모어 사이의 의미적인 관계에 근거하여 실현된다.

▌ лес - лес-ной, бо-род-а - бород-ат-ый, глаза - глаз-аст-ый

그러나 이러한 주장은 절대적인 것은 아니다. 왜냐하면 파생어 어간이라고 불리는 파생어의 구조적인 부분은 항상 파생 모어의 어간과 그 음성적 표현에서 동일한 것은 아니기 때문이다. 예를 들어 рука - руч-н-ой에서 파생 모어의 어간은 рук-이지만 파생어 어간은 руч-이다. 또한 стирать - стир-к-а에서 파생 모어 어간은 стира-이며, 파생어 어간은 стир-이다.

이와 같은 파생 모어 어간과 파생어 어간의 불일치는 조어에서 일어나는 형태 음운적 과정들에 의해 설명된다. 따라서 조어 연구에서 형태부에 어떠한 음운적 변화가 일어나는지를 살피는 것은 매우 중요하다.

이처럼 동일한 형태소일지라도 위치에 따라 그 음성적 구성이 바뀔 수 있다. 이러한 변화는 단어 변화와 단어 형성(조어)에서 형태소들이 결합할 경우에 관찰된다. 이렇게 단어 변화와 단어 형성은 러시아어 형태부에서 상이한 음운적 변화를 수반한다. 우리는 단어 변화와 단어 형성에서 음운론적 수단의 사용, 즉 음운론과 형태론 사이의 관계를 연구하는 언어학의 분과를 형태 음운론(морфофонология)이라고 한다.

형태 음운론이라는 용어는 морфо-фонология(морфологическая фонология =

фономорфология)라는 용어로부터, 동일한 음절의 탈락 현상에 의해 형성되었다. 이러한 현상은 조어에서 폭넓고 다양하게 나타나기 때문에 파생어 구조의 형태 음운의 형성에서 매우 중요한 역할을 한다.

조어에서 형태 음운적 현상들은 특히 다음과 같은 위치에서 나타난다.

1) 주로 접미사적 조어 방법에 의한 경우와 조어의 혼합된 방법에서 접미사적 형태부 앞
2) 복합어에서 접요사적 형태소의 앞

그리고 형태 음운론의 임무는 다음과 같은 것들을 확인하는 것이다.

1) 다양한 형태소의 음소적 구성
2) 단어에서 형태소들의 결합 규칙, 즉 형태소 결합에서 그것들의 상호 적응의 조건
3) 형태소의 추적 순서

파생어가 형성될 경우 흔히 결합하는 형태소들의 상호 적응이 일어난다. 그러나 러시아어에서는 형태소의 경계에서 모든 소리 결합이 허용되지는 않는다. 형태소 경계에서는 다음과 같은 네 가지 종류의 현상이 발생할 수 있다.

1) 한 형태소의 끝이 다른 형태소의 처음에 적응하여 변화하는 음소 교체
2) 두 형태소 사이에 의미를 지니지 않는 접요사가 삽입되는 접요사화
3) 한 형태소의 끝이 다른 형태소의 처음과 결합하는 형태소 중첩
4) 파생 모어 어간의 끝이 절단되어 파생어에 들어가지 않는 파생 모어 어간의 절단

5.1. 어근 형태소의 구조

러시아어에서 명사적 어근과 동사적 어근의 구조는 상이하다. 명사적 어근은 차

용어의 경우를 제외하고는 모두 자음으로 끝난다. 반면에 동사적 어간은 자음으로 끝나거나(пис-ать, люб-ить, ход-ить) 또는 모음으로 끝난다(ши-ть, да-ть, би-ть). 이러한 차이는 조어에서 중요한 역할을 하는데, 그것이 조어에서 명사적, 동사적 어근 사용의 다양한 특성을 규정하기 때문이다.

5.2. 음소의 교체

형태 음운론은 그것들의 문법적인(형태 음운론적) 위치에 의해 야기되는 음소들의 교체를 연구한다.

▎ рука - ручной, писать - пишу

이것은 음성적 위치에 의해 야기되는 소리의 교체와는 구별된다.

▎ [вада], [воды], [разб'ит'], [рас'кинут']

여기에서 접미사 -н- 앞에서 к/ч의 교체와 단수 1인칭 어미 -у 앞에서 с/ш의 교체는, 바로 단어의 문법적 형태에 의해 유발된 것이다. 물론 러시아어에서 к + н(비교: книга)와 с' + у(비교: лось - лосю, карась - карасю, сюсюкать)의 결합이 전혀 불가능한 것은 아니다. 이러한 결합은 단지 일정한 형태에서만, 즉 어떤 일정한 형태적, 조어적 조건에 의해 규정되는 위치에서만 가능하다.

문법적인 위치에 의해서 규정되는 음소 교체는 문법적(형태 음운적, 형태적) 교체라고 한다. 이 모든 명칭은 이러한 종류의 음소 교체가 현대의 음성적 조건과는 무관함을 보여 준다. 문법적 교체가 일어나는 경우 단어의 음소적 구성이 변화하지만, 위치적인 음성적 변화가 일어났을 경우 그 구성은 변화하지 않는다.

교체의 필수적인 특징으로는 반복성을 들 수 있다. 만약 음소적 변화가 단 한 번만 일어난다면, 문법적 위치가 음소 구성에서 어떠한 변화를 유발한다고 볼 수 없다. 즉 유일성, 비반복성은 바로 교체 현상의 본질에 대한 모순이 된다.

5.2.1. 자음 교체

5.2.1.1. 형태소 접합부에서 어간 형태부의 교체

러시아어에서는 어근(또는 어간)과 접미사의 형태소 접합부에서 일어나는 교체가 가장 특징적이다.

▎ друг - друж-б-а, кусок - кусоч-ек

이러한 교체는 자음 음소에 영향을 주며 역방향적이다. 즉, 뒤에 오는 형태소가 앞에 오는 형태소의 변화를 유발한다. 러시아어에는 교체하는 접미사와 그렇지 않는 접미사가 존재한다. 교체하는 접미사의 예를 들면, 미성숙한 생물을 지칭하기 위하여 사용되는 명사적 접미사 -'онок/-'ат(а)가 있다. 이는 다음과 같은 교체를 유발한다.

▎ 후설 자음/쉬음: волк - волч'-онок
д/ж: верблюд - верблюж-онок
д'/ж: медведь - медвеж-онок
짝을 이루는 경자음/짝을 이루는 연자음: тигр - тигр'-онок, слон - слон'-онок, лев - льв'-онок, орел - орл'-онок, повар повар'-онок 등

교체하지 않는 접미사의 예로는 관계 형용사의 접미사 -ов-를 들 수 있다.

▎ парк - парк-ов-ый, воск - воск-ов-ый, апельсин - апель-син-ов-ый

개별적인 접미사의 성격을 규정하는 데 있어서는 그것이 앞의 형태부에서 교체를 일으키는지의 여부와, 만약 그렇다면 어떤 교체를 일으키는지를 지적해야 한다. 교체하는 접미사를 열거하면 다음과 같다.

명사: -ник, -ниц(а), -н'(а), -к(а), -ок, -к(о), -ств(о), -'онк(а), -'онок/-'ат(а), -j(о), -j(а), -ениj(е), -ищ(е) /-ищ(а), -ин(а), -инк(а), -их(а), -иц(а), -изн(а), -ик, -ишк(о)/-ишк(а), -изм, -ист, -ич, -ин'(а), ∅(+ 명사 кость 유형의 어미 체계), -ец, -'атин(а), -'атник, -'анин, -'аг(а), -чик, -щик, -щин(а), -ш(а), -'уг(а), -'ур(а), -'ак, -'аш, -'ох(а)

형용사: -н-, -ск-, -j-, -ин-, -ист-, -лив-, -чат-, -ач-, -'ан-, -н'-, -нин, -'ав-, -енн-, -еньк-/-оньк-, -'охоньк-/-'ошеньк-, -'ущ-

동사: -нича-, -о-/-и-, -е-

형태적으로는 동일하지만 의미적으로 상이한 접미사들은 일반적으로 교체 관계에서 동일하게 기능한다. 즉, 동일한 교체를 야기한다. 예를 들면, 지대(волк - волч-ина, носорог - носорож-ина, бульдог - бульдож-ина), 유일성(урюк - урюч-ина, горох - горош-ина, жемчуг - жемчуж-ина), 고기의 종류(белуга - бе-луж-ина, севрюга - севрюж-ина, собака - собач-ина)와 같은 의미를 지니는, 후설 자음으로 끝나는 어간으로부터 접미사 -ин(а)에 의해 형성된 파생어들이 그러하다. 언급된 모든 파생어들은 그것들이 어떤 의미를 지니는가 하는 점과는 무관하게, 동일한 자음 교체를 보인다: г/ж, к/ч, х/ш.

다른 형태 음운적 현상들과 마찬가지로, 교체도 생산적이거나 비생산적일 수 있다. 러시아어에서는 다음과 같은 유형의 자음 교체가 가장 생산적이다.

1) 쌍을 이루는 경자음과 연자음(н/н', с/с', т/т' , д/д'):
   слон - слон'-онок, лиса - лис'-онок, кот - кот'-ище
2) 후설 자음과 쉬음의 교체(г/ж, к/ч, х/ш):
   нога - нож-ища, песок - песоч-ек, мох - мш-ист-ый

이러한 생산성 외에 교체의 확산성, 즉 조어 현상에서 넓은 확산성을 가지느냐, 아니면 좁은 확산성을 가지느냐 하는 점 역시 지적해야 한다. 앞서 설명한 유형의 교체는 널리 확산된 유형이다.

반대로 비생산적이며, 좁게 확산된 유형에는 다음과 같은 교체가 관련된다.

> ц/ч: отец - отеч-еский
> д/ж: верблюд - верблюж-атина, медведь - медвеж-онок
> с/ш: черкес - черкеш-енка
> з/ж: князь - княж-еский

5.2.1.2. 접사적 형태부에서의 교체

접사적 형태부에서 자음의 교체는 러시아어 조어에서 그리 특징적이지 않다.
음소 <ш>/<ч>의 교체는 접미사 -щик/-чик, -щиц(а)/-чиц(а), -щин(а)/-чин(а)의
형태부에서 나타난다. 음소 <ч>를 가지는 형태부는 앞에 다른 자음(보통 공명음)이
선행하지 않는 음소들 <д>, <т>로 끝나는 어간 다음에 온다.

> развет-чик, плакат-чик, лёт-чик, навод-чик
> газет-чица, буфет-чица
> солдат-чина, склад-чина

한편 음소 <ш>를 가지는 형태부는 다른 위치, 즉 т와 д를 제외한 모든 자음으로
끝나는 어간 및, 자음 음소 다음에 т, д로 끝나는 어간 다음에서 나타난다.

> фрезеров-щик, экскава-тор-щик, алимент-щик, флейт-щик, подаваль-щица,
> бан-щица
> хлестаков-щина, молчалин-щина, тамбов-щи-на

앞에서 살펴본 자음의 교체와 달리, 여기에서는 이웃하는 형태부의 영향이 순행
적인 방향으로 나타난다. 즉, 어근이 접미사의 자음 교체를 유발한다.
접두사와 어간의 접합부에서 일어나는 자음 교체는 러시아어 조어에서는 드물게
나타난다.

█ имморальный, иррегулярный

5.2.2. 모음 교체

러시아어 조어에서 모음의 교체는 자음 교체보다 덜 특징적이다. 러시아어 조어
에서는 '내적인' 어근적 형태부와 접사적 형태부들의 경계에서 모음 교체가 일어나
면, 그것은 곧 모음과 소리의 영(∅)적 교체를 의미한다.

█ лоб-∅ - л≠¹б-ище, сон-∅ - с≠н-иться, лев-∅ - л'≠в-ица, орел-∅ - ор≠л'-онок;
сын-ок-∅ - сын-≠к-а, саратов-ец-∅ - саратов-≠ц-а, прыж-ок-∅ - прыж-≠к-а;
во-б≠ра-ть - в≠-берем, ото-б≠рать - от≠-берем

모든 경우에 모음과 소리의 영(∅)적 교체는 이웃하는 형태부의 구조에 의해 오
른쪽에서부터, 즉 역행적인 교체가 일어난다. 만약 이웃하는 형태부에 소리의 영이
나타나면 모음은 보존된다. 이렇게 러시아어에는 {모음/영(∅)}이라는 특별한 교체
가 존재하는데, 이것은 조어에서 중요한 역할을 한다.
어근 형태소에서 모음 음소 <o>/<a>의 교체는 접미사 -ива-를 가지는 불완료상
동사의 형성에서 생산적이다.

█ выносит - вынашивает, расспросит - расспрашивает, обусловит - обуславливает

이 교체는 규칙적인 특성을 지니지 않는다. 즉, 위에 지적한 형태들은 단어가 형
성되는 모든 경우에 적용되지는 않는다.
지금까지 살펴본 바와 같이 교체는 조어에서 독자적인 의미를 지니지 않으며,
단지 접사 첨가에 수반되는 보조적인 수단으로서만 사용된다. 또한 교체는 파생어에
서 조어 의미의 보유자도 아니다. 교체의 상실이나 부재는 절대로 파생어의 의미를
바꾸지 못한다. 예를 들면 다음과 같은 단어 짝은 비록 어떤 것은 교체에 의해 형성되
었고, 다른 것은 교체 없이 형성되었지만 동일한 조어 의미를 지닌다.

---

¹ 기호 ≠은 소리의 영을 의미하며, ∅은 영 어미와 영 접사를 나타낸다.

비교: риж-ск-ий- лейпциг-ск-ий

таганрож-ц-ы - таганрог-ц-ы

волч-онок - лебед'-онок

5.3. 파생 모어 어간의 절단

접사적인 조어에서 파생 모어 어간의 절단(усечение)은 음소 교체 및 접요사 첨가와 마찬가지로 형태소들의 상호 적응의 일종이다. 파생어 어간에는 파생 모어 어간의 마지막 음소(또는 음소 그룹)가 존재하지 않는다. 조어의 접미사적 방법에서 어간의 절단은 형태 음운적 수단의 하나이다. 이것을 조어 방법으로 기능하는 어간의 절단(단축)과 혼동해서는 안 된다. 절단은 접요사 첨가에 대비된다. 접요사 첨가에서는 파생어 어간이 확대되는 데 반해, 절단에서는 단축된다.

명사, 형용사, 동사의 어간은 절단될 수 있으며, 이때 어간의 마지막 부분이 절단된다. 보통 접미사 또는 그것과 일치하는 유사 형태부(субморф) 또는 어근의 마지막 모음이 주로 절단된다.

이러한 절단의 목적은 어떤 규칙의 파괴를 피하는 데 있다. 즉,

1) 형태소 접합부에서 자음의 군집을 제거한다. 자음으로 시작되는 접미사가 어간에 쉽게 결합되도록 한다.

кокетка - кокет-ничать, дудка - дуд-еть, смекалка - смекал-ист-ый, реактивный - реактив-щик

2) 형태소 접합부에서 모음의 군집을 제거한다. 즉 러시아어에 고유하지 않은 구조를 갖는 모음으로 끝나는 어간을, 조어에 더 알맞은 형태로 바꾸어 준다.

пальто - пальт-ишко, резюме - резюм-ировать, кенгур - кенгур-енок

동사적 어간으로부터 파생된 단어들에서는 단지 동사적 접미사나 매개 모음(тематические гласные)만이 단절된다. 접미사의 절단이나 비절단은 조어 유형의 필수적인 특징이다. 예를 들면, 접미사 -тель을 가지는 파생 명사는 항상 파생 모어의 동사 어간을 완전히 포함한다.

▌ получать - получа-тель, отправить - отправи-тель, учить - учи-тель

다른 조어 유형의 예를 들면, 접미사 -ун을 가지는 파생 명사에서는 어근과 동일한 어간이 존재한다.

▌ бегать - бег-ун, прыгать - прыг-ун

기술한 바와 같이, 러시아어에는 절단을 야기하는 접미사와 절단을 야기하지 않는 접미사가 있다. 명사 및 형용사 어간으로부터 단어가 형성되는 경우에 많은 접미사는 파생 모어의 어간이 어떻게 끝나느냐에 따라 절단적으로도, 비절단적으로도 작용할 수 있다.

5.4. 형태부 중첩

형태부 중첩(наложение морфов)이란, 직접 전후 관계에 있는, 즉 인접하는 두 개의 동일한 음절 중에서 한 음절이 사라지는 현상을 의미한다. 즉 형태부 중첩은 조어적인 동일 음절의 탈락 현상으로, 형태소의 경계에서 일어나는 형태 음운적 상호 적응의 한 유형이다. 조어에서 가장 확산된 유형의 형태부 중첩은 파생 모어 어간의 마지막 부분과 접미사적 방법에 의한 조어 형태부의 중첩이다.
형태부의 중첩은 다음과 같은 접합부에서 일어난다.

1) 어간과 접미사:

   розов-ый + -оват- = розоватый, лилов-ый + -оват- = лиловатый, Минск + -ск- = минский, Смоленск + -ск- = Смоленский

2) 어간과 접요사:

   сельпо + -овск- = сельповский, Динамо + -овск- = динамовский, гороно + -овец = героновец

이외에 형태부의 중첩은 모음으로 끝난 어간으로부터 파생된 단어들에서도 나타난다.

такси + -ист = таксист, наци + -изм = нацизм, регби + -ист = регбист

5.5. 접요사 첨가

형태 음운적 규칙에 의해 금지되거나 러시아어 단어 구조에 특징적이지 않은 형태소들의 결합을 제거하기 위하여, 두 형태소 사이에 의미를 지니지 않는 부분이 삽입되는데, 이것을 접요사 첨가(интерфиксация)라고 한다. 그리고 이처럼 단어의 구조에서 순수하게 연결 기능만을 수행하는 형태소 사이의 삽입물을 접요사라고 부른다(Земская 1973: 113). 그러나 모든 학자들이 이러한 접요사를 다 인정하는 것은 아니다(Лопатин 1975; Дементьев: 1974).

접요사 첨가는 접미사 첨가나 접두사 첨가와 대등한 조어 방법은 아니다. 이것은 단어에서 형태부들의 연결을 위해 사용되는 형태 음운론적인 수단의 하나이다.

유사 형태부와 마찬가지로, 접요사는 단어의 구성에서 의미를 갖지 않는다. 접요사의 역할은 순전히 기능적이며, 구조적인 것이다. 반면에 접미사나 접두사는 단어의 구성에서 의미를 가지며 일정한 의미적 역할을 수행한다. 접요사를 접미사적 형태소나 접두사적 형태소와 대등한 대열에 두게 되면, 단어의 구성에서 최소의 의미 단위라는 형태소의 정의는 무너지게 된다. 접미사를 형태소의 수에 포함시키는 경우 결과적으로 기능상 상이한 현상들, 즉 단어의 의미를 지니는 부분과 의미를 지니지 않는 삽입 요소들이 모두 형태소로 불리게 될 수도 있다.

접요사가 의미를 지니지 않는다는 사실은 접요사를 갖는 파생어와 접요사를 갖지 않는 파생어에서 동일한 조어 의미가 나타난다는 점에 의해 증명된다.

> завком-(ов)-ский와 завкомский, санпросвет-(ов)-ский와 санпросвет-ский,
> исполком-(ов)-ский와 исполком-ский

조어 의미를 나타내기 위해 접요사 없이 접미사만으로도 충분하다는 사실은, 상이한 접요사를 가졌음에도 불구하고 의미적으로 동일한 파생어가 존재한다는 것을 통해서도 알 수 있다.

> Брно - брн-(ов)-ский, брн-(ен)-ский
> Петушки - петушк-(ин)-ский, петуш-(ов)-ский

5.5.1. 접요사의 기능

접요사는 러시아어 조어에서 대개 1) 어간과 접미사, 2) 복합어의 구성에서 두 어간의 결합을 위해 사용된다. 그러면 지금부터 접요사 사용의 가장 전형적인 경우를 살펴보자.

어간과 접미사의 경계에서 접요사를 사용하는 것은 러시아어 조어에서 가장 보편적인 유형이다.

1) 모음 음소로 끝나는 어간 다음과 모음으로 시작되는 접미사 앞에서는 보통 자음 접요사가 사용된다. 모음으로 끝나는 어간은 러시아어 구조에서 비전형적이다. 이러한 유형의 접요사 첨가는 주로 차용 어간으로부터 형성된 파생어들에서 나타나며, 차용어를 러시아어 조어에 포함시키는 수단으로 사용된다.

> арго - арго-(т)-изм, арго-(т)-изация, арго-(т)-ическ-ий;
> кабаре - кабар-(т)-ист;
> авиа-(н)-изация, чили-(н)-изм

러시아어에서 모음으로 끝나는 어간은 동사 어간에서만 나타난다. 이때 접요사 -л-은 жи-(л)-ец, пои-(л)-ец, корми-(л)-ец, суди-(л)-ище, жи-(л)-ище와 같은 단어들에서 나타난다(비교: прибеж-ище, убеж-ище). 또한 접요사 -в-는 접미사 -уч(ий)를 가지는 형용사에서 사용된다.

▌ петь - пе-(в)-учий, жить - жи-(в)-учий (비교: кип-учий, гор'-учий)

2) 접미사가 자음으로 시작되면 자음 접요사는 일반적으로 모음으로 끝난 어간 다음에 나타난다. 이 경우에는 흔히 접요사 -j-, -ш-, -в-, -н-이 나타난다.

▌ кофе-(й)-ный, шоссе-(й)-ный
▌ кофе-(й)-ник, реле-(й)-щик
▌ Сомали - сомали-(й)-ский, Дели - дели-(й)-цы

3) 자음군으로 끝나는 어간을 가진 파생어에서는 보통, 모음으로 시작되는 접요 사들이 자음으로 시작되는 접미사 앞에서 사용된다. 여기에는 주로 접요사 -ов-, -ин-이 관련된다.

▌ Ялта - ялт-(ин)-ский, Столб-цы - столбц-(ов)-ский, Клязьма - клязьм-(ин)-ский

복합어의 구성에서 두 (또는 그 이상) 어간의 결합을 위해 접요사를 사용하는 것은 생산적인 현상이다. 그중에서도 음소 <о>는 이 위치에서 가장 보편적인 접요 사이다.

▌ вод-(о)-воз, дым-(о)-ход, мусор-(о)-провод, желт-(о)-зелёный, хлеб-(о)-булочный;
▌ син-(е)-зелёный

5.6. 유사 접사

복합어는 하나 이상의 어근으로 구성되는데, 어떤 복합어에서는 한 어근이 의미적으로 동일한 어근을 가지는 단어와 부분적으로 관계를 잃고 추상화될 수 있다. 이러한 형태소의 기능은 접사의 기능에 가깝다. 그리고 이러한 형태소들의 동일성의 정도는 '애매해진' 어근이 일련의 단어들에서 실현되는 경우에 특히 크다.

> рыболов(비교: рыбак), звелолов;
> садовод, животновод, пчеловод, лесовод, полевод;
> пушкиновед, тургеневед;
> полубархат, полумрак

이러한 전이적 형태소들을 바로 유사 접사(аффиксоид)라고 한다. 이것은 또한 단어에서 나타나는 위치에 따라 유사 접미사(суффиксоид; 예: некрасовед)와 유사 접두사(префиксоид; 예: горе-работник)로 나뉜다.
러시아어에는 다음과 같은 유사 접미사들이 존재한다.

> -вар: мыловар, пивовар, сталевар
> -вед: языковед, краевед, почвовед
> -воз: лесовоз, углевоз
> -дел: винодел, маслодел
> -кол: дровокол, ледокол
> -коп: землекоп, углекоп
> -мер: землемер, водомер
> -мёт: пулемёт, минимёт
> -рез: винторез, труборез, хлеборез
> -метр: термометр, хронометр

가끔 유사 접미사는 어근과 어미로 구성되기도 한다.

-носн-: плодоносный

-видн-: яйцевидный, благовидный

-подобн-: луноподобный, яйцеподобный

-образн-: порошкообразный

　유사 접미사를 갖는 단어들에서는 매개 접사가 사용된다. 그리고 이러한 유사
접사를 갖는 단어들은 흔히 복합어로 간주된다(AГ 70: 164-166; AГ 80: 242).

06 파생의 종류 및 방향

6.1. 파생의 개념

조어 과정에 관련되는 모든 러시아어 단어들은 조어론의 연구 대상이 된다. 이러한 측면에서 단어는 두 그룹, 즉 다른 단어들에 근거하여 형성된 이차적인 파생어와 이 이차적인 파생어 형성의 근원이 되는 일차적인 비파생어로 나뉜다. 예를 들면, учитель, домик, расчистить, беловатый 등은 파생어이다. 왜냐하면 이 단어들은 파생 모어인 учить, дом, чистить, белый에 의해서 지칭된 것과 관련하여 대상, 현상이나 행위를 지칭하기 때문이다. 반면에 белый, учить, чистить 등은 비파생어인데, 이것들은 실제 현실의 대상이나 현상을 직접적, 비상대적, 비파생적으로 지칭한다.

위에 기술한 두 그룹의 단어들 사이의 경계는 매우 유동적이다. 왜냐하면 파생어 자체가 언어에서 다른 단어 형성을 위한 파생 모어로 기능할 수도 있기 때문이다.

▌ учить → учитель → учительский

여기에서 알 수 있듯이, 단어 учить는 항상 비파생어(파생 모어)이지만, 단어 учитель은 учить와 관련하여서는 파생어가 되고, 단어 учительский와 관련하여서는 파생 모어가 된다. 즉 근원어를 제외하면 파생 모어와 파생어의 개념은 상대적이다. 이러한 관계를 도식화하면 다음과 같다.

파생 모어와 파생어 사이에는 조어적 관계가 존재하는데, 그것은 언어에서 파생어(새로운 단어) 형성의 모델이 된다. 따라서 조어적 분석에서 가장 중요한 문제 중의 하나는 단어들 사이에 존재하는 조어적 파생 관계를 밝히는 것이다. 현대 언어학에서 조어적 파생의 개념은 언어학의 한 분과로서 조어론의 기초가 된다(Янко-Триницкая 1968: 532). 또한 꾸브랴꼬바(Кубрякова 1969: 4)에 의하면 조어적 분석은 무엇보다도 파생 관계의 확립을 지향한다.

파생어와 그 파생 모어 사이의 관계는 그것들의 상호 관련성(соотнесенность)에 근거하여 드러난다. 바로 "파생 어간을 갖는 단어들의 의미는 항상 상응하는 첫 번째 어간의 의미를 인용하여 결정되며, … 상응하는 실제 대상의 직접적인 기술이 아니기"(Винокур 1959: 421) 때문이다.

상관성은 파생 관계에 있는 두 단어 사이의 구조적·의미적 관계이며, 한 단어가 다른 단어에 의해서 설명되는 관계이다. 예를 들면 단어 водный(= имеющий отношение к воде)는 러시아어에서 단어 вода와 관련되며, 단어 водник(= работник водного транспорта)은 водный와 서로 관련된다.

이렇게 단어가 서로 관련될 때 이들의 구조적 관계는, 파생 모어의 어간이 파생어에 반영된다는 사실로 설명된다. 예를 들면 단어 вод-н(ый)에는 파생 모어의 어간 вод(а)가 포함되며, 단어 водн-ик에는 단어 водн-ый의 어간이 포함된다. 즉 모든 파생어는 자신의 구조에 파생 모어 어간을 포함한다.

■ звезд-а → звезд-ный, резать → раз-резать, учи-ть → учи-тель

한편 파생어에서 파생 모어 어간을 분리하고 남는 부분에 대해서는 형성소(формант)라고 한다.

파생어는 바로 이 형성소의 도움을 받아, 파생 모어에 근거하여 형성된다.

▌ вод-н-ый에서 -н-, водн-ик에서 -ик

따라서 파생어는 다음과 같은 구조를 지닌다.

파생 모어 어간 + 형성소 = 파생어

결국 모든 파생어는 두 개의 구조적인 요소, 즉 파생 모어 어간과 형성소로 구성된다. 다시 말해, 모든 파생어는 그 조어 구조상 두 부분으로 분절된다. 이에 대해 비노꾸르(Винокур 1959: 441)는 다음과 같이 기술하고 있다.

"모든 파생어 어간은 원칙적으로 두 개의 형태소로 분절되는데, 그것들 중에서 첫 번째는 특정 파생어와 관련하여 파생 모어 어간이 되며 두 번째는 접사로서, 이것에 의해 파생어가 파생 모어로부터 창조된다."

조어적으로 관련된 단어들에서 의미적 관계는, 한 단어를 다른 단어에 의해 설명할 수 있는 가능성에서 나타난다. 즉, 파생어의 의미는 파생 모어의 의미에서 도출되며, 그것에 근거하여 구축된다.

▌ виноград-ина - одна ягода винограда
▌ желез-н-ый - сделанный из железа
▌ бород-ат-ый - имеющий большую бороду

파생어와 파생 모어의 의미적인 관계는 가장 가까워야 한다. 즉, 이 단어들의 직접적인 의미에 근거해야 한다. 파생어의 의미는 간접적으로 관련된 단어들의 의미를 포함하지 않는다. 파생 모어는 구조적 및 의미적 관계에서 파생어에 가장 가깝다. 이는 바로 파생어의 의미를 형성하는 기저가 되기 때문이다. 예를 들면, 단어 переготовка의 파생 모어는 파생어와 간접적 파생 관계[1]에 있는 готовить가 아니라, 직접적인 파생 관계에 있는 переготовить이며, 단어 водопроводный의 파생 모어는 вода나 проводить가 아니라 водопровод이고, 단어 читательский의 파생 모어는 читать가 아니라 читатель이다. 따라서 이때 파생어는 파생 모어보다 구조적 및 의미적 관계에서 더 복잡하다. 상호 관련성은 양면적인, 동등한 자격을 가지는 두 요소 사이의 관계이다. 이러한 관계에서 한 단어는 다른 단어를 통해서 설명될 수 있다.

상호 관련된 짝의 범위, 즉 조어 짝 내에서는 한 단어의 다른 단어에 의한 파생이 존재한다. 보통 파생 모어는 мотивирующее가 되며, 파생어는 мотивированное가 된다. 파생은 서로 상관관계에 있는 두 단어 사이에서 나타나는, 한 단어의 다른 단어에 대한 구조·의미적 종속성이다. 예를 들면, 조어 짝 учить → учитель에서 단어 учитель은 учить로부터 파생된다.

▎ учитель : тот, кто учит

조어적 관점에서 모든 단어는 파생 의미를 가지는 단어 그룹과 비파생 의미를 가지는 단어 그룹으로 나뉜다. 일반적으로 이것은 현대 러시아어에 존재하는 관계에 근거하여 단어를 파생어와 파생 모어(비파생어)로 나눈 결과와 일치한다. 그러나 이러한 분류는 조건적이다. 현대 언어의 단어들은 원칙적으로 파생어이다. 즉, 언젠가 다른 단어로부터 형성된 것이다. 그것들 중에서 단지 일부만 파생성을 유지하며, 다른 것들은 파생성을 잃고 조건적으로 비파생어라 불린다. 따라서 엄밀한 의미에서는 다른 언어에서 차용된 단어들만이 비파생어가 될 수 있다.

▎ стул, тема, идея, кондуктор

조어적 관계에서 상관성(соотнесенность), 동기성(мотивированность), 파생성(производность)은 서로 밀접하게 관련되어 있다. 왜냐하면 단어의 파생성은 그 상관성을 통해 밝혀지기 때문이다. 동시에 이것들은 서로 구별된다. 상관성은 한

---

[1] 이것은 소위 울루하노프의 간접 파생과 직접 파생에 관한 것으로서 자세한 것은 아래 6.2.1. 직접 파생과 간접 파생 참조.

단어를 다른 단어를 통해서 간접적으로 설명하는, 두 단어 사이의 양면적인 관계이다. 한편 한 단어의 다른 단어에 대한 구조적·의미적 종속성으로서 동기성(мотивированность)은 일면적인 특성을 지닌다(즉, 파생어는 파생 모어로부터 파생된다). 그리고 파생성(производность)은 일면적이며, 일방향적인 파생에서 그것을 파생시키는 단어에 의한, 단어 형성의 결과이다. 이 경우 파생 모어에 대한 파생어의 구조적 종속성은 매우 투명하다: 파생 모어의 어간은 파생어의 구조에 반영된다(желез-о → желез-н-ый). 그리고 이 단어들의 의미적 종속성은 바로 파생 모어의 의미가 파생어의 의미 해석에 포함된다는 데 있다(желез-н-ый : сделанный из железа).

상관성은 유형적인 특성을 가지고 있다. 왜냐하면 상관 짝을 이루는 단어들 사이의 관계는 조어 과정에서 반복될 수 있기 때문이다. 예를 들면 издатель, преподаватель, наниматель 등과 같이 행위자를 지칭하며, 상응하는 동사 издать, преподавать, нанимать 등에 의해 파생된 단어 그룹에서 상관성은 유형적인 특성을 지닌다. 이것은 조어 짝 вымогать → вымогатель에서처럼, 각 단어에 고유한 관계가 동일한 구조를 가지는 일련의 다른 단어들에서 반복되면서(создать → создатель, учить → учитель 등), 새로운 단어를 형성하는 모델이 된다(АГ 1980: 143).

6.2. 파생의 종류

이미 앞에서 기술한 바와 같이, 파생 모어와 파생어는 의미적, 형식적으로 서로 구별된다. 이러한 차이점에 근거하여, 울루하노프는 파생의 종류를 접사적인 조어를 바탕으로 다음과 같이 구별하고 있다(Улуханов 1977: 34-59).

6.2.1. 직접 파생과 간접 파생

서로 관련된 두 단어가 단 하나의 형성소에 의해 구별될 경우 두 단어는 직접 파생 관계에 있다.

■ учитель → учительство, лить → влить

반면에 두 단어가 서로 둘 또는 그 이상의 형성소에 의해서 구별될 경우, 두 단어는 간접 파생 관계에 있게 된다.

■ учитель - (учительство) - учительствовать, чистый - (чистить) - очистить

유사한 형태소 구성을 가지는 단어들은 상이한 조어 짝의 구성 요소가 될 수 있다. 예를 들면 형용사에서 파생된 동사 очистить는 형용사 чистый에서 동사 чистить를 거쳐 파생되기 때문에 간접 파생이 되고, 이와 달리 동사 опорожнить는 형용사 порожный에서 바로 파생되기 때문에 직접 파생이 된다. 실제로 형용사 порожный로부터는 동사 порозить(?)가 파생되지 않는다.

파생어의 의미 기술은 무엇보다도 직접 파생 관계에 근거해야 한다. 그러나 간접 파생 역시 중요한 의미를 지니는데, 이것은 새로운 접사와 조어 방법의 출현을 통시적으로 설명할 수 있게 해 주기 때문이다(Левковская 1954: 8). 접두사와 접미사 동시 첨가에 의한 조어 방법의 출현 또한, 이와 유사한 과정에 의해 설명될 수 있다. 예를 들면 현대 러시아어에서 동일한 형태소 구성을 갖는 파생어들이 서로 다른 파생 과정을 가질 수 있다.

■ чистый→ чистить → очистить 그러나 порожный → опорожить

만약 간접 파생 중에서 유사한 현상이 발생하면 그것은 유형적 간접 파생(типовые опосредствованные мотивации)이고, 그러한 유사 현상이 나타나지 않으면 비유형적 간접 파생(внетиповые опосредствованные мотивации)이다. 파생어의 의미 기술에서는 직접 파생이나 유형적 간접 파생 관계뿐만 아니라, 비유형적 간접 파생 관계도 고려해야 한다.

6.2.2. 근원적 파생과 비근원적 파생

근원적 파생(исходные мотивации)이란 비파생어에 의한 파생을 의미하며, 비근원적 파생(неисходные мотивации)은 파생어에 의한 파생을 지칭한다. 예를 들면 조어 사슬 учить → учитель, учитель → учительство, учительство → учительствовать에서는 조어 짝 учить → учитель 만이 근원적 파생이고, 나머지 조어 짝은 비근원적 파생이다. 따라서 근원적 파생과 비근원적 파생은 직접 파생일 수도, 간접 파생일 수도 있다.

6.2.3. 단일 파생과 비단일 파생

단일 파생(единственные мотивации)은 하나의 단어에 의한 파생, 즉 하나의 파생 모어를 가지는 파생을 지칭한다.

■ вода → водный, черпать → черпак

반면에 비단일 파생(неединственные мотивации)은 몇 개의 파생 모어로부터 같은 수의 형성소에 의해서 동일한 단어가 파생되는 것을 의미한다.

러시아 언어학에서 단어의 비단일 파생에 최초로 관심을 기울인 사람은 바로 비노그라도프이다. 그러나 조어론과 동음이의어에 대한 저술에서 그는 단어의 이중 분리성을 보여 주는 예문들만 보였을 뿐, 어떤 결론을 제시하거나 보편화를 시도하지는 않았다. 그 후 이 문제는 비노꾸르, 샨스끼, 찌호노프, 로빠찐, 울루하노프, 쉬르쇼프(Ширшов) 등에 의해 연구되었다. 이들은 비단일 파생 현상과 관련된 원칙적인 문제들을 더 넓게 파악하였으며, 비단일 파생의 본질과 경계의 문제에 깊은 관심을 보였다.

쉬르쇼프(Ширшов 1981: 4)에 의하면 비단일 파생은 조어 체계의 주변에 위치하는 부분적인 현상이 아니라, 체계성을 지니며, 조어론에서 작용하는 다면적인 관계에 의해 야기되는 것이다. 따라서 비단일 파생의 특성을 규명하기 위해서는 조어 체계, 즉 체계의 구조와 그 기술 단위, 구조적·의미적 대립의 중화 현상 등이 깊이 있게 연구되어야 한다.

　그러나 하나의 파생어를 몇 개의 파생 모어로부터 도출하는 비단일 파생은, 곧 의미론의 영역에 속한다. 다시 말해서, 비단일 파생의 연구에서는 의미가 서로 다른 파생 모어들이 어떻게 하나의 의미를 지니는 파생어를 형성할 수 있는가 하는 점이 가장 중요한 문제이다. 따라서 다음에서는 이러한 의미 문제를, 구조적으로 분리되는 형태소와 관련하여 살펴보고자 한다.

　러시아 언어학에서 비단일 파생에 대한 해석은 매우 다양해서, 이에 대한 개념이나 용어도 학자에 따라 상이하게 사용된다[2]. 그러면 우선 비단일 파생에 대한 몇 가지의 주요 이론을 살펴보기로 하자.

　비노그라도프(Виноградов 1952: 53-54)에 의하면, 단어의 이중적 분리의 가능성은 많은 경우에 이 단어가 지니는 의미의 상이한 지향성과 관련된다. 예를 들면, 단어 бродяжничество는 단어 бродяга 및 бродяжничать와 관련될 수 있다. 그러나 어떤 의미와 관련되느냐에 따라 이 단어의 형태적 구성은 달라질 수 있다.

> бродяж-ничеств-о 또는 бродяж-нич-еств-о
> 　비교: кустарь에서 파생되는 кустарничество와 кустарничать

　이러한 관점은 비노꾸르(Винокур 1959: 434)에 의해서 좀 더 명백하게 언급된다. 예를 들어 단어 учительство만을 따로 떼어놓고 볼 때, 이 단어에 고유한 두 의미 중에서 어떤 의미를 염두에 두고 있는지를 확인하기 전까지 우리는 이 단어에서 어떤 형태소들이 분리되는지 말할 수 없다. 만약 учительство가 '교직'(занятие того, кто учит)을 의미하면, 이와 상응하는 파생 모어 어간은 учи-이기 때문에 접미사 -тельств(о)가 분리된다. 그러나 단어가 집합적 의미로서 '교원'(учителя)을 의미하면, 가장 가까운 파생 모어 어간은 учитель-이 되므로, 이 경우에는 접미사 -ств(о)가 분리된다.

　이들은 공통적으로 단어의 상이한 조어 구조에 따라 파생어를 서로 다르게 분리

---

[2]　실제로 모이쩨프(Моисеев)는 하나의 의미를 지니는 동일한 단어는 상이한 방법에 의해 형성될 수 없으며, 둘 또는 그 이상의 파생 모어에 의해서 파생될 수 없다고 주장한다.

하는 방법에 관심을 기울였다. 그러나 비노그라도프가 한 의미에서 파생어의 이중적 분리 가능성을 고찰한 반면, 비노꾸르는 다의어를 분석하고 그것을 조어적 형태의 동음이의어의 개념을 통해 해석하였다. 이렇게 비단일 파생의 연구에는 두 방향의 흐름이 형성되었는데, 전자는 한 의미를 지니는 파생어가 두 개의 파생 모어와 어떠한 상관성을 가지는가 하는 점을 고찰한 반면, 후자는 파생어의 각 어휘 의미적 변형(лексико-семантический вариант)은 각각의 조어적 형태를 가진다는, 즉 형태적으로 구별된다는 점에 관심을 기울였다.

비노꾸르의 '조어적 형태의 동음이의어'는 동음이의어와는 전혀 다른 현상을 지칭한다. 실제로 명사 учитель에서 파생된 명사 учитель-ство와 동사 учить에서 파생된 учи-тельство 구조에서, 파생 모어 어간(учитель-과 учи-)이나 접미사(-ств-와 -тельств-)사이에는 어떠한 형식적 일치도 존재하지 않는다. 뿐만 아니라, '교직'의 의미에서 учительство는 명사 учитель로부터 파생되기 때문에 учи-тельство가 아닌, учитель-ство의 구조를 가진다.

비단일 파생은 이처럼 학자들의 관점에 따라 상이하게 해석된다. 그러나 지금까지의 연구 결과를 종합하면 다음과 같은 세 흐름을 지적할 수 있다.

1) 파생의 비단일성
2) 단어 조어 구조의 비단일성
3) 조어적 동음이의어

먼저 파생의 비단일성과 관련하여 로빠찐과 울루하노프를 들 수 있다. 이들에게 파생의 비단일성은 둘 또는 그 이상의 파생 모어로부터 하나의 파생어가 형성되는 경우로 해석된다. 예를 들어 동사 капризничать는 사람을 지칭하는 명사 капризник(변덕쟁이, 떼쟁이)로부터 파생될 경우에는 совершать действие, свойственное капризнику를 의미하고, 형용사 капризный(변덕스러운)로부터 파생될 경우에는 проявлять признак, нажанный капризным을 의미하며, 특성을 나타내는 명사인 каприз(변덕, 어리광)로부터 파생될 경우에는 проявлять каприз를 각각 의미한다. 결국 파생의 단일성은 하나의 어휘적 의미를 가지는 단어들에서 나타난다는 것을 알 수 있다.

이러한 입장은 이후에도 지속된다. 울루하노프(Улуханов 1977: 43)의 경우 비단일 파생은 동일한 단어가 동수의 형성소에 의해 몇 개의 파생 모어로부터 형성되는 파생으로(예: неравный와 равенство로부터 неравенство가 파생되는 경우) 규정되며, 로빠찐(Лопатин 1977: 92)의 경우에는 특정 파생어에 대한 직접 파생 모어로서 둘 또는 그 이상의 동일 어근을 가지는 단어 중에서, 어느 하나를 선택할 수 있는 의미적·형식적 근거가 없을 때(예: нежизненный와 жизненность로부터 нежизненность가 파생되는 경우)로 비단일 파생을 정의한다.

결국 이들에서 비단일 파생은 파생어가 상이한 조어 구조를 가지는 경우(예: неравный - неравенство와 равенство - неравенство; нежизненный - нежизненность와 жизненность - нежизненность)와 동일한 조어 구조를 가지는 경우(예: проверить - проверка와 проверять - проверка; повысить - повышение와 повыситься - повышение)를 포함한다.

그러나 로빠찐은 비단일 파생을 지나치게 넓게 파악하는 데 반대하면서, 병행 파생에서 각 파생이 단일 파생 구조의 범위에 있는 경우만을 비단일 파생으로 인정한다. 예를 들면 명사 перевыполнение, перебазирование에서 접두사 пере-가 조어적 의미, 즉 '행위의 과도성'(перевыполнить)의 의미와 '공간을 통한 한 장소로부터 다른 장소로의 행위 변화'(перебазировать)의 의미로 사용될 경우에만 동사(перевыполнить, перебазировать)와 명사(выполнение, базирование)에 의한 비단일 파생으로 본다.

이와 달리 울루하노프는 파생어가 파생 모어로부터 동일한 수의 형성소에 의해 구별되는 경우에만, 비단일 파생에 관련시킨다.

■ забинтоваться - забинтов-ыва-ться, забинтовывать - забинтовывать-ся

결국 울루하노프에서 비단일 파생의 기준은 동일한 수의 형성소가 분리될 경우에 파생어 조어 구조의 차이임을 알 수 있다[3]. 그는 다음과 같은 경우에 접미사적 방법에 의해 형성되는 파생어들을 비단일 파생에 관련시킨다.

---

[3] 그의 비단일 파생은 직접 파생을 전제로 하고 있음을 알 수 있다.

(1) 파생어 어간에 파생 모어의 어간을 구별해 주는 형식적 부분이 없는 경우
    예: проверить, проверять에서 проверка의 파생
(2) 파생 모어 어간이 동일한 경우
    예: золото와 золотой에서 золотеть의 파생
(3) 조어 형성소와 파생 모어 어간의 형성소가 서로 중첩되는 경우
    예: озорной와 озорник에서 озорничать의 파생

일반적으로 하나의 파생어는 하나의 파생 모어를 가진다. 그러나 어떤 경우에는 하나의 파생어가 몇 개의 파생 모어를 가지게 되는데, 이러한 현상은 학자에 따라 '조어 형태의 동음이의어'(Винокур) 또는 '파생의 비단일성'(Лопатин; Улуханов) 으로 지칭된다. 그러나 찌호노프(Тихонов 1970: 84)에 의하면 두 용어 모두, 연구되는 현상의 본질을 반영하지 못한다. 이 용어들의 근본적인 문제점은 비단일 파생에 의해 형성되는 단어들의 중요한 특징인, '몇 개의 구조를 지니면서 상이하게 분리되는 특성'을 나타내지 못한다는 데 있다. 따라서 그는 이 두 용어를 '단어 구조의 비단일성'(множественность структуры слов)으로 대치할 것을 주장한다. 이 용어는 연구되는 단어들의 근본적인 특성, 즉 비단일 파생에 의해 형성되는 단어들에 둘 이상의 조어 구조가 존재한다는 사실을 직접적으로 지시한다.

찌호노프는 여기에 безбилетник(билет - безбилетник와 безбилетный - безбилетник) 과 учительство(учить - учительство와 учитель - учительство)를 관련시킨다. 이 두 가지 경우는 의미적 측면에서 볼 때 분명히 구별된다. 파생어 безбилетник에서는 그 구조적 차이에도 불구하고 하나의 어휘적 의미로 귀결되는 반면, учительство에서는 구조적 차이가 결국 한 단어 내의 어휘 의미적 변형을 초래한다. 찌호노프(Тихонов 1978: 34)에 의하면, 결국 조어 구조의 비단일성은 복잡한 의미적 기저를 형성하며, 동일한 어휘적 의미의 상이한 뉘앙스 또는 동일한 단어의 상이한 어휘적 의미 발생의 틀 안에서 나타난다.

한 단어의 상이한 뉘앙스의 문제를 고찰한 비노그라도프와 달리 비노꾸르는 한 단어의 상이한 의미에 관심을 기울이면서 '조어 형태의 동음이의어'라는 용어를 사용하였다. 그러나 이 경우 파생 모어 어간이나 접미사의 동음이의어는 실제로 존재하지 않는데, 바로 그것들이 형식적으로 구별되기 때문이다.

■ стяжать - стяжательство와 стяжатель - стяжательство

조어적 동음이의어는 파생어의 구조에 상이한 조어적 의미가 형식적으로 표현되지 않을 경우에, 즉 파생어의 두 부분을 이루는 파생 모어 어간과 조어적 접사가 서로 일치할 경우에 발생한다(Тихонов 1985: 32).

■ заводчик(공장주)과 заводчик(주창자)

따라서 비노꾸르의 소위 '조어 형태의 동음이의어'는 실제로 조어적 동음이의어와는 다르다는 것을 알 수 있다.

한편 쏘볼레바(Соболева 1980: 90-96)는 동음이의어를 표층 구조와 심층 구조의 측면에서 고찰한다. 조어론에서 단어의 형태소적 구성을 표층 구조로 보자면, 그 조어 구조는 심층 구조로 볼 수 있다. 여기서 형태소적으로 동일하게 분리되는 단어가 몇 개의 조어 구조에 대비될 경우, 이 현상을 조어적 동음이의어로 간주한다. 따라서 이때 동음이의어는 항상 심층 구조가 다르고, 표층 구조가 동일한 단어에서 나타난다는 것을 알 수 있다.

쏘볼레바는 조어적 동음이의어를 1) 순수한 조어적 동음이의어와 2) 복잡한 조어적 동음이의어의 두 그룹으로 나눈다.

그는 먼저 순수한 조어적 동음이의어의 예로 пилка$_1$(톱으로 켜는 행위)와 пилка$_2$(작은 톱), комсомолка$_1$(여자 공산 청년 동맹원)와 комсомолка$_2$(신문 이름); лакейство$_1$(하인들)와 лакейство$_2$(굴종), учительство$_1$(교원들)와 учительство$_2$(교직)를 든다. 여기서 пилка$_{1,2}$와 комсомолка$_{1,2}$는 두 의미에서 각각 동일한 형태소적 구조를 갖지만(пил-к-а와 комсомол-к-а), 상이한 조어 구조를 가진다 (пилка$_1$: R_2R_1O, пилка$_2$: $R_2R_2R_1O$; комсомолка$_1$: $R_2R_2R_2O$, комсомолка$_2$: $R_2R_3R_2O$)[4]. 결국 пилка$_{1,2}$와 комсомолка$_{1,2}$는 각각 그 표층 구조는 동일하고, 심층 구조는 상이함으로써 동음이의어의 기준을 충족시킨다. 그러나 лакейство와 учительство는 그 형태소적 구성뿐만 아니라, 조어 구조도 동일하기 때문에 주어진

---

[4]   여기에서 O는 범주적·기능적 특성을 상실한 어근을, R_1은 동사, R_2는 명사, 그리고 R_3은 형용사를 의미한다.

기준을 충족시키지 못한다.

> [형태 구조] лакейство
> [조어 구조] лакейство$_1$: R$_2$R$_2$O, лакейство$_2$: R$_2$R$_2$O

따라서 그의 주장에 의하면, пилка$_{1,2}$, комсомолка$_{1,2}$처럼 표층 구조와 심층 구조가 다를 경우뿐만 아니라, лакейство$_{1,2}$처럼 같을 경우에도 그 의미는 동일하다. 이 경우 각 파생어는 두 개의 의미를 가지는데, 이때 의미의 차이는 바로 접미사의 동음이의성에 의해 비롯된다.

복잡한 동음이의어에는 다음과 같은 유형이 관련된다.

> (1) 조어·문법적 동음이의어: 형용사 단형과 그에 상응하는 부사, 형용사의 명사화
>   예: кривая$_1$(굽은): R$_3$O와 кривая$_2$(곡선): R$_2$R$_3$O
> (2) 어휘·조어적 동음이의어: 공통의 의미 자질을 갖지 않은, 상이한 파생 구조를 가진 단어
>   예: мочка$_1$(귓불): R$_2$O와 мочка$_2$(절임): R$_2$R$_1$O
> (3) 조어·어휘·문법적 동음이의어: 상이한 조어 구조와 문법 형태를 가지는 단어
>   예: долг$_1$(길다): R$_1$R$_3$O와 долг$_2$(의무): R$_2$O

쏘볼레바는 модничать를 순수한 조어적 동음이의어에 관련시키면서 이 단어가 3개의 의미를 가지며, 각 의미는 상이한 조어 구조에 의해 구현된다고 주장한다.

> (1) 유행을 따르다(следовать моде): R$_1$R$_2$O (мода → модничать)
> (2) 유행하는 옷을 입다(носить модную одежду): R$_1$R$_3$R$_2$O (мода → модный → модничать)
> (3) 멋쟁이가 되다(быть модником): R$_1$R$_2$R$_2$O (мода → модник → модничать)

위에서 보듯이, 단어 модничать는 조어 구조에 따라 상이한 의미를 가진다. 그러나 이는 상이한 의미보다는 동일한 의미의 뉘앙스에 따른 변형으로 보는 게 더욱 타당하다. 따라서 이러한 현상을 조어적 동음이의어로 볼 수는 없다. 이에 대해 쏘

볼레바는 조어적 동음이의어는 가끔 단어의 상이한 의미가 아니라, 동일한 의미의 상이한 뉘앙스에 근거한다고 주장한다. 그러나 동음이의어를 이처럼 넓게 파악할 경우 다의어와의 정확한 경계 설정이 어렵게 된다. 결국 단어의 표층 구조와 심층 구조가 다르다는 사실만으로는, 비단일 파생과 조어적 동음이의어를 구별하기 어려워진다.

지금까지의 기술을 통해서 알 수 있듯이, 비단일 파생의 대상과 관련하여 두 가지의 흐름을 지적할 수 있다. 즉 비노그라도프, 찌호노프, 로빠찐, 울루하노프 등은 하나의 의미를 지닌 파생어만을, 반면에 쏘볼레바, 긴즈부르그(Гинзбург), 보트(Vort) 등은 하나의 의미를 지닌 파생어와 다의어인 파생어를 연구 대상으로 한다.

비단일 파생 구조를 가지는 단어에서는 각 파생의 경우에 상이한 형태소가 분리되며, 이는 결국 서로 상이한, 둘 이상의 의미를 수반한다고 볼 수 있다. 그러나 이러한 주장은 비단일 파생 구조를 가지는 단어의 부정확한 의미 파악에서 비롯된 것이다. 실제로 비단일 파생 구조를 가지는 단어에서는 각 파생 과정에 따라 서로 다른 형태소가 분리되는 게 아니라, 형태부 중첩 현상에 의해 하나의 동일한 형태소가 분리되며, 이는 결국 하나의 동일한 의미를 수반한다. 다시 말하면, 비단일 파생 구조를 가지는 단어는 각 파생 과정에 따라 서로 다른 의미를 가지는 게 아니고, 단지 동일한 의미의 서로 다른 뉘앙스를 나타낼 뿐이다(조남신 1992: 146-160).

6.2.4. 규칙적 파생과 비규칙적 파생

조어론에서 규칙적 파생(регулярные мотивации)은 반복적(неуникальные)인 형성소에 의한 파생을 지칭한다.

■ белый → белеть, прочный → прочнеть

반면에 비규칙적 파생(нерегулярные мотивации)은 동일한 형성소에 의해 파생된 파생어를 찾아볼 수 없는, 그 사용이 제한된(уникальные) 형성소에 의한 파생을 의미한다.

■ пасти → пас-тух, стекло → стеклярус

6.3. 형식적 파생과 의미적 파생의 불일치

지금까지 살펴본 바와 같이, 조어 짝을 이루는 두 단어는 일반적으로 형식적 파생과 의미적 파생이 일치한다. 그러나 젬스까야(Земская 1973: 73)에 의하면, 러시아어에는 형식적 파생 모어와 의미적 파생 모어가 별도로 존재하는 경우가 있다. 다시 말하면, 어떤 파생어 C는 형식적으로는 단어 A에서 파생되었지만, 의미적으로는 단어 A가 아닌 B로부터 파생될 수 있다.

A(형식적 파생 모어) ⌉
                    ⎬ → C(파생어)
B(의미적 파생 모어) ⌋

이러한 형식적 파생과 의미적 파생의 불일치는 통사적 파생에 의해 형성된 파생어가 형식적 파생 모어로 나타날 경우에 규칙적으로 나타난다. 이 경우 의미적으로 파생 모어가 되는 것은 통사적인 파생어 A를 파생시키는, 일련의 동일한 어근을 가지는 근원적인 파생 모어 B이다.

$$B \rightarrow A \rightarrow C$$

이러한 경우에 형식적 파생 모어로 등장하는 것은 흔히 명사에서 파생된 형용사이다. 예를 들면, 조어 접사 по-...-ому를 가지는 부사는 형식적으로는 통사적 파생과 관련되는 명사에서 파생된 형용사이다. 그러나 의미적으로 이 부사는 동일한 어근을 가지는 명사로부터 파생된다. 조어 사슬 север → северный → по-северному에서 부사 по-северн-ому는 형식적으로는 바로 앞에 오는 형용사인 северный로부터 파생된다. 그러나 이 형용사는 명사 север에서 통사적

06 파생의 종류 및 방향 | 123

파생에 의해 형성된 것으로, 그 자신은 의미적 파생력을 지니지 못한다[5]. 따라서 이 부사는 의미적으로 간접 파생 관계에 있는 명사 север와 관련된다.

▎ по-северному - как на севере; по-курортному - как на курорте

이러한 형식적 파생과 의미적 파생의 불일치는 접미사 -о를 가지는 부사에서도 나타난다. 예를 들어 부사 метеорно, крапивно는 형식적으로는 직접 파생 모어인 명사에서 파생된 형용사로부터 파생되지만, 의미적으로는 역시 동일한 어근을 가지는 명사 метеор, крапива에서 파생된다.

▎ метеорно - как метеор; крапивно - как крапива

6.4. 파생의 방향

울루하노프는 조어 짝의 파생 관계 연구에 있어서 파생 방향을, 파생 관계로 연관된 단어들의 의미적·형식적 특성에 근거하여 설정한다. 조어 짝에서 다음과 같은 특성을 가진 단어들이 파생어로 간주된다(Улуханов 1977: 22-26).

1) 조어 짝의 어휘적 의미가 다른 경우: 어간이 형식적으로 더 복잡한 단어, 즉 파생 모어보다 더 많은 형태소를 가진 단어

▎ горох(완두콩) → горошина(완두콩 한 알)
▎ резать(자르다) → перерезать(둘로 자르다)

2) 조어 짝의 어휘적 의미는 다르지만 그 형식적 복잡성이 동일한 경우: 의미적으로 더 복잡한 단어, 즉 그 의미가 대비되는 다른 단어에 의해 정의되는 단어

---

[5] 이에 대한 자세한 논의는 앞에서 언급한 젬스까야(Земская 1965)와 조남신(1991) 참조.

химия(화학) → химик(화학에 종사하는 사람, 즉 화학자)

художник(예술가) → художница(여성 예술가)

3) 품사의 문법적 의미 외에 단어의 모든 의미적 구성 요소가 동일한 경우

(1) 동사와 이 동사의 행위를 의미하는 명사: косить(베다) → косьба(베는 것), выходить(외출하다) → выход(외출)

(2) 형용사와 그 특성을 의미하는 명사: красный(붉은) → краснота(붉은색), синий(푸른) → синь(푸른색)

이들 두 조어 짝 (1)과 (2)에서는 어간에서 분리되는 어간의 길이에 관계없이 명사가 파생어로 인정된다. 왜냐하면 '행위'와 '특성'은 각각 동사와 형용사의 보편적 의미이지, 명사의 보편적 의미가 아니기 때문이다. 서로 다른 품사에 속하지만 동일한 어휘 의미를 가지는 조어 짝에서는 다른 품사에 고유한 범주적 의미를 표현하는 것이 파생어이다.

(3) 형용사와 부사의 조어 짝에서는 두 품사 모두 '특성'을 보편적인 범주 의미로 가지는데, 이 경우 형식적으로 더 복잡한, 다시 말해 어간이 더 긴 단어가 파생어가 된다.

смел-ый(용감한) → смел-о[6](용감하게)

그러나 вчера(어제) → вчера-шн-ый(어제의)

4) 조어 짝이 되는 두 단어 사이에 문체적인 차이가 있을 경우: 대비되는 두 단어들의 어간의 길이에 무관하게, 문체적으로 비중립적인 단어

гуманитарный(인문 과학의) → гуманитар(인문학도)

корабельный(선박의) → корабел(배를 만드는 사람)

индивидуальный(개인적인) → индивидуал(개인)

이 경우 형용사 гуманитарный, корабельный, индивидуальный는 형식적으로

---

[6] 이 경우 -о는 어미가 아니라 어간의 일부, 즉 접미사이다.

더 복잡함에도 불구하고 파생 모어로 간주되는데, 이 형용사들은 문체적으로 중립적인 데 반해, 상응하는 명사들은 구어체로서 문체상 비중립적이기 때문이다.

6.5. 통사적 파생과 어휘적 파생

이미 앞에서 기술한 바와 같이 조어 짝을 이루는 파생 모어와 파생어는 의미적, 형식적으로 서로 연관되어 있다. 그러나 조어 짝을 의미적 측면에서만 고찰할 수도 있다. 이 경우 조어 유형은 파생어를 파생 모어로부터 구별해주는 의미적 특성에 따라, 크게 통사적 파생(синтаксическая деривация)과 어휘적 파생(лексическая деривация)으로 나뉜다(Курилович 1962: 57-70).

통사적 파생이란 파생 모어와 파생어가 어휘 의미에서는 동일하고, 단지 품사만 다른 경우이다. 예를 들면, 조어 짝 белый → белизна, синий → синь, косить → косьба 등은 각각 그 어휘 의미에서는 동일하지만 품사는 서로 다르다. 따라서 이 조어 짝들은 통사적 파생과 관련된다.

어휘적 파생은 파생어와 파생 모어의 어휘적 의미가 다르고, 품사의 경우 서로 같을 수도, 그렇지 않을 수도 있는 경우이다. 예를 들면, 조어 짝 писать → писатель, косить → косец, возить → возчик 등은 어휘적 의미뿐만 아니라 품사에서도 서로 구별된다. 반면에 дом → домик, ехать → приехать 등은 어휘 의미에서는 서로 다르지만, 품사는 동일하다. 따라서 두 경우 모두는 어휘적 파생에 관련된다. 어휘적 파생은 파생어가 파생 모어와 비교하여 얼마나 급격한 의미적 변화를 수반하는가에 따라, 다시 제한적 파생(модификационная деривация)과 급변적 파생(мутационная деривация)으로 나뉜다.

6.5.1. 통사적 파생

러시아어에서 통사적 파생에는 다음과 같은 조어 범주들이 관련된다.

(1) 동사에서 파생된 추상적인 행위를 나타내는, 접미사 -б(а), -к(а), -ниј(е), ∅로 끝나는 명사

예: косить → косьба, ходить → ходьба, возить → возка, резать → резка, учить → учение, желать → желание, перекосить → перекос 등

(2) 형용사에서 파생된 추상적인 특성을 나타내는, 접미사 -ев(а), -изна(а), -от(а), -ость, ∅을 가지는 명사

예: синий → синева, белый → белизна, добрый → доброта, скорый → скорость, синий → синь 등

(3) 명사에서 파생된 '비구체적인 관계'를 나타내는, 접미사 -н-, -ов-, -ск-를 가지는 형용사

예: лес → лесной, грязь → грязный, асфальт → асфальтовый, село → сельский 등

이 형용사들의 의미는 문맥에 따라서 구체화된다. 다시 말하면, 이 형용사들은 어떤 명사와 결합하는가에 따라서 그것이 지니는 '관계의 특성'이 매우 다양하게 나타난다[7].

лесная дорога - дорога *находящаяся* в лесу

лесная промышленность - промышленность *занимающаяся* обработкой леса лесная даль - даль *покрытая* лесами

(4) 형용사에서 파생된 추상적인 특성을 나타내는 접미사 -о(-е), -и를 가지는 부사

예: веселый → весело, тягучий → тягуче, нищенский → нищенски 등

지금까지 기술한 조어 짝에서 파생 모어와 파생어는 그 어휘 의미에서는 동일하며, 단지 품사에서만 서로 구별된다. 즉 이들 유형은 통사적 파생에 관련된다.

6.5.2. 어휘적 파생

어휘적 파생은 파생어의 의미가 파생 모어와 비교하여 단지 약간만 부가되느냐, 아니면 급격히 변화되느냐에 따라 제한적 파생과 급변적 파생으로 나뉜다.

---

[7] 여기에서 이탤릭체로 된 단어 부분이 관계 형용사의 구체적인 의미를 나타낸다.

제한적 파생은 파생 모어와 파생어가 의미적으로 큰 차이가 없고, 단지 파생어가 약간의 부가적인 의미만을 얻는 경우이다. 이때 파생 모어와 파생어의 품사는 동일하다.

■ стол → столик, синий → синеватый, ехать → приехать

여기에는 다음과 같은 파생어들이 관련된다[8].

(1) 명사에서 파생된 명사 중에서 여성이나 동물의 암컷, 동물의 새끼, 어린이, 집합성, 단일성, 지소, 지대, 주관적 평가(지소나 지대와 중복되지 않는)의 의미를 나타내는 명사
예: скрипач → скрипачка, учитель → учительница, ткач → ткачиха, секретар → секретарша, герой → героиня, поэт → поэтесса; слон → слонёнок; цыган → цыганёнок; офицер → офицерство; горох → горошина; стол → столик; дом → домина; папа → папуля 등

(2) 형용사에서 파생된 형용사 중에서 어떤 특성의 많고 적음 또는 높은 정도를 나타내는 형용사
예: богатый → богатейший; белый → беловатый; толстый → толстенный 등

(3) 동사에서 파생된 동사 중에서 행위의 횟수, 방향, 시간, 강도, 행위 결과 등의 의미를 나타내는 동사
예: кричать → крикнуть, переписать → переписывать; ехать → приехать; бегать → забегать; крикнуть → вскрикнуть, бодрить → подбодрить; варить → доварить 등

급변적 파생의 경우에는 파생어의 의미가 파생 모어의 그것과 비교하여 급격히 변화하는 파생을 지칭한다.

■ учить → учитель, белый → белок, косить → косец, рыбак → рыбачить

---

[8]   이에 대한 좀 더 자세한 것은 해당되는 품사의 조어 의미를 참조하기 바람.

일반적으로 이 파생에서는 파생 모어와 파생어의 품사가 다르다. 그러나 파생 모어와 파생어가 모두 명사인 경우도 존재한다.

▌ корова → коровник, сахар → сахарница

따라서 급변적 파생에는 다음과 같은 파생어들이 속한다.

(1) 명사에서 파생된 명사 중에서 사람, 대상, 장소, 추상적인 특성 등을 나타내는 명사

예: сапож → сапожник, виноград → виноградарь; угол → угольник, свинья → свинина; корова → коровник, кокетка → кокетство 등

(2) 명사에서 파생된 형용사 중에서 특성을 나타내는 성질 형용사

예: талант → талантливый, борода → бородатый; сирота → сиротливый, серебро → серебристый 등

(3) 명사에서 파생된, 사람이나 대상과 관련된 행위를 나타내는 동사

예: чудак → чудачить, кашевар → кашеварить; утюг - утюжить 등

(4) 형용사에서 파생된, 사람이나 대상을 지칭하는 명사

예: бедный → бедняк, озорный → озорник; рыжный → рыжник, пустой → пустяк 등

(5) 형용사에서 파생된, 어떤 사람에 고유한 행위의 수행, 특성의 획득을 나타내는 동사

예: хитрый → хитрить, жадный → жадничать; прочный → прочнеть, грязный → грязнить 등

(6) 동사에서 파생되어 추상적인 특성이나 사람, 장소, 대상 등을 지칭하는 명사

예: проводить → проводимость, успевать → успеваемость; мечтать → мечтатель, запевать → запевала; учить → училище, купаться → купальня; окучить → окучиник, будить → будильник 등

(7) 동사에서 파생된 형용사 중에서 특성을 나타내는 성질 형용사

예: трепеть → трепимый, мёрзнуть → мёрзлый 등

07 파생어의 조어 의미

7.1. 파생어의 의미

조어 의미는 조어 짝 사이의 의미 관계로, 파생어의 의미는 파생어를 구성하는 구성 요소들의 의미, 즉 파생 모어의 의미와 형성소의 의미로부터 도출된다. 정리하면 파생어의 의미는 다음과 같이 두 부분으로 구성된다(Улуханов 1970: 14).

1) 의미적으로 파생 모어로 기능하는 부분 또는 파생어에서 형성소를 제외한 나머지 부분, 즉 파생 모어와 파생어에 공통적으로 나타나는 부분
2) 조어 접미사에 의해 표현된 의미와 다른 의미적 부가를 포함하고 있는 부분, 즉 형성소 부분

파생어의 의미는 이 두 구성 요소로부터 비롯된다. 울루하노프(Улуханов 1977: 17-18)에 의하면, 단어의 의미는 구성 부분(즉, 의미적 요소)의 분리가 가능한, 일정한 의미적 관계에 있는 복합적 단위로 이해된다. 파생어의 어휘적 의미를 구성하는 요소들의 분리는 이 단어들의 의미가 항상 파생 모어로 기능하는 부분(즉, 파생 모어의 의미)과 이외에 나머지 부분으로 구성된다는 사실에 의해 잘 설명된다.

파생 모어로 기능하는 부분을 규명하기 위해서는 다음과 같은 특징을 갖게 되는, 동일한 어근을 가지는 직접적인 파생 모어를 찾아야 한다.

1) 그 의미가 파생어의 의미에 포함된다.
2) 그 의미가 파생어의 의미와 유사하다.

형성소는 조어적 접사로서 파생어 어간에 부가적인 어휘적 의미를 추가한다. 따라서 여기에는 파생어와 파생 모어 사이의 의미적 차이를 형성하는 의미 요소들이 관련된다. 일련의 단어들 사이에 동일한 차이가 존재할 때 한 부분은 불변이며, 다른 부분은 변화될 수 있다.

> '명사' + -ик = 작은 '명사'
> домик(작은 집)
> столик(작은 책상)
> носик(작은 코)

여기서 우리는 이 단어들의 조어 형성소가 단일하며, 각 단어 의미의 형성소 부분은 곧 형성소의 의미와 동일함을 알 수 있다.

7.2. 조어 의미

러시아 언어학의 주요한 업적의 하나로, 50년대 말에 연구되기 시작하여 70년대 초에 더욱 발전된 조어 의미(словообразовательное значение)의 특성과 본질에 대한 연구를 들 수 있다. 조어 의미는 조어론 연구에서 특별한 위치를 차지하고 있지만 그럼에도 그 개념은 전체적으로 충분히 정의되거나 아주 세밀히 연구되지 못한 상태에 있다. 실제로 조어 의미의 개념과 범위에 대하여 학자들은 서로 다른 견해를 보인다. 그 이유로는 1) 조어 의미 기술의 문제점들이 비교적 최근에 제기되었고, 2) 조어 메커니즘 언어 체계의 다른 층위(уровень)와 다면적으로 연결되어 있어, 조어 의미가 문법적·어휘적 의미에 비해 독특한 위치를 점유하며(Улуханов 1974: 121), 3) 바로 조어론에서 내적인 발전의 규칙성에 의해 제한되는 내적 질서가 존재한다는, 즉 조어 의미의 어떤 특성을 분류함에 있어 단계성(поступенность)이 존재한다는 점을 들 수 있다(Кубрякова 1981: 82).

최근에 조어 의미의 분리, 조어 본질의 규명, 문법적·어휘적 의미에 대한 관계 설정 등과 결부된 다양한 문제들이 도꿀릴(Докулил), 글로빈스까야(Гловинская),

젬스까야(Земская), 로빠찐(Лопатин) 및 울루하노프(Улуханов) 등에 의해 제기, 연구되었다. 그럼에도 조어 의미의 정의에 대한 일치된 견해는 아직도 도출되지 않고 있다. 그 이유는 많은 언어학자들이 조어 의미를 문법적·어휘적 의미와 동시에 나타나면서도 그것들과는 구별되는 다양한 현상으로, 즉 상이한 유형의 언어적 의미로 이해하기 때문이다. 따라서 조어 의미를 좀 더 명확히 규명하기 위해서는 문법적·어휘적 의미를 모두 고려하고, 또 비교해야만 한다.

조어는 전체적으로 어떤 언어의 문법 구조 및 어휘와 밀접히 관련되어 있으며, 조어 의미는 문법적·어휘적 의미와 유사한 특성을 지닌다. 그럼에도 몇 가지 점에서 조어 의미는 다른 두 의미와 구별된다.

어휘적 의미는 한 단어의 개별적 의미에 속한다. 반면 문법적 의미는 동일한 품사의 모든 단어들에 나타나기 때문에(예를 들면 격, 수 등), 품사적 의미에 관련된다. 이와 달리 조어 의미는 동일한 조어 유형(словообразовательный тип)[1] 내지는 조어 모델(словообразовательная модель)에 속하는, 일련의 단어 그룹의 의미이다. 즉, 조어 의미는 일정한 단어 그룹의 모든 개별적인 의미들에 공통적으로 나타날 수 있는 보편적 의미(общее значение)이다(Dokulil 1967: 9). 이외에 조어 의미의 또 다른 특징으로는 수의성(факультативность)을 들 수 있다. 이 점에서 조어 의미는 그 필수성(обязательность)을 전제하는 문법적 의미와 대비된다. 품사의 의미는 필수적이며, 따라서 문법적 의미와 관련된다. 실제로 화자는 상응하는 언어 외적인 내용을, 대상이나 특성, 행위 등을 통해 표현해야 한다. 이와 달리 조어 의미는 일반적으로 어떤 품사의 모든 단어들에 나타나는 것이 아니라, 한 품사의 특수 부류— 예를 들면 사람, 행위, 장소 등의 명칭—와 관련된다. 한 예로, Каменный дом красив((그) 돌집은 예쁘다)와 Каменный домик красив((그) 작은 돌집은 예쁘다)와 같은 문장에서 지소적 접미사 -ик를 떼어 내어도, 이 문장의 문법성은 손상되지 않는다. 이것은 결국 명사의 경우에 조어 의미 '지소성'(уменьшительность)은 필수적이지도, 문법적이지도 않다는 것을 의미한다. 꾸브랴꼬바(Кубрякова 1972: 295)에 의하면, 조어 의미는 심지어 어휘적이기조차 하다. 왜냐하면 그것은 언어 외적인 내용과 연관되기 때문이다. 그러나 그는 조어 의미를 문법적 의미의 하위에 두는데, 바로 조어

---

[1]   자세한 것은 2.5. 조어 유형 참조.

의미가 다음과 같은 특성을 지니기 때문이다.

1) 하나의 보편화된 범주의 특성을 가지고,
2) 단어들의 다양한 형태 부류의 극화(Polarisierung)를 요구하며,
3) 형태적이다.

어휘적 의미는 한 단어의 개별적 의미와 관련되기 때문에 구체적이고, 특수하며, 제한적이다. 반면에 조어 의미는 더 보편적이고 추상적이다. 왜냐하면 조어 의미는 파생어(производное слово) 의미 구조의 보편화를 통해 얻어지기 때문이다. 한편 문법적 의미는 특정 부류의 파생어와 비파생어 전체의 특수한, 의미적 추상화에 근거하기 때문에, 가장 보편적이고 추상적이다(Манучарян 1981: 40). 이들 세 부류의 의미는 결국 보편화의 정도에서 서로 구별된다. 또한 어휘적 의미는 일회적, 비반복적 특성을 지니며, 이 점에 의해 규칙적인 문법적 의미와 구별된다. 예를 들면 러시아어에서 형태소 -у는 모든 남성 명사에서 규범화되어, 어떤 행위의 수신자(адресат)를 의미한다.

▌ дому(집에), столу(책상에), отцу(아버지에게)

이에 대해 빠노프는 "특정 형태소를 가진 모든 단어들이 동일한 의미를 나타낼 수 있는 문맥(контекст)에서 사용 가능하다는 사실은, 특정 형태소의 의미가 표준적이라는 것을 증명한다"(Панов 1966: 68)고 주장한다. 그러나 이와 달리 동사 어간에 의해 전달되는 형태소 -тель의 의미는 흔히 문맥에 따라 변하곤 한다.

▌ 비교: учитель(교사)과 опылитель(1. 꽃가루 매개체 2. 분무기)

즉, 규범적 의미를 지니는 형태소들은 형태적, 어형 변화적이며, 비규범적 의미를 가진 형태소들은 조어적이다(Панов 1966: 68-69).

조어 의미는 조어론에서 가장 중요한 개념 중의 하나로, 조어론에 대한 거의 모든 논문과 저서들에서 다루어지고 있다. 그럼에도 조어 의미에 대한 정의나 범위 등은

아직까지도 학자에 따라 서로 다르게 이해되고 있다. 이러한 다양한 해석은 바로 조어 의미가 어떤 표현 수단에 의해 표현되는가 하는 문제와 관련된다. 따라서 다음에서는 조어 의미와 그 표현 수단에 대해 자세히 살펴보고자 한다. 왜냐하면 언어 구조에서 조어의 특성은 바로 조어 의미와 그 표현 수단에 의해 규정되기 때문이다. 먼저 조어 의미에 대한 여러 학자들의 다양한 정의를 중심으로 이 문제를 살펴보자.

먼저 막씨모프(Максимов 1975: 23)는 접미사에 의한 명사의 조어를 분석하면서 조어 의미를 접미사의 의미에서 찾는다. 그에 의하면 조어 의미는 접미사에 의해 동일 유형의 모든 단어들에 주어지는 보편적 의미로서, 바로 파생어가 아니라, 그것을 구성하는 접사(аффикс)에 고유한 의미이다. 결국 조어 의미는 파생어에 나타나며, 접미사는 조어 의미의 보유자가 된다. 예를 들면 смелость(용감성), храбрость(용감성), решительность(결단성)와 같은 파생어들은 조어 의미 '추상적 특성'에 의해 상응하는 파생 모어인 형용사 смелый, храбрый, решительный로부터 구별되며, 또한 어휘적 의미가 서로 다름에도 불구하고 동일한 부류에 귀속된다. 이때 파생 모어인 형용사와 그 파생어로서 접미사 -ость로 끝나는 명사들은 어떤 점에서 의미적으로 구별되는가 하는 문제가 제기된다. 이 경우 파생 짝들은 단지, 그 범주적(품사적) 의미에서만 서로 구별된다. 즉, 이것은 통사적 파생(синтаксическая деривация)[2] – 파생어는 전혀 새로운 의미를 나타내는 게 아니라, 단지 새로운 기능을 보유할 뿐이다– 에 해당한다. 따라서 이 경우 접미사 -ость는 그 자체로는 고유한 의미를 지니지 않고, 품사를 변형시키는 기능만을 수행한다.

접미사가 조어 의미의 보유자라는 막씨모프의 주장에 따르면, 복합어나 영접미사에 의해 형성된 전이적 파생(통사적 파생)의 경우에는 조어 의미의 파악이 어려워진다. 파생어의 의미 파악에서 접사들이 중요한 역할을 한다는 점에는 의심의 여지가 없다. 그렇지만 일반적으로 파생어의 의미에서 파생 모어의 의미 부분을

---

[2] 꾸릴로비치는 파생 관계를 크게 통사적 및 어휘적 파생으로 나누는데, 통사적 파생의 경우 어휘적 의미는 변하지 않고 그 기능, 즉 품사의 종류만 바뀐다: читать(독서하다) → чтение(독서). 반면에 어휘적 파생의 경우에는 어휘 의미가 변한다: учить(가르치다) → учитель(교사), кричать(외치다) → закричать(외치기 시작하다), (Курилович 1962: 58).
이 두 유형의 파생 관계를 조어론에 적용한 예로는 Nam-Shin Cho(1991)의 제5장과 본 저술의 제 6.5. 통사적 파생과 어휘적 파생 참조. 또한 통사적 파생에 대한 다른 관점에 대해서는 긴즈부르크(Гинзбург 1979: 36-41) 참조.

분리한 후에, 남는 어휘 의미 부분을 접미사의 의미로 보기는 어렵다. 접사들은 파생 모어의 어간을 떠나서는 독립적인 의미를 지니지 못한다. 즉, 접사의 의미는 일정한 문법적 부류의 파생 모어 어간과의 결합을 통해서만 실현된다. 결국 접미사의 의미는 단지 어휘 의미의 일부만을 구성하는 것이다. 예를 들면, кофейник(커피포트)에서 접미사 -ник은 '끓이는 데 사용되는 용기'(сосуд, служащий для заварки), телятник(외양간)에서는 '사육하기 위한 장소'(помещение для содержания)의 의미를 각각 지니게 된다(Милославский 1975: 65). 막씨모프는 조어 의미의 자율적 특성에 특히 주의를 기울였다. 그러나 일반적으로 조어 의미 접미사에 의해 표현된다는 사실이 곧, 조어 의미가 자율적이라는 것을 의미하지는 않는다. 형태소와 그것에 의해 발생한 의미는 특성상 서로 결합되어 있으며, 파생어 구조 내에서만 기능한다(Ширшов 1979: 113).

막씨모프와 달리, 젬스까야는 조어 의미를 파생 모어와 파생어 사이의 의미적 상관관계로 파악한다.

> "조어(파생) 의미는 특정 유형의 파생어들에 공통으로 나타나며, 파생 모어와 파생어의 의미적 상관관계에 근거하여 규정된다."(Земская 1973: 184)

이 경우 조어 의미는 곧, 동일한 조어 유형의 의미이다. 예를 들면,

1) 물질 또는 대상의 총체: 이들 총체 중의 한 개
   горох(완두콩) : горошина(완두콩 한 알) = изюм(건포도) : изюмина(건포도 한 알) = солома(짚) : соломина(짚 한 단)

2) 동물 명칭: 이 동물의 고기
   конь(말) : конина(말고기) = севрюга(세브루가 철갑상어) : севрюжина(세브루가 철갑상어 고기) = белуга(흰 철갑상어) : белужина(흰 철갑상어 고기)

위의 경우에서 파생어들은 각각 '파생 모어의 어간에 의해 언급된 총체 중 하나', '파생 모어 어간에 의해 언급된 생물의 고기'를 지칭한다. 이러한 파생어의 의미는

젬스까야 이론에서 조어 의미와 동일시된다. 왜냐하면 이 두 의미, 즉 조어 의미와 파생어의 의미는 서로 완전히 일치하기 때문이다. 조어 의미를 이와 같이 규정할 경우 파생어의 의미는 강조되지만, 접사 의미는 약화되어 파생 모어 어간의 의미에 융합된다(Ширшов 1979: 115). 또 통사적 파생의 경우에 막씨모프와 같은 어려움에 처하게 된다. 그는 조어 의미가 아니라, 범주적 의미에 대해 언급하고 있기 때문이다. 이 경우 파생 모어와 파생어 사이의 이분적인 의미적 대비는 조어 의미의 파악에 있어 아무런 결정적인 역할을 하지 못한다.

> 비교: смелый(용감한) → смелость(용감성)
> белый(흰색의) → белизна(흰색)
> ходить(가다) → ходьба(보행)

쏘볼레바는 조어 의미를 파생 모어와 파생어의 범주적 측면에서 정의한다. 따라서 그는 조어 의미를 형성소의 범주적 의미 및 어휘적 의미, 즉 피생 모어의 어휘 문법적 의미에 대한 영향의 결과로 파악한다(Соболева 1980: 17). 이 경우 조어 의미의 형성에서는 범주적 의미가 결정적 역할을 한다. 이렇게 이 이론에서 범주는 4개의 기본 품사(명사, 동사, 형용사, 부사)의 의미로부터 정해진다. 따라서 보편적 조어 의미는 범주적 용어로 공식화된다[3]. 예를 들면,

> 1) 과정과 관련된 물질/대상 : R_2R_1X
> 2) 과정과 관련된 특성 : R_3R_1X
> 3) 특성과 관련된 과정 : R_1R_3X

여기에서 보편적 조어 의미는 파생 모어의 어휘적 의미의 영향으로 구체화된다. 그 결과 접미사 -ник로 끝나는 파생어의 보편적 조어 의미는 다음과 같은 특수한 조어 의미들을 포함할 수 있다.

---

[3] 쏘볼레바의 응용 생성 모델에서 X(이것은 O로 표현되기도 함)는 근원어, R_1은 동사, R_2는 명사, R_3은 형용사, R_4는 (비록 여기서는 기술되지 않지만) 부사를 나타낸다. 자세한 것은 6.2. 파생의 종류 참조.

1) 파생 모어에 의해 언급된 것과 관련된 사람
   (1) 전문가: печник(난로공), сапожник(제화공), атомник(핵물리학자)
   (2) 종사자: лесник(산지기), колхозник(집단 농장원) 등

2) 파생 모어에 의해 언급된 장소
   (1) 거주지: скворечник(찌르레기 새장), коровник(외양간)
   (2) 목록: вопросник(문제집), словник(어휘 목록), задачник(문제집)
   (3) 용기: чайник(찻주전자), кофейник(커피포트), салатник(샐러드 접시)

3) 파생 모어에 의해 언급된 것의 총체
   ельник(가문비나무 숲), цветник(꽃밭) 등

  쏘볼레바 이론에서 파생 과정은 조어 층위의 기본 단위로 사용되며, 보편적 조어 의미는 각각의 파생 과정에 상응한다. 그러나 파생 과정은 형식적으로 특수한 의미를 나타낼 수 없다. 따라서 특수한, 고유한 표현 수단을 갖지 못하고, 보편적인 조어 의미의 형태로 표현된다. 즉 어떤 특수한 조어 의미의 전달에서 접미사와 그 특성의 형식적 차이는 고려되지 못한다. 쏘볼레바의 경우, 보편적 조어 의미는 파생어의 범주적 의미와 동일시될 수 있고 반대로 특수한 조어 의미에서는 범주적 의미가 실현되지 않으며, 대신 그것과 나란히 존재한다고 본다. 이 두 종류의 의미는 서로 작용하며 단어의 의미 구조에 공존한다. 따라서 파생어의 범주적 의미로 볼 수 있는 보편적 조어 의미는, 특수한 조어 의미의 경우에 나타나지 않을 수 있다. 또한 범주적 의미를 통해 조어 의미의 특성을 포착할 수는 없으므로, 이 경우에 조어 의미 자체는 규명되지 않은 채 남게 된다. 조어 의미의 기술에 대한 이러한 범주 의미적 접근은 통사적 파생의 경우에는 적합하나, 어휘적 파생의 경우에는 부적합하다.
  꾸브랴꼬바도 역시 조어 의미를 범주적 의미의 측면에서 기술한다. 그러나 파생 의미, 즉 조어 의미는 원칙적으로 어휘적 의미와는 동일하지 않은 의미로 정의될 수 있음을 전제로 한다(Кубрякова 1974: 150). 이 경우 다양한 의미 유형들은 상이한 형태소들의 존재를 인정하게 하며, 파생적 형태소와 비파생적, 즉 문법적 형태소를 구별하게 해 준다. 꾸브랴꼬바는 조어 의미를, 개별적인 어휘적 의미와 문법적 의미의 중간에 설정한다. 즉 조어 의미는 어휘적 의미의 상위, 문법적 의미의 하위에 온다. 이러한 관점에서 그는 조어 의미를 필수적이지는 않지만, 특수하게 표현되

는 보편적인 범주적 의미로 정의한다. 여기에는 조어 의미란 곧 형식적으로 표현된 의미들의 그룹이라는 점이 전제되어 있다.

꾸브랴꼬바는 접사 의미와 모델 의미를 구별한다. 그에 의하면, 접사의 의미 구조는 다음과 같은 요소로 구성되어 있다.

1) 보편적인 범주적 의미
2) 특수한 문법적 의미
3) 보편적인 조어 의미
4) 특수한 조어 의미

예를 들면 영어에서 접미사 -er는 보편적인 범주적 의미 '대상성'(предметность)을 지니며, 명사의 형태적 표지로 나타난다. 그리고 보편적 조어 의미는 '행위자성' (агентивность)으로 나타나는데, 이때 행위자성의 의미를 실현함과 동시에 더 미세한 의미들로 구체화되는 '활성-비활성'의 범주는 특수한 조어 의미를 나타낸다. 이렇게 접미사가 특수한 조어 의미를 가진다는 사실을 통해, 다음과 같은 조어 모델들이 형성될 수 있다(Кубрякова, Харитончик 1976: 227).

1) 파생 모어 어간에 의해 지칭된 행위를 수행하는 사람: singer, worker
2) 그 행위가, 파생 모어 어간에 의해 지칭된 대상을 지향하는 사람: geography - geographer, jewel - jeweler
3) 파생 모어 어간에 의해 지칭된 장소에 속하는 사람: Londoner, villager
4) 파생 모어 어간에 의해 지칭된 행위를 수행하는 것, 행위의 도구: stopper, sower, roller
5) 언급된 단위 수만큼의 가치를 지닌 화폐: fiver, tenner

모델들은 접미사 보편적 조어 의미의 변형으로 나타나며 그 수는 여러 접미사와 특수한 조어 의미들의 합을 통해 결정된다. 접사가 사용되는 모든 경우에 보편적 조어 의미는 불변이며 특수한 의미는 그 변형으로 나타난다. 이러한 관점에서 꾸브랴꼬바는 이 유형의 의미, 즉 접사 및 모델 의미를 조어 의미라 칭한다. 꾸브랴꼬바는 столик(작은 책상), домик(작은 집)과 같은 파생어들이 파생 모어 어간에 의해 언급된 조어 의미 '지소성'을 지닌다고 주장하면서, 접미사가 이러한 조어 의미의 보유자로서 기능할 수 있는 가능성을 배제하지 않는다. 접미사적 형태소는 조어 의미의 전달을 위해, 그리고 어형 변화적 형태소는 문법적 의미의 전달을 위해 특수화된다. 따라서 특수하게 표현되는 조어 의미는 보편적, 범주적 의미의 변종일 수 없으며, 언어에서 자신의 고유한 위치를 가진다. 결국 꾸브랴꼬바 이론에서는 조어 의미가 모델을 통해서 표현되는지 또는 접사를 통해서 표현되는지가 분명하지 않다.

한편 아루쮸노바와 글로빈스까야는 조어 의미를 파생 모어 어간 및 접사 의미의 합으로 본다. 아루쮸노바는 조어 모델 또는 구체적인 파생어의 의미에 대해 언급한다. 그에 의하면, 파생 모어 어간의 특성 변화는 조어 유형의 의미와 특히 접사의 기능에 커다란 영향을 미친다(Арутюнова 1961: 61). 그리고 각 조어 체계는 의미적으로 무정형적인 어간(аморфная основа)이 아니라, 일정한 품사의 어간들이 참여한다는 사실에 근거한다. 여기에서 조어는 각 품사의 어간을 통해 어느 정도 일정한 규칙에 따라 만들어진다. 즉 동사의 어간으로부터는 사람, 행위의 결과, 행위의 도구 등과 같은 의미의 명사들이, 명사 어간으로부터는 다른 의미를 가진 명사들이 형성된다. 이에 따라 한 조어 체계에서 특정 품사의 어간들은 한 조어 체계에서 극히 일정하며 의미적으로 완전한 언어적 범주로 나타난다. 비록 어간 의미와 접사 의미는 그 특성과 범위에서 근본적으로 구별되지만, 이 차이는 그렇게 크지 않아서 단어의 한 의미는 이들의 합으로 표시될 수 있다(Арутюнова 1961: 46).

단어의 의미 = 파생 모어의 어간 의미 + 접사 의미

그러나 조어 의미를 이처럼 규정할 경우 단어가 지니는 의미적 이디엄성(идиоматичность)[4]은 설명될 수 없다.

---

[4] 여기에서 '이디엄성'은 어떤 파생어의 의미가 그것을 구성하는 형태소들의 의미의 합보다 큰 경우를 의미한다: писатель(작가), учитель(교사) 등. 이에 대한 자세한 것은 7.4. 파생어 의미의 이디엄성 참조.

글로빈스까야(Гловинская)에 의하면, 단어 нахлебник(하숙인) - тот, кто живёт на чужих хлебах는 몇 개의 요소로 분해된다.

▌ на + хлеб + ник

이 세 구성 요소들을 нахлебник의 의역과 결부시키면, 실제의 조어 의미를 도출할 수 있다.

▌ с помощью (~의 도움으로; 접두사 на-의 의미) + средства к существованию (생존 수단; 어간 -хлеб-의 의미) + тот, кто (~하는 사람; 접미사 -ник의 의미)

단어 чужие(타인의)와 жить(살다)는 이디엄적 부가(фразеологическое наращение)로 간주된다. 여기에서 이디엄적 부가는 한 단어 의미의 완전한 기술과 그 조어 의미(즉, 파생 모어 어간의 의미 + 접사의 의미) 사이의 차이에 상응한다. 그러나 조어 과정에서 부가된 의미는 한 단어를 형성하는 형태소들의 의미의 한계를 넘어서며 쉽게 예측 불가능하다는 점을 고려하면, 우선적으로 파생어 의미 기술의 원칙, 그 의미 구조에서 이디엄적 부가의 위치, 그리고 접사 의미의 포착 방법이 정확하게 규정되어야 한다. 그러나 글로빈스까야는 이에 대해 구체적으로 언급하지 않은 채, 모든 다의적인 형태소들에 대해 언어의 조어적 메커니즘이 설명되도록, 또한 접사 의미의 수가 비교적 많지 않도록 적절한 수의 의미를 찾아내야 한다고 주장한다(Гловинская 1975: 35). 그러나 가장 적절한 수의 의미를 찾아낸다는 것은 하나의 기술적 전략에 불과할 뿐 원칙적인 문제 해결에 대한 올바른 접근 방법은 아니다.

젠꼬프와 얀꼬-뜨리니츠까야는 조어 유형(словообразовательный тип) 내지는 조어 모형(словообразовательный образец)과 관련하여 구조적으로 표현된 의미만을 조어 의미로 간주한다. 그러나 젠꼬프는 조어 유형의 테두리 안에서 구조적으로 표현된 의미 조어 의미로 간주하는 반면(Зенков 1969: 33), 얀꼬-뜨리니츠까야는 고유한 조어 의미의 '구조적 표현성'(структурная выраженность)을 다르게 해석한다. 그는 단지 모형(образец)을 통해 구조적으로 표현되는 의미만을 조어 의미로 파악하는데(Янко-Триницкая 1963: 90), 여기에서 조어 모형이란 파생 모어 어간의 의미에 반영되는 조어 의미의 보편화 또는 구체화의 정도만큼 접사와 파생 모어 어간의 의미를 지시해 주는, 파생어의 구조적 도식으로 정의된다(Янко-Триницкая 1976: 45). 결국 얀꼬-뜨리니츠까야의 조어 모형은 순수한 구조 모형이 아니라, 구조적·의미적 도식이다. 따라서 그것은 다음과 같은 요소들로 구성된다.

> (동물, 물질 등과 같은 보편적 표지를 가진) 파생 모어 어간의 의미 + 접사 + 파생어의 어형 변화

예를 들면, 조어 모형 '동물의 의미를 가진 명사 어간 + -ин(+1식 변화의 여성 어형 변화)'은 '지칭된 동물의 고기'를 지칭한다.

конина(말고기), севрюжина(세브루가 철갑상어 고기), белужина(흰 철갑상어 고기)

또 조어 모형 '물질의 의미를 가진 명사 어간 + -ин(+1식 변화의 여성 어형 변화)'은 '물질의 낱개'의 의미를 지닌다.

горошина(완두콩 한 알), изюмина(건포도 한 알)

이를 통해 특정한 모형의 구성 요소가 하나라도 변하면, 그 모형의 의미 역시 변한다는 것을 알 수 있다. 즉, 파생 모어 어간의 의미는 파생어의 의미 규명에 결정적인 영향을 미친다. 얀꼬-뜨리니츠까야는 또한 이 모형과 구조적으로 유사한 개념으로서 모델(модель)을 도입하는데, 이것은 접미사와 파생 모어 어간의 범주적 특성을 나타내는, 파생어의 구조적 도식으로 정의된다(Янко-Триницкая 1963: 86).

동사 어간 + -тель(+2식 변화의 어형 변화)
명사 어간 + -онок(+2식 변화의 어형 변화) 등

모델은 의미적 특성의 층위에서 파생 모어 어간의 구체화를 예견할 수 없으므로,

그 범위에서 모형보다 더 포괄적이다. 결국 모형은 모델의 변종이다. 파생어 그룹의 특성에 따라 구체적 모델은 모형의 다양한 집합으로 나타낼 수 있다. 예를 들면, 모델 '명사 어간 + -ин(+1식 변화의 어형 변화)'은 다음과 같은 모형을 포함한다.

1) '파생 모어 어간에 의해 지칭된 동물의 고기'의 의미를 가진 모형
   - 구조·의미적 도식: '동물'의 의미를 가진 명사 어간 + -ин(1식 변화의 어형 변화)
2) '물질의 낱개'의 의미를 가진 모형
   - 구조·의미적 도식: '물질'의 의미를 가진 명사 어간 + -ин(+1식 변화의 어형 변화)

얀꼬-뜨리니츠까야에 의하면, 조어적 접사(특히 접미사)는 단지 어떤 단어 구조의 구성 요소로만 기능하므로 접미사의 의미는 단순히 파생어의 의미에서 파생 모어의 의미를 뺌으로써 얻어지는 것은 아니다.

1) '전문가'를 지칭하는 접미사 -ник : сапожник(제화공), атомник(핵물리학자)
2) '용기'를 지칭하는 접미사 -ник : кофейник(커피포트), салатник(샐러드 접시)

접미사는 파생어의 의미를 형성하는 구성 요소의 하나에 불과하다. 접사 의미는 파생 모어 어간과의 결합에서만, 그리고 특정한 격 변화 체계를 수반할 경우에만 실현된다. 따라서 개개의 접미사의 의미에 대해서가 아니라, 파생어의 모든 구조적 구성 요소의 총체를 통해 발생하는 의미, 즉 모형의 의미에 대해 언급하는 것이 더 타당하다.

얀꼬-뜨리니츠까야는 구조적으로 표현되지 않으며, 파생 모어 어간의 의미에서 직접 도출되지 않는 의미를 '모형에 수반되는 어휘적 의미'(сопутствующее образцу лексическое значение) (Янко-Триницкая 1963: 90)로 지칭한다. 그는 그 자체로 더 특수하고, 미세한 의미들로 나누어지는 조어 모델 '동사 어간 + -тель'에서 '사람'(예: ругатель(욕쟁이))과 '도구'(예: выключатель(스위치))를 이 모형에 수반되는 어휘적 의미로 보는데, 이 어휘적 의미는 대체로 울루하노프의 '부가적인

의미 성분'(дополнительные семантические компоненты)에 상응한다. 그러나 부가적 의미는 울루하노프 이론에서는 더욱 좁게 파악되어, 얀꼬-뜨리니츠까야와는 달리 писатель(작가), учитель(교사)과 같은 경우에 이는 '사람'이 아니라, 단지 '직업상'이라는 의미 부분만을 지칭한다(Улуханов 1974: 74).

접미사 -тель로 끝나는 명사에서 '행위자'(деятель)는 얀꼬-뜨리니츠까야 이론에서 모형의 의미에 속한다. 그러나 이때 '행위자'는 접사의 의미로도 볼 수 있다. 왜냐하면 접미사 -тель로 끝나는 파생어에서는 단지 하나의 모델만 나타나기 때문이다. 그에 의하면, 접사가 동일한 경우 파생 모어 어간의 어휘적 의미는 변별적 요소로 나타난다. 따라서 이 변별적 자질은 구조적 자질이 된다. 그러나 일반적으로 조어론에서 '구조적'이라는 개념은 '표현 층위와 관련된', '외적인 구조와 관련되는', '형식적인' 등으로 파악된다. 이러한 사실을 고려하면, 조어 의미로 파악되는 모델 의미가 항상 구조적(즉, 형식적)으로 구별되는 것은 아님을 확인할 수 있다. 그럼에도 파생 모어 어간의 의미에서 직접 도출되는 이 의미들은 어쨌든 규칙적인, 구조적으로 제한된 의미로 간주되어야 한다.

조어 의미에 대한 유용하고도 체계적인 연구는 울루하노프에게서 찾을 수 있다. 그의 조어 이론에서는 조어 유형이 중요한 위치를 차지하는데, 그것은 다음과 같은 특성을 공통으로 가지는 파생어의 구조 도식이다(Улуханов 1977: 11).

1) 파생 모어 어간의 품사
2) 파생 모어와 파생어 사이의 의미적 관계, 즉 조어 의미
3) 파생 모어와 파생어 사이의 형식적 관계

울루하노프는 파생 모어로부터 특정 조어 유형의 모든 파생어를 구별해 주는 보편적 의미를 조어 의미로 파악한다(АГ 80: 135). 여기에는 조어 유형의 보편적 의미란 곧 조어 의미, 즉 조어 유형의 그룹 의미라는 사실이 함축되어 있다. 그러나 조어 의미는 문법적 및 어휘적 의미와 대비된다. 문법적·범주적 의미는 한 품사의 모든 단어들을 포함하는 반면, 조어 의미는 어떤 품사의 일부에만 나타난다. 또한 조어 의미는 어휘 의미와 달리 각 단어의 개별적 의미가 아니며, 조어 형성소(словообразовательный формант)에 의해 부가적으로 표현되어야 한다. 왜냐하면 조어 의미(예: 행위자의 특성)은 명사의 일부에만 나타나며, 특수한 접미사(예: -тель)에 의해 표현되기 때문이다. 조어 의미의 보유자로 간주되는 형성소는 어떤 단어를 그것과 파생 관계에 있는 단어로부터 구별해 주는 수단 중에서, 형식적 및 의미적 관계에서 최소의 조어 수단이다 (Улуханов 1977: 8).

이러한 정의는 한 단어의 주요 파생으로서 직접 파생을 암시한다. 예를 들면, 동사 искалечить(불구로 만들다)는 동사 калечить(불구로 만들다)뿐 아니라, 명사 калека (불구자)와도 파생 관계에 있다. 그것은 동사 калечить로부터는 단지 접두사 ис-에 의해, 그러나 명사 калека와는 접두사 ис-뿐만 아니라, 접미사 -и-에 의해서도 구별된다. 이 경우 단지 접두사 ис-만을 단어 искалечить의 형성소라고 볼 수 있다. 왜냐하면 그것은 형식적 및 의미적 관계에서 калечить, калека로부터 동사 искалечить를 구별해 주는 최소의 조어 형성소이기 때문이다.

▎ калека → калечить → искалечить

형성소(즉, 접사)는 고립되어 독립적으로 존재하지 않으며, 그 의미는 단지 문맥에서만, 즉 파생어 내 또는 파생 모어 어간과 결합하는 경우에만 실현된다. 이렇게 형성소는 파생 모어 어간과 결합하여 파생어의 어휘적 의미를 형성하면서, 단어 전체를 특징짓는 조어 의미를 나타낸다. 울루하노프 역시 조어 의미를 파생어의 구조에서 찾는데, 그에 따르면 파생어의 의미는 다음과 같은 세 부분으로 구성된다 (Улуханов1977: 100-101).

1) 한 단어 또는 복합어에 의해 표현되는 파생 모어 부분
2) 인바리안트(инвариант) 또는 비인바리안트(неинвариант)적 조어 형성소에 의해 표현되는 부분
3) (만약 존재할 경우) 파생 모어 또는 파생적 부분에 관계되는 의미적 구성 요소

울루하노프는 조어 의미를 파생 모어와 파생어의 반복적인 의미적 차이로 볼 수 있다는, 즉 파생 모어의 의미는 파생어의 전체 의미로부터 얻을 수 있다는 전제에서

출발하고 있다. 이 경우 여분으로 남는, 형성소에 의해 표현된 의미는 특정 형성소의 의미로 간주되어야 한다. 이러한 관점에서 그는 접미사를 인바리안트적 접미사와 비인바리안트적 접미사로 나눈다. 만약 그 의미가 문맥 제약적이면, 다시 말해 그 실제적인 구체적 의미가 여러 문맥에서 확인되어 하나의 보편적 의미(즉, 상위 개념)로 수렴될 수 있으면, 이 접미사는 인바리안트적 의미를 지닌다고 할 수 있다. 이러한 예로 кожанка(가죽 외투), анисовка(아니스 술), овсянка(귀리죽)에서 접미사 -к(а)와 кофейник(커피포트), чайник(찻주전자)에서 -ник을 들 수 있다. 여기에서 접미사의 인바리안트적 의미는 구체적인 단어들에 나타나는 개념들(예: 외투, 사람, 그릇 등)과 관련하여 보편적 개념(예: 대상, 물질) 내지는 상위 개념으로 소급함으로써 파악된다. 따라서 접미사의 의미는 일단 어떤 체계 의미에 속하는, 해당 접미사를 가진 모든 단어들을 분석한 후에야 파악될 수 있다. 예를 들면, 접미사 -к(а), -ник 등으로 끝나는 명사들은 그 어휘적 의미에 보편적인 의미적 구성 요소를 전혀 가지고 있지 않다.

▍ столик(작은 책상), домик(작은 집)

이 접미사들의 의미는 해당 접미사를 갖는 단어들의 실제적인 의미적 구성 요소와 동일하지 않으며, 1) 파생어의 의미에서 파생 모어의 의미를 뺌으로써, 2) 추상화를 통해서, 즉 위와 같은 차감 후에 남는 의미 요소를 보다 보편적인 의미, 다시 말해 의미적 인바리안트에 연계시킴으로써 파악할 수 있다(Улуханов 1977: 88). 이러한 방식으로 -и-, -ова-, -ница-, -ствова- 등과 같은 접미사를 갖는 동사들의 의미를 설명할 수 있다. 이 경우에 접미사는 그 동사가 명사류(имя)에 관련된 행위를 지칭한다는 것을 암시한다. 그리고 이러한 관계의 특성은 문맥에서 구체화된다.

▍ 1) 무엇의 도움으로 행동하다: мотыжить(괭이로 땅을 갈다)
▍ 2) 무엇으로 덮다: вощить(밀랍을 먹이다)

만약 체계 의미와 문맥 의미가 동일하면, 접사의 비인바리안트적 의미에 대해 말할 수 있다. 예를 들면, 접미사 -e-로 끝나는 모든 동사들은 '어떻게 되다'(становиться каким)라는 의미적 요소를 지닌다.

▌ прочнеть(단단해지다), сиротеть(고아가 되다)

이는 바로 접미사 -e-의 의미이다. 이 접미사의 의미 파악을 위해서는 인바리안트 적인 접미사에 필수적인 어휘적 추상화의 과정이 전혀 필요 없다. 왜냐하면 이 경우에 접사의 의미는 어간 의미를 떼어내고 남는 의미와 동일하기 때문이다. 이러한 접사의 다기능성(즉, 상위 개념과 하위 개념)은 이미 오래 전부터 학자들의 관심을 끌었다. 그러나 울루하노프는 의미적 인바리안트 – 텍스트에서 구체적 실현에 의해 뚜렷해지지만, 때로는 보편적 형태로도 나타날 수 있는 접미사의 보편적 의미 – 에 주의를 기울였다. 예를 들면, 접미사 -тель은 다음과 같은 의미로 나타난다.

▌ 1) 사람: учитель(교사)
▌ 2) 행위자: выводитель(제거제- 제거의 행위를 수행하는 실체)

파생 모어적 부분과 파생적 부분은 파생어 의미의 필수적인 구성 요소이다. 그러나 파생어의 의미가 단지 그것을 구성하는 형태소 의미의 합으로만 파악되는 것은 아니다. 즉, 많은 단어에서 부가적인 의미적 구성 요소가 나타난다. 이러한 부가적 요소의 근원으로는 다음을 들 수 있다.

▌ 1) 접사 의미에 대한 파생 모어 어간 의미의 영향
▌　　예: певун(노래 애호가), говорун(수다쟁이)
▌ 2) 언어 행위(акт речи) 내의 사회적 상황
▌　　예: писатель(작가)

조어 의미에 속하지 않는 이러한 부가적 의미는 다음과 같이 구성된다(Crome 1979: 28).

▌ 1) 예견 가능한 접사 의미

2) 상이하게 예견 가능한 그룹 의미
3) 부분적으로만 접사 의미에 해당되는, 파생 모어 및 접미사의 의미에 속하지 않는, 예견 불가능한 특수한 구성 요소

이러한 부가적 의미 요소의 출현은 곧 그 단어의 의미적 이디엄성을 의미한다. 그러나 반대로 파생어가 다음과 같은 경우에는 비이디엄적이다(Улуханов 1977: 101).

1) 한 단어나 단어 그룹에 의해 파생되는 경우(이 경우 파생 모어의 모든 기본 형태소들이 파생어에 포함되어야 한다)
2) 그 인바리안트적 의미에서 인바리안트적 형성소 또는 비인바리안트적 형성소를 포함하는 경우
3) 다른 의미적 구성 요소를 가지지 않는 경우

이러한 부가적 의미는 개별적이지만, 경우에 따라서는 반복적으로 나타난다.

> писатель(작가), учитель(교사): '직업적으로'
> школьничать(학생처럼 굴다), акробатничать(곡예사처럼 행동하다): '부정적' 뉘앙스

울루하노프에 의하면, 품사들 사이의 조어 관계는 조어 의미의 특성과 밀접히 관련되어 있다. 이와 관련하여 그는 조어 의미를 세 그룹─제한적(модификационное), 급변적(мутационное), 그리고 전이적(транспозиционное) 조어 의미─로 분류한다[5]. 제한적 의미를 가진 단어들은 파생 모어의 의미 외에 부가적 의미 요소를 포함한다. 이 조어 의미는 조어 짝이 동일한 품사에 속할 경우에 나타난다. 예를 들면, 동사에서 파생된 동사(кричать: 외치다 → закричать: 외치기 시작하다), 형용사에

---

[5] 울루하노프(Улуханов 1977: 121)에 의한 조어 의미의 분류는 체코 언어학자인 도꿀릴(Докулил)의 이론에 근거한다. 자세한 것은 그의 "Zur Theorie der Worbildung", Wissenschaftliche Zeitschrift der Karl-Marx Universitat Leipzig, Gesellschafts- und Sprachwissenschaftliche Reihe 17 참조.

서 파생된 형용사(высокий: 높은 → превысокий: 가장 높은), 명사에서 파생된 명사(дом: 집 → домик: 작은 집)의 경우가 여기에 속한다. 제한적 의미를 지닌 모든 형성소들은 의미적으로 인바리안트이다.

급변적 의미를 지니는 단어들은 파생 모어에 의해 언급된 것과는 현저히 구별되는 물질, 특성 또는 행위를 지칭한다. 제한적 의미와 달리, 급변적 의미는 인바리안트적 형성소뿐 아니라 비인바리안트적 형성소에 의해서도 표현되는데, 이 경우 인바리안트적 형성소들이 의미 그룹에서 중심적인 위치를 차지한다.

> учить(가르치다) → учитель(교사)
> хлеб(빵) → хлебный(빵의)
> варить(끓이다) → варкий(잘 끓는)

전이적 의미를 가진 단어들은 모든 의미적 구성 요소에서 파생 모어의 의미와 일치하며, 이 경우 조어 짝은 품사의 종류에 의해서만 서로 구별된다. 여기에는 동사에서 파생된 명사 читать(독서하다) → чтение(독서), 형용사에서 파생된 명사 храбрый(용감한) → храбрость(용감성) 등이 속한다.

기술한 바와 같이, 울루하노프는 조어 의미의 규명에서 결합적(синтагматическое) 관계뿐만 아니라, 계열적(парадигматическое) 관계도 고려하고 있으며, 접미사를 의미적으로 인바리안트/비인바리안트로 나눈다. 조어 의미에 대한 이러한 접근 방법은 새로운 특징을 지니며, 다른 이론보다 설명력이 크다고 볼 수 있다.

지금까지 살펴본 바에 의하면, 조어 의미는 파생어의 구조적 구성 요소로서 조어 유형의 의미, 즉 하나의 그룹 의미로 파악된다. 그럼에도 조어 의미의 특성과 그 표현 수단, 범위 및 기술 원칙 등에서 많은 학자들은 서로 다른 입장을 취하고 있다. 이것은 바로 의미론으로서 조어 의미가 복합적임과 동시에 다면적인 특성을 지니기 때문이다. 따라서 조어 의미를 좀 더 정확히 파악하기 위해서는 언어 기술에 대한 체계적 관찰 방법, 조어 관계의 층위적 조직 발견 및 조어 단위들 사이의 상관관계 설정 등이 요구된다.

조어론에서 조어 의미는 가장 기본적인 문제 중의 하나이다. 이는 많은 사람들의 연구 대상이 되었으며, 최근까지 많은 저술[6]에서 그 본질을 규명하려는 노력이 계속되고 있다. 그럼에도 조어 의미는 아직도 명확히 정의되지 않은 채로 남아 있으며, 학자들 사이에 일치된 의견은 아직 존재하지 않는다.

조어 의미라는 용어가 이전에도 언급된 것은 사실이지만, 그리 오래된 일은 아니다. 조어 의미를 처음으로 언급한 사람으로는 골로빈(Головин 1959: 139)을 들 수 있는데, 그는 조어 의미의 존재에 대해 다음과 같은 입장을 취하고 있다.

> "단어는 스스로 적어도 두 개의 의미층(*즉, 문법적 의미와 어휘적 의미)을 가지고 있다. 그러나 단어는 또한 제3의 의미층(*조어 의미를 뜻함)의 보유자가 아닐까?"

조어 의미는 파생어와 그 파생 모어의 의미적 상관관계로, 보통 그것들 사이의 어휘 의미적 차이의 형태로 나타난다.

дом - домик, стол → столик, учить → учитель

살펴본 바와 같이, 조어 의미는 학자에 따라 상이하게 정의 및 해석된다. 그러나 특히 문제가 되는 것은 조어 의미가 '무엇에 의해서', '어떻게' 표현되는가 하는 점이다. 이와 관련하여 조어 의미의 정의에 대한 두 가지 기본 유형을 나눌 수 있다.

1) 조어 의미는 전체적으로 파생어의 조어 구조에 의해서 표현되며, 또한 그것으로부터 도출된다는 것이다. 이러한 주장에 의하면, 조어 의미는 파생어의 구조와 관련되어 있거나(Зверев 1970: 81; 1986: 41, 49), 완전히 파생어의 구조로부터 도출되는 의미(Манучарян 1981: 51)로 정의된다.

2) 조어 의미는 파생어의 형성소에 의해서 표현된다는 입장이다. 따라서 이때 조어 의미는 조어 접사에 의해 표현되는 의미(Родентaль 1976: 92), 조어 접사들의 의미(Ахманова 1966: 162), 형성소(АГ 1980: 135), 조어 형성소에 의해서 표현되는

---

[6] 가장 대표적인 저술로는 울루하노프(Улуханов 1977)와 마누차란(Манучарян 1981)을 들 수 있다.

파생어들의 보편적 의미(Немченко, Теленкова 1976: 150) 등으로 정의된다. 이러한 공식들은 조어 의미를 파생어와 그 파생 모어 사이의 의미적 차이로 정의하는 보편적인 이해와 일치한다.

"일정한 유형의 모든 파생어들을 그 파생 모어로부터 구별해주는 보편적 의미가, 이 유형에 속하는 단어들의 조어 의미이다."(Краткая русская грамматика 1989: 43)

이것은 로빠찐에 의해 파생어와 파생 모어 사이의 의미 관계로 더 넓게 이해된다.

"조어 의미는 파생어와 파생 모어 어간의 의미적 상호 관계에 근거하는 의미로 이해된다."(Лопатин 1966: 76)

"조어 의미는 특정 파생어들이 그 파생 모이들과 가지는 의미적 상호 관계에 근거하여 설정되는, 파생어들의 보편적 의미이다."(Немченко 1976: 150)

위의 기술을 통해서 알 수 있듯이, 조어 의미와 그 표현 수단에 대한 이러한 두 방향은 근본적으로 대비된다.

파생어의 모든 조어 구조에 의해 표현되는 의미	vs.	파생어의 형성소에 의해서만 표현되는 의미

이러한 주장을 직접 파생어에 적용하면 다음과 같이 해석될 수 있다.

ДОМИК
해석 1. маленький дом
해석 2. нечто маленькое, что назначенно мотивирующим словом

деревянный

해석 1. сделанный из дерева

해석 2. сделанный из того, что назначенно мотивирующим словом

сушильщик

해석 1. тот, кто сушит что-либо

해석 2. некто, что назначенно мотивирующим словом

이것들은 본질적으로 상이한 공식이자 해석이다. 첫 번째 경우에 파생어의 의미는 파생 모어의 어휘 의미와 관련하여 정의되지만 두 번째 경우에는 파생어의 의미가 파생 모어와 조어적으로 어떻게 관련되어 있는가 하는 점을 고려하여 해석된다.

파생어의 의미 해석에 관한 대부분의 이론들은 이 두 관점을 양극으로 하여, 그 중간의 어느 지점을 차지하고 있다. 따라서 파생어 деревянный의 조어 의미로서 다음과 같은 해석이 가능하다.

1) сделанный из дерева

2) сделанный из того, что назначенно мотивирующим словом

3) сделанный из чего-либо

4) сделанный из ...

파생어의 이러한 의미 해석은 무엇에 의해 서로 구별되며, 위의 공식 중에서 어떤 것이 파생어의 조어 의미를 정확히 표현하는가? 이들 의미 해석의 차이점은 바로 구체성(보편성)의 정도의 차이에 있다. 먼저 첫 번째 공식은 가장 구체적이어서 특정한 구체적인 단어를 지향한다. 반면에 네 번째 공식은 극히 보편적이어서 단지 파생어의 품사만을 반영하고 있다.

그러면 위의 네 경우가 바로 조어 의미를 표현하는가? 모이쎄프에 의하면, 그렇다고 볼 수 있다. 모든 의미들은 조어 영역에 존재하고 파생어의 조어적 측면만을 구체화하고 반영하며, 단어의 조어 구조에 반영되지 않은, 다시 말해 조어의 영역을 벗어나는 어떠한 의미적 구성 요소도 포함하지 않는다. 따라서 이 의미들은 모두 조어 의미이며, 다만 구체성의 정도에서만 서로 다를 뿐이다(Моисеев 1993: 158).

만약 위의 1)도 형용사 деревянный의 조어 의미라면 이 형용사의 어휘 의미는 무엇이며, 어떻게 공식화할 수 있는가? 이 경우 파생어의 어휘 의미는 조어 의미와 일치하게 된다(Балалыкина, Николаев 1985: 74). 그러나 이것은 단지, 파생어의 어휘 의미와 조어 의미 사이의 부분적인 현상일 뿐이다.

어휘 의미와 조어 의미의 공통적인 특성에 대해 일치된 견해는 존재하지 않는다. 두 의미 관계는 학자에 따라 다음과 같이 상이하게 정의된다.

1) 조어 의미는 어휘 의미 밖에 존재하며, 그 구성에 들어가지 않는다.
   "파생 모어의 의미적 지분은 의심할 바 없이 단어의 내용 측면을 구성하는 요소이다. 그러나 이 요소는 비록 어휘적인 개념과 연관되기는 해도, 보통 어휘 의미의 범위에는 들어가지 않는다."(Верещагин 1979: 20)

2) 조어 의미는 어휘적 의미와 문법적 의미의 중간에 위치한다.
   "단어의 조어 의미는 어휘적, 문법적 의미 사이의 중간적인 의미임을 인정해야 할 것이다."(Головин 1959: 139)

3) 조어 의미는 이중적 성격을 가진다.
   "조어 접사의 파생 의미는 어근의 구조적 의미와 함께 단어의 어휘적 의미를 구성하며, 어미의 관계적 의미와 함께 어형의 문법적인 의미를 나타낸다."
   (Реформатский 1967: 251)

4) 조어 의미는 어휘 의미의 부분이거나 그 변이형이다.
   "조어적 의소는 그것이 형성되는 과정에서 단어의 의미에 첨가되는 특별한 형태의 어휘적인 의소이다."(Гайсина 1981: 73)

5) 조어 의미와 어휘 의미는 일치한다.
   "조어는 그 의미가 완전히 그 구성 요소들의 의미로부터 도출되는 단위들을 포함한다. 이것은 소위 조어 모델의 순수한 실현인, 잠재적인 단어들이다. 이 단어들은 특별한 어휘적 의미를 지니지 않는다(즉, 그것들의 어휘적 의미와 조어 의미는 일치한다."(Земская 1973: 183-184; Кубрякова 1974: 148-149)

6) 조어 의미는 어휘 의미의 특별한 측면이며 그 실현 방법이다.
   "표상 또는 의미의 내적인 기호는 의미가 표현된 '방법'이다."(Потебня 1905: 19-21)

이상의 기술을 종합하면, 조어 의미는 다음과 같이 나누어 볼 수 있다.

1) 조어 의미는 조어 과정이나 그 결과에 의해 창조되는 의미로, 전체적으로 파생어의 조어 구조에 의해 표현된다. 즉, 파생 모어 어간과 형성소의 의미적인 상호 작용에 의한 것이며 흔히 말하듯 형성소만의 의미가 아니다. 따라서 파생어에서 기본적인 의미적 구성 요소는 파생 모어(이 경우 형성소는 부가적인 변별적 자질을 표현한다: домик - маленький дом [부가적 의미])나 형성소(이 경우 부가적인 변별적 자질은 이미 파생 모어에 의해 표현된다: столяр - мастер по изготовлению столов [급변적 의미])가 된다. 그리고 통사적 파생은 급변적 조어의 일종으로 볼 수 있다.

▌ смелость - свойство, отличительный признак смелого человека

2) 조어 의미는 어휘 의미와 유사하게 각 파생어에 나타나는 개별적인 의미이며, 그룹 의미나 범주 의미가 아니다. 단지 그것들은 보편화의 정도에서만 서로 다를 뿐이다(파생어 деревянный의 의미 참조). 형성소가 공통일 경우, 동일한 조어 유형에 속하는 많은 파생어의 조어 의미는 보편화될 수 있다. 이러한 보편화는 전체적으로 조어 의미의 보편성에 대한 가능성을 제고하기도 한다.

3) 조어 의미는 결국 파생어의 내적인 형태, 의미의 내적인 기호로서 파생어의 어휘 의미에 속한다. 조어 의미는 어휘 의미의 표현 방법으로, 다시 말해 이 의미가 어떻게 표현되었는가 하는 것을 나타낸다(Потебня 1976: 302). 이 때문에 어휘 의미와 관련하여 다양한 형태로 나타날 수 있다. 우선 조어 의미는 실제 의미에 대한 단순한 암시일 수도 있고(поддакивать - соглашаться, выражать согласие, часто произнося "да"), 어휘 의미와 완전히 일치할 수도 있다([부가적 의미] домик - маленький дом; [통사적 파생] белизна - признак белого, деревянный - сделанный из дерева).

많은 경우에 조어 의미는 개별적인 구성 요소로, 어휘 의미의 어떤 부분, 의미적인 몫(급변적 조어)으로 간주된다.

подосиновик - съедобный гриб с коричневой шляпкой, растущий обычно в осинниках

колун - узкий тяжёлый топор с тупым клинообразным лезвием, предназначенный для колки дров

그러나 두 경우 모두 조어 의미와 어휘 의미가 지닌 공통의 상호 관계는 유지된다. 조어 의미는 어휘 의미의 표현 방법이다. 조어 의미는 문자적 및 구조적 의미이며, 어휘 의미는 현실적 또는 실제적 의미이다.

4) 조어 의미와 어휘 의미의 차이는 단어 사용의 결과이다. 발생과 동시에 단어에는 그 의미와 표현 사이의 불일치가 존재한다. 이것은 특히 구체적인 대상의 지칭에서 분명하게 나타난다. 명명에는 많은 특성 중에서 보통 다른 명칭에서는 반영되지 않아 눈에 띄지 않을 수 있는, 어떤 두드러진 특성이 반영된다.

безрукавка, футболка, ватник; электричка; конюх; колун, пешня

지금까지 살펴본 바와 같이, 조어 의미에 의의를 부여하고 그것을 공식화하는 것은 어렵고 논쟁의 여지가 많다. 그러나 이상의 모든 사실을 고려할 때 조어 의미는 구체적인 각각의 특정 파생어에 의해 표현되며, 이 구조로부터 도출 및 추상화할 수 있는 의미이다. 일반적으로 조어 의미는 파생어의 어휘 의미의 실현 방법이다. 그리고 이러한 조어 의미는 어떠한 형태로든 표현되어야 하는데, 그 표현 수단이 바로 조어 형성소가 된다.

7.3. 파생어의 의미 해석

파생, 조어 의미 및 다른 조어적 특성을 기술하기 위해서는 파생어의 의미 해석, 즉 조어적 뜻풀이가 필요하다. 조어적 뜻풀이란 파생어의 의미를 조어적 의미와 관련하여 해석하는 일종의 의미 도식이다.

조어적 뜻풀이는 보통 두 부분, 즉 보편적인 부분과 두드러진 특성을 기술하는 구체적인 부분으로 이루어진다.

▌ учитель - *тот, кто* учит по профессии в школе

여기에서 이탤릭체로 된 *тот, кто* 부분은 보편적인 부분이고, 나머지 부분은 파생어 учитель에 대한 구체적인 의미를 나타낸다.

파생어의 의미 도식은 특히 사전에서 파생어의 의미를 기술할 때 많이 사용된다.

▌ рыбак - человек, занимающийся ловлей рыбы

비노꾸르에 의하면, 이와 같이 "상응하는 실제 대상의 직접적인 기술이 아닌, 파생어의 의미 해석은 단어의 의미 연구에서 고유한 언어학적 임무"(Винокур 1959: 421)에 속한다.

제대로 이루어진 뜻풀이를 통해 우리는 해석되는 단어의 파생, 그 파생 모어와 파생의 방향을 알 수 있다. 그리고 파생 모어와 파생어의 형식적인 관계를 통해 형성소가 분리되므로, 조어 수단을 알 수 있다. 또 그것들의 의미적인 상관성에 따라서 조어 의미가 분리되어, 결국 조어 유형을 파악할 수 있다. 이러한 모든 점들을 고려할 때 조어적 뜻풀이는 조어적 분석의 본질적인 구성 요소임에 틀림없다.

조어적 뜻풀이의 공통적 특성, 특히 거기서 파생 모어가 차지하는 위치는 파생어의 조어 유형 및 조어 의미(급변적, 부가적, 전이적)와 일정하게 관련되어 있다.

급변적 조어의 의미 해석에서 파생모어는 종개념적(видовой)인 특성을 나타낸다.

▌ учитель - тот, кто[유개념] учит по профессии в школе[종개념]

이와는 달리 부가적 조어의 뜻풀이에서는 파생 모어가 유개념적(родовой)인 특성을 표현한다.

▌ домик - маленький[종개념] дом[유개념]

이와 관련하여 급변적 조어에서 파생어 자체의 유개념적 특성은 형성소에 의해, 종개념적 특성은 어간에 의해 표현된다.

▌ станочник - тот, кто[유개념: -ник] обслуживает станок[종개념: станоч-]

이와 반대로 부가적 조어의 경우에는 유개념은 어간에 의해, 종개념은 형성소에 의해 표현된다.

▌ домик - маленький[종개념: -ик] дом[유개념: дом]

통사적 파생과 관련되는 조어적 뜻풀이는 사전의 의미 해석에서 다른 경우보다 더 일관성 있게 나타난다.

▌ действие(또는 состояние) по значению глагола ...
▌ состояние по значению прилагательного ... 등

그러나 어떤 경우든 파생어의 뜻풀이는 항상 파생 모어의 의미에 입각해야 한다. 이미 비노꾸르가 지적했듯이, 파생어의 의미적 특성은 파생 모어의 의미에 근거하여 정의된다. 따라서 파생어 의미 해석의 도식에는 반드시 파생 모어가 포함되어야 한다.

▌ Учитель - Тот, кто учит по профессии в школе.
▌ Болтун - Тот, кто много болтает.
▌ Караульщик - Тот, кто караулит.

직접 파생 모어의 의미를 통하여 파생어의 어휘 의미를 해석하는 조어적 기술 방법은 많은 학자들에 의해 합리적인 것으로 간주된다. 이처럼 파생어의 의미 기술에서 조어적 원칙을 견지함으로써, 파생어의 의미 구조와 파생 모어-파생어의 실제적인 의미적 상관성은 물론 파생어의 조어 구조도 적절히 반영할 수 있다. 언급하였듯, 파생어의 의미적 특성은 파생 모어의 의미를 바탕으로 정의된다는 데 있기

때문이다. 따라서 그 구성에 파생 모어를 포함하지 않는 파생어의 해석은 적절하다고 볼 수 없다.

그러면 지금부터 사전에서 파생어의 의미 해석에 조어적 기술 방법이 어떻게 적용되는지 알아보자.

> Арендатор - Тот, кто арендует что-л. (МТС)
> Редактор - Тот, кто редактирует что-л. (МТС, МАС)
> Болтун - Тот, кто много болтает. (БАС, МАС)

예를 통해서 알 수 있듯이, 조어적 기술 방법에 의한 파생어의 의미 해석은 파생 모어와 파생어의 의미적 상관성을 생생하게 반영한다. 어휘에서 가능한 한 조어적 관계를 정확히 반영하는 것은 뜻풀이 사전의 한 임무로서, 거기에는 조어 과정의 모든 중요한 고리들이 나타나야 한다. 따라서 조어적 방법에 의한 파생어의 의미 해석은 다른 기술 방법에 비해 가장 바람직하다. 그러나 파생 모어가 다의어이거나 비단일 파생이 나타나는 경우에, 파생어가 흔히 부정확하고, 불완전하게 해석되곤 한다. 따라서 이 방법에 의한 파생어의 의미 기술에서는 다음과 같은 점에 특히 주의해야 한다.

1) 조어적 관계, 파생 모어와 파생어 사이의 의미적 종속성
2) 단어의 어원적 관계가 아닌, 생생한 조어적 관계의 반영
3) 파생어와 파생 모어 사이에 존재하는 모든 의미적 관계의 제시 및 체계화
4) 파생 모어의 직접 의미와 전의적 의미의 구별
5) 비단일 파생의 고려
6) 유형별 의미 해석
7) 단어 의미 해석의 자연스러움

파생어의 의미 기술은 직접 파생 모어에 의함으로써 조어적 규칙성을 반영해야 한다는 점에는 거의 이견이 없다. 그러나 사전에서 파생어의 의미 해석에는 직접 파생 모어뿐 아니라, 동일한 조어 사슬에 속하는 간접 파생 모어도 역시 사용될

수 있다. 예를 들면 동사에 의해서는 직접적으로, 그러나 형용사에 의해서는 간접적으로 파생된, 접두사가 붙은 동사들은 사전에서 동사보다는 형용사에 의해 해석된다.

> **Вычислить - Сделать чистым, очистить от чего-л. (МАС)**
> (깨끗이 하다, 청소하다)

또 다른 예로 국어에서 '구경꾼'은 명사 '구경'에 형성소 ' -꾼'이 첨가되어 형성된다. 따라서 파생어인 '구경꾼'은, 상응하는 파생 모어인 '구경'을 통해 해석해야 한다.

> 구경꾼 - **구경**을 하는 사람

그러나 해석을 보다 자연스럽게 하기 위해, 동사 '구경하다'를 통해 해석할 수 있다.

> 구경꾼 - **구경하는** 사람

실제로 사전에서 모든 파생어가 직접 파생 모어에 의해서만 해석되는 것은 아니다. 이 경우 단어의 의미 해석이 너무 길어질 수 있다. 예를 들면, 동사 **вычистить**는 сделать чистым 대신에, довести до резултата действия по глаголу чистить로 해석된다.

사전의 의미 해석에서는 또한 파생어의 다의성과 비단일 파생에 주의해야 한다. 비단일 파생의 경우 파생어의 의미 해석에 파생 모어 중 어느 것을 사용해도 된다. 따라서 파생어 **перерегистрация**는 новая, повторная регистрация 또는 действие по глаголу перерегистрировать로 해석될 수 있다.

좀 더 복잡한 경우를 살펴보자. 명사 **стекольщик**은 명사 **стекло**와 동사 **стеклить**로부터 파생이 가능하다. 이때 명사 **стекольщик**는 명사로부터 파생될 경우에는 '유리 제조공'을 의미하는 데 반해, 동사로부터 파생될 경우 '유리를 끼우는 기사'를 의미한다.

Стекольщик:

1. Рабочий, занимающийся вставкой стекол.

   (유리를 끼우는 기사)

2. Работник стекольной промышленности. (МАС)

   (유리 제조공)

Стекольщик вставлял стекло в развитой стеклянной двери.

Федька был потомственным стекольщиком; его дед и отец продули свои лёгкие в вычурные стеклянные пузыри. (МАС)

위 예문에서 알 수 있듯이, 파생 모어는 파생어의 의미를 엄격히 제한한다. 따라서 비단일 파생의 이러한 의미적 특성은 파생어의 의미 해석에 정확히 반영되어야 한다. 파생어의 의미 해석은 각 파생 모어를 일관성 있게 반영해야 하며, 사전에서는 파생어의 각 의미에 대해 가능한 한 그와 상응하는 예문을 제시해야 한다.

파생어가 다의어인 경우에는 상응하는 파생 모어 의미와의 상관관계를 정확히 반영해야 하며, 특히 파생어에 부가적 의미가 존재할 경우에는 이것 또한 의미 해석에 반영되어야 한다.

Барабанщик:

1. Тот, кто бьёт в барабан(в 1 знач.), подавая сигнал, отбивая такт(при ходьве, марсировке и т. п.). // Музыкант, играющий на барабане.

2. Рабочий, обслуживающий или изготовляющий барабаны (во 2 знач.).

   (БАС)

지금까지 살펴본 바와 같이, 파생어의 의미 기술에서 가장 합리적인 방법은 조어적 방법에 의한 의미 해석, 즉 파생 모어를 통한 의미 해석이다. 그러나 실제 사전에서는 조어적 방법에 의한 의미 해석이 항상 적용되지는 않으며, 설사 그러한 시도가 있다 하더라도 일관성 있게 실현되지 않아 흔히 파생 모어가 아닌, 친족어가 인용되곤 한다. 따라서 파생어의 의미 해석에 부조화가 일어난다.

파생어 의미 해석의 어려움은 그것이 파생 모어와의 관계뿐 아니라, 주제적 관계 (тематическое отношение)도 반영해야 한다는 데 있는데, 파생어의 주제적 관계는 어휘 의미의 유형별 정의에 의해 반영된다. 다음에서는 유형별 의미 해석에 따른 사전에서의 파생어 의미 기술에 대해 알아보자.

어휘의 체계적 특성을 반영하는 가장 효과적인 방법 중의 하나로 유형별 의미 해석을 들 수 있다. 이것은 각 단어의 의미 구조를, 의미적으로 그것과 관련된 다른 단어들의 의미 구조와 관련하여 적절히 기술하는 것이다.

사전 편찬자는 단어의 의미 기술에서 그것들을 개별적인 것으로서가 아니라, 하나의 커다란 총체로서 다루어야 한다. 어휘 단위들은 다양한 형식적, 내용적 관계에 의해 서로 연관되어 있기 때문이다. 언어 체계에서 단어의 의미적 본질은 자신의 고유한 의미만으로 완전히 표현될 수 없다. 단어는 대부분 인접한 일련의 단어와 의미에 대한 지시를 포함한다. 단어는 자신의 의미와 상관이 있거나 종속 관계에 있는 다른 단어들에 대한 관계를 나타내면서, 언어 체계의 다른 고리를 반영한다.

어휘의 내용적 측면과 관련하여, 사전에서의 의미 해석은 표제 단위들의 의미 구조 모델화에서부터 시작된다. 사전에서 범주-판정적 의미를 가지는 조어적 접사에 의해 표현되는 의미 부분은 해석을 받지만, 그 어간에 의해 표현되는 파생어의 의미 부분은 일반적으로 공식화되지 않으며 단지 파생 모어에 기반하여 전달된다. 이러한 이유로 동일한 의미 구조를 가진, 동일한 조어족에 속하는 단어들과 관련하여 유추적인 해석 방법의 일관성 있는 적용은 사전 편찬자의 중요한 임무가 된다.

파생어의 의미 관계 표현의 도식화는 유형별 정의와 그 적용의 일관성에 대한 특별한 관심을 요구한다. 따라서 뜻풀이 사전에서는 언어 체계에서 동일한 위치를 차지하는, 관련된 파생 요소들을 분리하고 파생어의 동일한 의미 구조가 귀속되는 유형별 해석 도식을 정하는 것이 특히 중요하다. 유형별 해석 도식의 일관성 있는 적용은 다른 조어 유형에 따라 형성되었지만, 한 조어족에 속하는 단어들의 동일한 위치를 지적할 수 있게 해 준다.

사전에서 어휘의 체계성을 보여주는 데 있어 유형별 의미 해석의 역할은 의심할 여지가 없다. 실제로 MAC에 수록된 어휘의 상당한 부분은 이러한 요구를 충족시킨다. 그러나 사전의 의미 해석에서 유형별 정의가 항상 일관되게 적용되는 것은 아니다.

우선 동사에서 파생된 행위를 지칭하는 명사들을 살펴보자.

Резка - Действие по глаголу резать.

Рисование - Действие по глаголу рисовать.

Баловство - Действие по глаголу баловать.

지소형 명사의 경우에도 이러한 유형별 정의가 쉽게 적용된다.

Домик - Уменьш. к дом.

Столик - Уменьш. к стол.

Ковшик - Уменьш. к ковш.

이 경우 파생어의 의미 해석은 충분하며 일관성이 있다. 또한 파생어는 각 경우에 동일한 도식에 의해서 해석되고 있다. 그러나 모든 파생어들이 사전에서 이처럼 일관성 있게, 동일한 도식에 의해 해석되는 것은 아니다. 이러한 의미 해석은 통사적 파생이나 제한적 파생의 경우에 특히 전형적으로 나타난다.

그러면 지금부터 좀 더 복잡한 급변적 파생의 경우를 살펴보자. 러시아어에서 '행위자'(Nomina agentis)는 그 의미적 특성, 즉 동사성의 정도에 따라 크게 세 그룹으로 나눌 수 있다.

1) 스스로 행하는 실제적 행위에 따른 사람을 지칭하는 명사
2) 직업적 행위에 따른 사람을 지칭하는 명사
3) 행위의 두드러진 특성에 따른 사람을 지칭하는 명사

먼저 '실제적 행위에 따른 사람'을 지칭하는 명사들이 사전에서 어떻게 기술되고 있는지 살펴보자.

Караульщик - Человек, который караулит. (СО)

Караульщик - Тот, кто караулит, охраняет кого-, что-л. (МАС)

Купальщик - Тот, кто купается (в реке, море, водоёме). (СО)

Купальщик - Тот, кто купается. (МАС)

Арендатор - Лицо, которое арендует что-н. (СО)

Арендатор - Тот, кто арендует какое-л. недвижимое имущество. (МАС)

위의 예를 통해서 알 수 있듯이, 이 그룹에 속하는 명사들은 다음과 같은 도식에 의해 그 의미 기술이 가능하다.

> **тот, кто совершает действие 또는**
> **человек(лицо), который совершает действие**

이러한 의미 해석 도식에 의하면, караульщик은 тот, кто караулит로, купальщик 은 тот, кто купается, 그리고 арендатор는 тот, кто арендует으로 일관성 있는 해석이 가능하다.

다음으로 '직업적 행위에 따른 사람'을 지칭하는 명사들의 의미 기술에 대해 살펴 보자. 이들 명사의 의미는 사전에서 다음과 같이 기술되고 있다.

Пекарь - Специалист по выпечке хлеба. (СО)

Пекарь - Рабочий, занимающийся выпечкой хлеба. (МАС)

Ткач - Рабочий, занимающийся изготовлением тканей на ткачком станке. (СО)

Ткач - Рабочий, мастер, вырабатывающий ткани на ткацких станках. (МАС)

Инспектор - Должностное лицо, занятое инспектированием чего-н. (СО)

Инспектор - Должностное лицо, осуществляющее надзор и контроль за правильностью действий подведомственных органов и лиц. (МАС)

직업을 나타내는 이 명사들은 잠재적으로 그 의미에 '계속해서', '항상'과 같은 부가적 의미를 포함한다. 따라서 이들 명사의 의미 기술에는 일반적으로 직업을 나타내는 명사 рабочий, работник, мастер, специалист 등이 포함된다. 이 그룹에 속하는 명사들은 동일한 의미 그룹을 형성하는데도 그 의미 기술은 사전에 따라 각기 다양하다. 그러나 이 그룹에 속하는 명사들은 공통적 의소로서 '직업적 특성'

을 공유하므로, 하나의 도식에 의한 의미 기술이 가능하다.

> **человек, профессия (специальность) которого делать что-л. 또는 тот, кто профессионально занимается чем-л.**

따라서 파생 명사인 пекарь는 человек, профессия которого выпечь로, ткач는 человек, профессия которого ткач 또는 тот, кто профессионально занимается изготовлением тканей로, 그리고 инспектор는 человек, профессия которого инспектировать 또는 тот, кто профессионально занимается инспектированием 으로 각각 기술할 수 있다.

이와 같이 '직업에 따른 사람'의 의미 기술에서 동일한 의미 도식을 사용하는 경우, 실제로 위에 인용된 두 사전의 의미 기술보다 훨씬 더 일관성이 있을 뿐 아니라 의미 해석 자체도 더 간단하므로 실제 사전 편찬에서 매우 실용적이다. 직업적 행위에 따른 사람을 지칭하는 명사들은, 특히 그 파생 모어인 동사의 어휘적 의미를 완전히 물려받을 경우에 동일한 의미 해석 도식 <тот, кто делать что-л.>에 의해서 기술될 수 있다.

동일한 도식에 의한 유형별 의미 해석은 사전에서 특정 어휘의 의미를 완전히 반영하고, 의미 기술에서 일관성을 유지할 수 있게 해 준다. 동시에 사전 편찬에 많은 경제성을 제공함으로써 사전 편찬의 이론과 실제 모두에서 매우 중요한 역할을 한다.

'행위의 두드러진 특성이나 경향에 따른 사람'을 지칭하는 명사들의 경우에도 동일한 해석 도식이 적용될 수 있다. 먼저 이 그룹에 속하는 명사들의 의미 해석을 살펴보자.

> Болтун - Болтливый человек. (СО)
> Болтун - Тот, кто много болтает. (МАС)
>
> Труженик - Человек, который трудится; трудолюбивый человек. (СО)
> Труженик - Тот, кто много и усердно трудится. (МАС)

Соглашатель - Тот, кто ведет политику компромиссов, соглашений с брузуазией; вообщее человек, склонный компромиссам, уступкам. (СО)
Соглашатель - Беспринципный человек, приспосабливающийся к обстоятельствам; сторонник компромиссов и уступок. (МАС)

명사 соглашатель에서 보듯이 이 그룹에 속하는 명사들은 그 부가적 의미의 기술로 인해, 의미 해석이 상당히 길어질 수 있다. 그러나 이 그룹의 명사들을 분석해 보면 부가적 의미가 대체로 몇 가지로 제한됨을 알 수 있다.

хорошо, склонный, любит, много, часто 등

따라서 이 그룹의 명사들은 동일한 해석 공식 <человек, который много (часто, постоянно) делает что-л.> 또는 <человек, который склонен (любит) делать что-л.>에 의해 해석 가능하다. 따라서 болтун은 МАС에서처럼 тот, кто много болтает으로, труженик은 человек, который любит трудиться로, 그리고 соглашатель은 человек, который склонен согласиться로 각각 해석될 수 있다.
    지금까지 사전에서 공통의 해석 도식에 의한, Nomina agentis 의미 그룹의 해석 가능성을 살펴보았다. 위에 제시된 의미 도식을 통해 알 수 있듯이, 이러한 공통의 해석 도식은 파생 모어의 의미와 형성소의 의미, 그리고 만약 존재할 경우, 부가적 의미 요소의 합으로 이루어진다.

болтун - тот, кто + много + болтает

그리고 이러한 해석 도식은 해석의 자연스러움을 위해, 파생 모어의 의미와 형성소의 의미가 한 단어에 나타나는 형태로 변형될 수도 있다.

Пекарь - Тот, кто занимается выпечкой хлеба. (МТС)
Пекарь - Специалист по выпечке хлеба. (СО)

사전에서 이와 같은 공통 도식에 의한 단어 그룹의 의미 해석은 특정 그룹에 속하는 단어들의 해석에서 나타나는 차이점을 완전히 밝혀서 제거할 수 있게 한다. 즉, 의미 해석의 일관성을 유지시켜 준다. 그러나 이러한 일관성과 엄격한 통일이 사전의 의미 해석에서 항상 이러한 차이들을 제거할 수 있는 것은 아니며[7], 강제적인 통일은 오히려 사전의 의미 해석을 빈약하게 할 수도 있다. 또 이러한 유형별 의미 해석을 선택적으로 적용할 경우 동의어, 유사 동의어, 조어와 같이 매우 본질적인, 단어들의 의미적 상호 관계가 단절되어, 언어에 존재하는 어휘 체계의 실상을 왜곡할 수 있다.

그러나 이러한 문제점에도 불구하고 유형별 의미 해석은 어휘의 체계성을 반영하는 가장 효과적인 방법이다. 이러한 접근법을 사전의 의미 해석에 일관되게 적용함으로써 의미 해석의 잉여성을 탈피할 수 있고, 주제적으로 관련된 단어들의 경계를 설정하여 단어들 사이의 의미적 연상의 가장 전형적인 경우와 특수한 경우를 반영할 수 있다. 뿐만 아니라 파생어의 의미 구조에서 어휘-의미적 변이형(лексико-семантический вариант)들의 상이한 특성을 정확히 구별할 수 있고, 또한 단어의 의미 구조를 동일한 형태로 나타낼 수 있다.

이러한 공통의 도식에 의한 단어의 유형별 의미 해석은 사전에서 체계성의 반영과 관련하여 사전 편찬자에게 부여된 기본 임무이며, 의미 해석의 통일은 파생어뿐 아니라, 비파생어의 의미 기술에서도 중요한 역할을 한다.

그러나 파생어가 파생 모어의 직접적인 의미가 아닌, 전의적(은유적) 의미에 근거할 경우 그것들은 은유적 파생 관계에 있게 된다.

■ ишак - ишачить, попугай - попугайничать, обезьяна - обезьянничать

이 동사들은 조어 의미로 '파생 모어인 명사의 전의적 의미에 의해 지칭된 사람에게 고유한 행위를 수행하다'를 가진다. 따라서 이 동사들은 как бы, подобно (как)와

---

[7] 파생어의 의미 기술은 실제로 사전 편찬에서는 해석의 일관성이나 어휘의 의미적 체계성을 제대로 반영하지 못할 수도 있다. 이것은 특히 사전의 성격(학습 사전, 뜻풀이 사전 등)이나 규모에 따라 흔히 변형되기도 한다.

같은 구성 요소를 통해 해석할 수 있다. 예를 들면, 파생어 бескостный는 직접적인 의미에서는 'лишенный, не имеющий костей'(뼈가 없는, 뼈를 갖지 않는)로 해석 된다. 그러나 전의적 의미에서는 'как бы лишенный костей'(뼈가 없는 듯한, 흐물 흐물한)로 해석할 수 있다.

부분적 파생의 경우에는 해석에 어려움이 많다. 예를 들어, белый - бельё, полк - полковник, каша - кашевар에서 두 단어의 의미는 비노꾸르의 기준에 의하면 다음과 같이 해석된다(Земская 1989: 242).

> бельё - нижняя одежда белого цвета.
> полковник - человек, который командует полком.
> кашевар - тот, кто варит кашу.

그러나 단어들의 의미를 이처럼 해석할 경우, бельё가 다른 '색깔'을 가질 수도 있고, полковник가 꼭 '군대'만 지휘하지는 않으며, кашевар는 '죽'만 끓이지는 않는다는 사실을 알 수 없다. 따라서 이 단어들의 의미 해석은 이러한 사실을 반영 하도록 이루어져야 한다.

> бельё - нижняя одежда, которая нередко имеет белый цвет.
> полковник - тот, кто командует значительным воинским подразделением,
> в том числе полком.
> кашевар - тот, кто готовит пищу, в том числе кашу.

이러한 의미 해석은 파생 모어와 파생어 사이의 관계를 제대로 밝혀줄 뿐 아니라 파생어의 의미도 정확히 반영할 수 있다. 이러한 파생을 '주변적 파생' 또는 '부분적 파생'이라 한다. 이것은 조어 짝 дом - домик, преподавать - преподаватель 등의 경우와 달리, 파생어의 의미가 파생 모어의 의미를 완전히 포함하지 못하고 단지 일부만 파생 모어의 의미와 관련된다. 따라서 이러한 파생어들의 의미 해석에는 의미 도식 <в том числе>를 사용할 수 있다.

7.4. 파생어 의미의 이디엄성

의미적인 관점에서 파생어는 크게 두 그룹으로 나눌 수 있다.

1) 파생어의 어휘 의미가 완전히 그것을 구성하는 부분들의 의미의 합으로 이루어지는 단어
2) 파생어의 어휘 의미가 그것을 구성하는 부분들의 의미의 합과 그 외의 의미로 이루어지는 단어

먼저 첫 번째의 경우 파생어의 어휘 의미는 이 단어를 구성하는 형태소 의미들의 단순한 합이 된다. 예를 들면, 단어 домик(작은 집)의 의미는 파생 모어 어간 дом(집)의 의미와 접미사 -ик(작은)의 의미의 합으로 표현된다. 마찬가지로 단어 слонёнок(코끼리 새끼), тигрёнок(호랑이 새끼), столик(작은 탁자) 등의 어휘 의미도 그것을 구성하는 형태소들의 의미의 합으로부터 도출된다. 또한 한국어의 '구경꾼', '참석자', '송아지', '망아지' 등의 의미도 이 부류에 속한다고 볼 수 있다.

두 번째의 경우 파생어의 어휘 의미는 첫 번째의 경우와 달리 그것을 구성하는 부분들의 단순한 의미의 합보다 크게 나타난다. 명사 белок, носильщик, синяк 등을 그 예로 들 수 있다. 명사 белок의 의미를 그것을 구성하는 형태소들의 의미에 입각하여 기술할 경우, 우리는 파생 모어인 형용사 белый(하얀)의 의미와 접미사 -ок의 '대상'의 의미로부터 단지 '하얀색의 대상'이라는 의미만을 도출할 수 있다. 그러나 이 의미는 실제로 단어 белок의 어휘 의미가 아니다. 이 단어는 '하얀색의 임의의 대상'을 지칭하는 게 아니라, '달걀의 흰자위'를 의미한다. 마찬가지로 носильщик은 단순히 '무엇을 운반하는 사람'이 아니라, '역에서 직업적으로 짐을 나르는 사람', 즉 '짐꾼'을 의미하고, 단어 синяк은 '푸른색의 임의의 대상'을 의미하지 않고 '퍼렇게 든 멍'을 의미하며, 단어 желток 또한 '노란색을 띤 임의의 대상'이 아니라, '달걀의 노른자'만을 지칭한다. 또한 한국어에서 '구두닦이'(직업적으로 구두를 닦는 사람), '울보'(보통 사람보다 자주 우는 사람), '왼손잡이'(오른손보다 왼손을 잘 사용하는 사람)와 같은 파생이 이 범주에 속한다. 이 명사들은 그것들을 구성하는 형태소의 의미에 들어가지 않는, 부가적인 의미적 구성 요소들을 가지고

있음을 알 수 있다.

이들 단어의 의미에는 구조적으로 표현되지 않는 의미가 나타난다. 이러한 의미 부분은 그것을 구성하고 있는 형태소들의 의미로부터 도출되지 않기 때문에 예측이 불가능하다. 이처럼 그것을 구성하는 부분들의 의미에 포함되지 않는 어떤 것을 표현하는 파생어의 특성을 의미적 이디엄성(идиоматичность, фразеологичность) 이라고 한다. 이러한 단어 의미의 이디엄성은 그것의 어휘 의미적 특성이다. 따라서 이것은 조어 의미를 손상시키지는 않는다[8].

대부분의 학자들은 단어의 이디엄성을 부분적인 의미의 합에 의한 단어 의미의 비도출성으로 이해한다. 빠노프(Панов 1956: 146)에 따르면, 전체는 단지 부분들의 합만이 아니라, 또한 부가적인 어떤 크기이다: $A \times B + (X)$. 다른 연구자들도 단어의 이디엄성을 그렇게 이해하는데, 여기서 이디엄성은 무엇보다도 그 '분석'의 관점에서 나타나는 단어 의미의 이디엄성이다. 동시에 밀로슬랍스끼, 예르마꼬바 등의 저술들에서 단어 의미의 이디엄성은 '종합'의 관점에서도 고찰된다. 예르마꼬바에 의하면 "그 의미가 이디엄적인 파생어의 의미는 그것을 구성하는 부분들의 의미로 구성되지 않으며, 나머지 없이 이 부분들로 나누어지지 않는다. 비이디엄적인 의미를 가지는 파생어의 의미는 보통 그것을 구성하는 부분들의 의미로부터 도출될 수 있으며, 항상 나머지 없이 나누어진다"(Ермакова 1977: 11-12).

그러나 파생어의 의미적인 이디엄성은 파생어의 어휘 의미적 특성에 의해서도, 그리고 언어 체계의 공통적 특성, 즉 파생 모어 어간 및 조어 접사들의 다의성에 의해서도 야기된다.

파생어의 의미에서 이러한 언어 체계와 관련되는 의미적 이디엄성의 두 가지 전형적인 경우는 다음과 같다(Земская 1989: 348-349).

1) 파생어의 의미는 다의적인 파생 모어의 한 의미에 근거한다. 그러나 파생어의 구성만으로, 그것이 어떤 의미에 근거한 것인지를 바로 아는 것은 불가능하다. 명사

---

[8] 의미의 이디엄적 현상(예를 들면, 동사 копать와 관계가 없는 명사 копыто, 명사 лапа와 무관한 동사 лапоть에서 단순화(опрощение)의 결과로 일어나는 것을 어휘화 현상)과 혼동해서는 안 된다. 의미적인 이디엄성을 지니는 단어는 파생어이다. 따라서 거기에서는 형태소 구성과 조어 의미가 분명하게 분리된다.

испытатель(시험관, 검사관), водитель(운전사), проигрыватель(레코드 플레이어)과 그 파생 모어인 동사를 비교하여 보자. 이 명사들은 파생 모어인 동사의 단지 한 의미와만 관련된다. 단어 испытатель은 '욕망, 인내, 공포감 등을 경험하는 사람'을 지칭하지 않으며, водитель은 '연필로 종이 위에 선을 긋는 사람'이 아니다. 또한 проигрыватель은 '카드놀이, 장기, 경기 등에서 지는 사람'을 지칭하지 않는다. 파생어인 명사들의 의미는 동사의 특정 의미와만 관련되며, 다른 의미들과는 무관하다. 이 파생어의 구성에서 왜 다의어인 파생 모어의 여러 의미 중 특정 의미만 실현되고 다른 의미들은 중화되는지 설명할 수 없다.

2) 파생어의 구성은 파생어에 어떤 다의적인 접사들이 사용되었는지에 대해 아무런 지시도 하지 않는다. 러시아어 명사 проигрыватель을 예로 들어 보자. 이러한 구성을 가진 단어를 만났을 때 예상할 수 있듯이, 이 명사는 사람이 아닌 기구를 지칭한다. 여기에서 의미적 이디엄성의 근원은 어간의 다의성뿐만 아니라, 접미사 -тель의 의미에도 존재한다. 접미사 -тель을 갖는 명사들은 보편적인 조어 의미 '행위자'를 가지면서, 러시아어에서 행위자로서 '사람'과 '대상'을 의미할 수 있다. 그리고 후자의 의미는 다음과 같이 구체화될 수 있다.

도구: выключатель, распилитель, опрыскиватель 등
물질: краситель, заменитель 등
장소: распределитель, вытрезвитель 등

이러한 의미 중에서 구체적으로 어떤 의미가 특정 파생어에 실현될지는 예측하기 어려우며, 또한 파생어의 구성으로부터 도출될 수 없다. 만약 단어 краситель이 '염색하는 사람'이 아니라, '물감'을 의미하며, 단어 вытрезвитель이 '술이 깨도록 도와주는 어떤 약제'가 아니라, '요양소'라는 사실을 모른다면 이 접미사들의 의미를 추측할 수 없다. 따라서 어간들의 동일한 유형과 함께 나타나는 접사들의 다의성은 파생어 의미의 이디엄성의 보편화된 한 유형에 해당한다.

의미의 이디엄성은 여러 품사와 여러 부류의 단어들에서 다양하게 나타난다. 전체적으로 동사와 형용사는 명사보다 의미적으로 덜 이디엄적이다. 구체적인 의미

를 가지는 대상을 지칭하는 명사에서는 의미의 이디엄성이 가장 두드러지게 나타난다. 예를 들면, '특성의 보유자'를 조어 의미로 가지는 명사는 가장 다양한 이디엄적 축적(наращение)을 포함하는데, 그것에 의해 이 명사들의 의미적 차이가 설명된다.

> желтуха - 황달
> краснуха - 홍진
> белуха - 흰 철갑상어
> беляк - 1) 겨울이면 털이 하얗게 되는 토끼 2) 백군 병사
> желтяк - 익어서 노랗게 된 참외

이디엄적인 의미 축적에는 전체 단어 부류에서 반복되는 것과 개별적인 축적이 있다. 예를 들면, '행위의 보유자'라는 의미를 갖는 단어들에서는 반복적 축적으로 '직업상'(по профессии)이 나타난다.

> учитель, писатель, водитель, копировщик, формовщик 등
>   비교: 의미적인 축적이 나타나지 않는 любитель, заявитель, отправитель, читатель, жилец, беглец, творец 등

비규칙적인 의미적 축적을 포함하는 단어로는 украшательство(허식), укрывательство(범죄 은폐), описательство(단조로운 서술) 등을 들 수 있다. 즉 앞서 본 반복적 축적은 조어적 이디엄성과, 이는 어휘적 이디엄성과 관련된다.

그러나 러시아 언어학에서 파생어 의미의 이디엄성은 이 두 부류, 즉 어휘적인 것과 조어적인 것으로 구분되지 않고 흔히 하나로, 혼합적으로 고찰된다. 대부분의 연구에서 파생어 의미의 이디엄성은 함축적으로 어휘적 이디엄성으로 이해된다. 이디엄성에 대한 이러한 함축적 이해는 빠노프, 마누차랸, 울루하노프에게서 발견된다.

빠노프는 "바로 접미사 자체나 어근에 의해 지적되지 않는 의미적 뉘앙스를 구체화하는"(Панов 1956: 150) 요소들을 이디엄적이라 지칭하는데, 이것은 어휘 의미에 속하며 따라서 어휘적 이디엄성의 영역에 관련된다.

단어 выключатель의 의미에서 'прибор'

단어 истребитель의 의미에서 'самолёт'

단어 указатель의 의미에서 'столб с надписью' 또는 'книга'

울루하노프 또한 파생어의 이디엄성을 단어의 의미에 '부가적인 의미적 구성 요소'가 존재하는 경우로 규정한다. 따라서 단어 белить - делать белым, (покрывая мелом известью и т.п.); соучастник - участвовавший совместно с кем-либо в каком-нибудь (предосудительном деле)에서 괄호 안에 오는 부분이 여기에 관련된다.

예르마꼬바는 파생어의 이디엄적 현상을 설명하면서 다음과 같은 의미적 부가를 예로 든다.

단어 дошкольный의 의미에서 'поступление'와 'ребёнок'

단어 регулировщик에서 'транспорт'와 'на перекрестке'

예르마꼬바에 의해 언급된 부가적인 의미적 구성 요소들은 바로 어휘 의미적 요소이다. 따라서 어휘적 이디엄성에 관련된다.

이 외에 마누차랸은 파생어의 이디엄성을 단지 어휘적 이디엄성으로만 규정한다. 그에 의하면, "단어의 이디엄성의 요인이 되는 초분절적 의미 요소(예: водитель - тот, кто водит именно машину)들은 그 자체로는 본질적으로 그룹적인 조어 의미와는 무관하며, 그것들은 전적으로 어휘적 규범에 의해 규정된다(Ермакова 1984: 5-50).

이처럼 단어의 이디엄적 현상은 여러 면에서 논쟁의 여지가 있는, 아직 해결되지 않은 문제이다. 이 분야에 대한 러시아 언어학의 많은 업적에도 불구하고 이디엄 현상은 아직도 학자에 따라 다양하게 해석된다. 이것은 무엇보다도 파생어의 의미 분석과 그 의미의 이디엄적 특성 분석에서 오랫동안 어휘소의 어휘적 의미와 조어적 의미가 엄격히 구분되지 않은 점에서 비롯된다. 또한 파생된 어휘의 이디엄성은 흔히 새로운 어휘소 발생의 근원이 되기도 하는, 다의적인 파생 모어의 비기본적, 부차적 의미가 아니라, 기본적인 어휘 의미적 변이형에 입각하여 정의되었다.

따라서 파생어의 정확한 의미 기술을 위해서는 단어의 이디엄성에 대한 개념을 어휘적인 것과 조어적인 것으로 구별함이 바람직하다. 어휘적 이디엄성이란 일반적으로 파생어의 어휘적인 의미 현상이다. 파생어의 구성 성분 분석 과정에서 어휘적 이디엄성 현상은, 그 의미의 형성소 부분 구성에서 형식적으로 표현되지 않는, 비전형적이며 반복되지 않는 축적된 의소들로서 나타난다.

반면에 조어적 이디엄성은 파생어의 조어 의미적 현상이다. 파생어의 구성 성분 분석 과정에서 조어적 이디엄성의 현상 또한 형성소에서 나타난다. 그러나 이 경우에는 형태적으로 표현되지 않는, 전형적이고, 반복적이며, 축적된 의소로 나타난다. 만약 파생어의 조어적 이디엄성 현상이 조어 모델의 내용에 의해 예정된 것이라면, 어휘적 이디엄성 현상은 단어를 구성하는 구성 요소들의 의미와 관련하여 그 어휘 의미에서 예견되거나 예견되지 않는, 일종의 개별적인 첨가량, 즉 '혹'(군살)이다.

러시아어학에 관한 많은 저술에서 파생어의 이디엄성이 함축적으로는 어휘 의미적 현상으로 이해됨에도 불구하고, 일련의 예문들에서는 단어의 조어적 의미와 관련된 부가적인 어휘적 구성 요소들이 발생한다. 예르마꼬바는 носильщик, объездчик, охранник, хранитель과 같은 단어들에서 '대상의 의미'와 '행위의 직업적 특성에 대한 언급'을 부가적인 의미적 구성 요소로 간주한다(Ермакова 1977: 30). 그러나 한국어의 '구두닦이' – 구두를 직업적으로 닦는 사람 – 와 '싸움꾼' – 싸우기를 좋아하는 사람 – 에서 '직업적으로', '좋아하는'과 같은 부가적 의미 요소들은 일련의 다른 단어들에서 반복적이거나 규칙적으로 나타나기 때문에, 조어적인 현상으로 보는 게 타당하다.

기존의 저술들에서 파생어의 이디엄성은 그 어휘적 의미, 조어적 의미로서 무분별하게 고찰되었다. 그러나 파생어의 어휘적 이디엄성과 조어적 이디엄성을 구별함으로써 우리는 파생어의 의미 정보의 특성을 깊이 있게 연구하고, 이디엄성 현상 자체를 더욱 정확하게 규정할 수 있다.

08 조어 방법

    조어 방법(способ словообразования)이란 새로운 단어의 형성을 위해서 사용되는 방법을 의미한다. 개념 '조어 방법'은 다른 개념 '조어 수단'(словообразовательное средство)과 밀접하게 관련되어 있다. 조어론에 관한 저술에서 이 개념들은 흔히 동의어로 인식되며, 실제로 조어 방법을 구분하는 기준은 바로 조어 수단이다. 그러나 이 두 개념을 동일시해서는 안 된다. 조어 수단은 새로운 단어를 형성하기 위해 사용되는, 구조적으로 표현되는 구체적인 언어 단위이다. 예를 들면 접두사, 접미사 등이 여기에 해당된다. 그리고 조어 방법은 조어 과정에서 이 단위를 적용하는 방법, 실제적인 조건이다. 따라서 조어 수단으로서는 접두사, 접미사, 전체적으로는 접사라고 말해야 하며, 조어 방법으로서는 접미사 첨가, 접두사 첨가, 전체적으로는 접사 첨가라고 말해야 한다.

    러시아 언어학에서는 조어론의 기본적인 개념의 하나로서 조어 방법에 대한 문제가 비노그라도프(Виноградов 1951)에 의해 처음으로 제기되었다. 그는 러시아어에서 다섯 가지의 조어 방법을 분리하였다.

    1) 음성적 조어 방법
    2) 형태적 조어 방법
    3) 어휘 의미적 조어 방법
    4) 어휘 통사적 조어 방법
    5) 형태 통사적 조어 방법

    그러나 샨스끼는 비노그라도프의 이 유형에 근거하여 네 가지의 조어 방법을 제안하였다. 그는 비노그라도프의 조어 방법 중에서 음성적 방법을 형태적 방법의 변형으로 보아 제외하였다. 현재 이러한 네 가지의 조어 방법은 러시아어 조어론에서 일반적으로 인정되고 있다.

그러나 이러한 조어 방법의 체계가 조어론 발전의 현대적인 층위에 제대로 부응하지 못한다는 주장도 있다(Балалыкина, Николав 1985: 26-30). 이러한 주장에 의하면, 우선 조어 방법의 분류는 한 가지 기준에 의한 것이 아니다. 먼저 형태적 방법은 조어 수단에 의해서 분리되며, 통사적인 방법은 조어의 근원적인 기저(исходная база)와 그것이 단어로 융합되는 특성에 근거한 것이고, 형태 통사적인 조어 방법은 단어의 형태 통사적 특성의 교체와 다른 어휘 문법적인 부류로의 전이에 기반한 것이다. 또 조어 방법을 분류하는 특성의 기저에 항상 본질적인 특성이 작용하지는 않는다. 위에서 기술한 바와 같이, 조어 방법을 분류하는 본질적인 특성은 조어 수단이다. 그러나 위의 분류에서 이러한 특성에 따라 분리하는 것은 형태적 방법 밖에 없다. 통사적인 방법의 기준으로서 압축은 분명한 근거가 되지 못한다. 왜냐하면 이러한 기준은 형태적인 방법(예: потусторонний, подводный 등)과 형태 통사적인 방법(예: впотьмах, впопыхах 등)에도 적용되기 때문이다. 형태 통사적인 특성의 교체 또한 형태 통사적인 방법만의 특성이 되지는 못하는데, 이것은 위에서 기술한 모든 조어 방법에 나타나기 때문이다.

> 형태적 조어 방법(вода - водный: 접미사 첨가)
> 통사적 조어 방법(долго играющий - долгоиграющий: 부사와 형동사의 결합에 의한 형용사 형성)
> 의미적 조어 방법(спутник: 다의어의 동음이의어화)

러시아어 조어 방법을 분류하는 유일한 근본적 기준은 바로 조어 수단이다. 이러한 관점에서 러시아어 조어 체계에서는 두 가지 상반된 조어 방법, 즉 형태소적 조어 방법과 비형태소적 조어 방법을 나눌 수 있다. 러시아어의 조어 방법을 이처럼 분류한 사람은 바로 로빠찐(Лопатин 1966: 86-87)이다. 그는 순수한 공시적 입장에서 이처럼 분류하였으며 각 조어 방법은 몇 가지 변이형을 가진다.

조어 방법은 조어 수단에 따라, 접두사의 도움에 의한 단어의 형성은 접두사 첨가

(префиксация), 접미사의 도움에 의한 것은 접미사 첨가(суффиксация)라고 한다.

또한 형성되는 단어들의 성격에 따라서 조어 방법은 몇 개의 그룹으로 나뉜다(접사 첨가와 복합어를 형성하는 방법으로서 복합 등). 단어가 형성되는 공통적인 특성과 그것이 언어의 다른 측면과 가지는 관계에 따라, 구체적인 조어 방법은 어휘 통사적, 어휘 의미적, 형태 통사적, 형태적 조어 방법 등으로도 정의된다.

비노그라도프(Виноградов 1975А: 156-158, 1975В: 207-220)는 조어 방법들을 연구하면서, 접사 첨가에 의해 새로운 단어들이 형성되는 형태적 조어의 몇 가지 유형 외에, 그 도움으로 새로운 단어들이 형성되는 일련의 다른 방법들을 분류하였다. 이러한 조어 방법의 구분은 조어 과정을 이해하고 조어론을 깊이 연구하는 데에 중요하다. 비노그라도프는 언어가 지니는 모든 어휘는 새로운 단어들의 출현에 의해 확장되며, 또한 새로운 단어들이 출현하는 다른 방법들이 있다는 사실을 보여 주었다. 그는 이러한 조어 방법들을 연구하면서 통시적 현상과 공시적 현상을 구별하지는 않았다. 그러나 접사적인 조어 방법들의 특성을 깊이 이해하고, 그것이 비접사적인 조어 방법들과 원칙적으로 다르다는 것을 강조하였다. 그는 본질적으로 형태 통사적, 통사적 및 어휘 형태적인 조어 방법 외에, '조어'라는 용어에 어간과 접사, 어근적 형태소 및 접사적 형태소의 결합 등, 파생어의 형성과는 다소 다른 내용도 포함시키고 있다(Виноградов 1975В: 215).

그러나 조어 연구의 현 단계에서 통시적인 조어 방법과 공시적인 조어 방법을 원칙적으로 구별하는 것은 중요하다.

통시적인 조어론이 새로운 단어의 형성 과정을 반영하는 반면, 통시적인 조어 수단은 역사적인 과정의 구체적인 한 현상을 보여주게 된다. 따라서 통시적 관점에서 조어 수단은 그 결과 새로운 어휘 단위가 형성되는, 언어에 존재하는 단어나 어결합의 구조를 변화시키는 한 방법이다.

조어 방법에 대한 통시적인 정의에서는 근본적인 조어 수단이 될 수 있는 파생 모어와 어결합의 변화만을 고려해야 한다. 여기에는 몇 개의 단어나 어간의 한 단어로의 결합, 단어에의 접두사적 형태소 병합, 단어 어간에의 접미사적 형태소 병합, 단어에의 후치사적 형태소 병합, 파생 모어의 어간 체계 변화, 파생 모어의 어휘 의미 변화 등이 관련된다.

러시아어에서 전통적인 분류는 조어 수단의 특성에 근거하고 있다. 따라서 러시아어에는 일반적으로 어휘 통사적, 형태 통사적, 어휘 의미적 및 형태적 조어 방법의 네 가지 유형이 구별된다.

8.1. 어휘 통사적 조어 방법

어휘 통사적 조어 방법(лексико-синтаксический способ словообразования)은 둘 또는 그 이상의 어휘 단위들이 역사적인 발전 과정의 결과, 한 단어로 유착(сращение)되어 새로운 단어가 만들어지는 것을 의미한다. 따라서 이 조어 방법에 의해 형성된 단어는 확고한 어결합, 즉 성구나, 독립적인 단어와 전치사, 부정사와 같은 보조적인 단어들의 결합이 전체적으로 하나의 단어로 융합되어 나타난다.

이러한 조어 방법에 의한 새로운 단어들의 형성은 원래의 단어가 자신의 독자성, 개별적인 단어의 음성적, 의미적 및 문법적인 특성을 잃게 됨으로써 나타난다. 이러한 방법에 의해 언어는 어휘적 관점에서뿐만 아니라 음성적, 형태적 관점에서 새로운 단어들을 확충하게 된다.

유착에 의해 새로 형성된 단어들은 흔히 객관적인 현실에 상응하는 대상들을 지칭하는 파생성을 상실할 뿐 아니라, 음성적인 겉모양도 현저하게 변한다. ести ли로부터 если, спаси бог로부터 спасибо, один на десяте로부터 одиннадцать의 형성 등을 예로 들 수 있다.

이러한 조어 방법에 의해서 서로 상이한 어휘 문법적인 부류들이 새로운 단어들로 보충된다. 그러나 이 방법은 부사와 보조어의 영역에서만 생산적이다. 그 예로는 다음과 같은 단어들을 들 수 있다.

> выше와 указанный로부터 вышеуказанный
> и와 того로부터 итого
> с ума와 сшедший로부터 сумасшедший
> тот와 час로부터 тотчас

이 조어 방법에 의한 단어들은 긴 역사적인 발전 과정의 결과 형성된 것이며, 일반적으로 어떤 전형적인 모델에 따라 형성되는 게 아니라, 개별적으로 형성된다.

8.2. 형태 통사적 조어 방법

본질적으로 어휘 의미적 조어 방법의 변종으로 볼 수 있는 형태 통사적 조어 방법 (морфо-синтаксический способ словообразования)은 한 문법 부류에 속하는 단어가 다른 문법 부류로 전이되어 새로운 어휘 단위들이 형성되는 방법이다.

한 문법적 부류에 속하는 단어가 다른 문법적 범주로 전이되는 경우 두 종류의 하위 유형을 구별해야 한다. 하나는 개별적인 문법적 형태의 어휘화, 즉 그것들의 새로운 어휘 단위로의 변형이며, 다른 하나는 전체 파라다그마의 의미·문법적인 변형이다.

어떤 개별적인 문법적 형태가 어휘화되는 경우, 새로운 단어는 그것이 전이되는 새로운 품사의 고유한 특징들을 얻게 된다. 예를 들면, войти в пустую комнату와 стараться впустую에서 형용사 пустую는 성, 수, 격의 통사적인 의미를 상실하고, 변화하지 않는 단어(즉, впустую)가 된다. 이 형용사는 또한 대상의 특성을 지칭할 능력을 잃으며, 피수식어와 일치할 수도 없게 된다. 대신에 이것은 부사에 고유한 상황의 의미를 얻어 동사에 부가되며, 전치사와 함께 하나의 어휘 단위로 합해진다.

한편 전체 파라다그마가 의미 문법적으로 변형되는 경우, 전체 파라다그마는 간략화되고, 변화 형태는 유지한 채 새로운 품사의 개별적인 특성들을 얻게 된다. 예를 들면 형용사는 명사화의 결과, 고정된 성의 의미와 다른 형용사의 수식을 받는 특성을 획득하게 된다.

новая столовая, вкусное морожное, передовой рабочий 등
비교: рабочий день, рабочее время, рабочая неделя

문법적인 형태의 어휘화의 예로는 동사 быть의 현재형 3인칭 복수에 근거하여 형성된 суть, 부동사에 근거하여 형성된 благодаря, 동사 чуть(듣다)의 명령형인

чу! 등을 들 수 있다. 반면에 전체 파라디그마의 의미·문법적 변형의 예로는 명사 гостиная, передняя, набережная, трудящиеся 등과 같은 명사를 들 수 있다. 이것들은 '형용사 + 명사'의 어결합에서 명사들을 빼 버린 결과, 상응하는 형용사에 근거하여 형성된 것이다. 그러나 주의할 점은 명사화된 형용사, 즉 명사가 탈락함으로써 생겨난 명사 및 표현 의미를 전체적으로 형용사에 압축한 것과, 조어의 형태적인 방법에 따라 형성된 단어들을 구별해야 한다는 것이다. 단어 столовая는 어결합 столовая комната에 근거하여 형태 통사적인 방법에 의해 형성된 단어이고, пирожковая, блинная, закусочная, пельменная, пивная 등은 단어 столовая, чайная, гостиная 등과 같은 단어 유형에서 유추하여, 형태적인 조어 방법에 의해 형성된 것이다. 또한 명사화된 형용사와 형동사로부터 번역 모방(калькирование)의 결과 생겨난 단어들(예를 들면, вселенная, насекомое 등)을 구별해야 한다.

전체 파라디그마의 어휘 문법적인 변형의 예로는 형동사의 형용사화 현상도 들 수 있다.

блестящий (успех), открытое (лицо), взволнованный (вопрос),
знающий (инженер), руководящая (работа) 등

형동사가 형용사로 변하는 근본적인 원인은 형동사의 의미 상실에 있다. 전이적인 의미와 표현 관계의 확장은 완전히 동사에 상응하는 직접적인 의미로 교체된다. 이처럼 형동사가 동사의 상과 시제의 의미 및 동사적인 지배 방법을 상실하는 현상은 바로 이러한 원인에 의해 설명된다.

다만 형태 통사적인 조어 방법은 러시아어에서 동사, 형동사와 부동사에서는 별로 특징적이지 않다. 그러나 단어들의 어떤 어휘 문법적인 범주들에서는 이러한 조어 방법이 본질적으로 어휘적 구성을 풍부하게 해 주는 유일한 수단이다: 상태 범주, 불변화사, 감탄사. 물론 다른 조어 방법과 비교하여 분명히 부차적이기는 하지만, 명사와 형용사의 영역에서 가장 두드러지고 집약적인 조어 방법은 바로 형태 통사적인 방법이다. 왜냐하면 이것들이 새로운 어휘 단위들에 가장 '개방적인' 품사들이기 때문이다.

그러나 국어에서는 이 조어 방법이 명사와 부사, 형용사와 동사 등의 영역에서

사용된다. 예를 들어 '오늘', '잘못', '먼저' 등은 문맥에 따라 서로 다른 품사로서 기능한다.

> 그는 아직도 자기 잘못을 모른다.
> 그는 잘못 알고 있었다.

이처럼 한 품사가 다른 품사로 전이되어 새로운 의미의 어휘 단위가 형성되는 것을 '품사의 전성'이라고 한다. 이것은 결국 동일한 형태의 단어가 새로운 문법적 범주에 속하게 되는, 즉 통사적 기능만을 달리하는 형태 통사적인 조어 방법이다[1].

형태 통사적인 조어 방법은 공시적, 통시적 조어 현상을 동시에 가지고 있다. 그러나 공시적인 조어 현상과는 단지 명사화만 관련된다. 현대 러시아어의 관점에서, 품사 전성의 다른 경우들은 달리 규정할 수 있다. 예를 들면, шагом, боком, ночью 등과 같은 유형의 부사들은 접미사 첨가에 의한 형성으로 간주되며(шаг-ом, бок-ом, ноч-ью), сначала, наутро, сверху와 같은 유형은 접두사와 접미사 동시 첨가로 간주된다(с-начал-а, на-утр-о, с-верх-у).

8.3. 어휘 의미적 조어 방법

어휘 의미적 조어 방법(лексико-семантический способ словообразования)은 특히 다의어가 동음이의어로 분열되면서 해당 단어의 의미 구조가 변화됨으로써 새로운 단어가 형성되는 조어 방법이다. 이 경우 근원어, 즉 파생 모어의 상이한 의미들은 상관성을 잃고, 서로 다른 단어로 인식될 만큼 의미적으로 변화하여, 전혀 다른 새로운 단어가 된다.

---

[1] 이와는 달리 송철의(1992: 265-288), 이병근(1986: 404-406)에서는 품사의 전성에 의한 형태 통사적 방법을 영 접미사에 의한 파생으로 본다. 또한 남기심·고영근(1985)과 고영근(1989: 582-583)에서는 이 품사의 전성을 조어론의 영역에서 배제한다. 이러한 관점에 대해서는 Hockett(1958: 225-228), Robins(1964: 229) 참조.

■ завод(공장) - завод(태엽을 감는 행위), спутник(위성) - спутник(동반자)

단어가 두 개의 동음이의어로 나뉘는 과정은 어휘 단위가 새로운 문맥적인 의미 (전의적 의미)를 얻으면서 적어도 얼마 동안 자신의 옛 의미와 함께 계속해서 사용되면서 일어난다. 따라서 어휘 의미적 조어 방법은 따라서 동일한 단어의 상이한 의미들이 어원적으로 완전히 독립적이며 비종속적이라고 인식되는 상이한 단어로 변하거나, 아니면 이미 언어에 존재하는 단어에 이전부터 그것에 고유한 의미에서 파생된 것과 기본적인 것의 관계로 연관되어 있지 않은 의미가 고정되는 경우로 나뉜다.

어휘 의미적 조어 방법에 의해 형성된 새로운 단어들은 이전과 그 음성적 구성이 동일하다. 즉, 언어에 존재하는 소리 복합체가 새로운 어휘 문법적 특성을 부여받는다(пионер, завод 등). 이 방법에 의해 새로 형성된 단어들은 형태소 구성상 그것들이 형성되는 기반이 되었던 단어와 비교하여, 전혀 새로운 어휘 단위가 될 수 있다. 예를 들면, 단어 завод(태엽을 감는 행위)에 근거하여 생겨난 동음이의어인 завод (공장)는 비파생 어간 завод-를 가진다. 그러나 원래의 단어인 завод(태엽을 감는 행위)는 за-вод-∅로 분리된다(비교: лопатка, чашечка).

어휘 의미적 조어 방법에 의해 생겨난 동음이의어는 문법적으로 구별될 수도 있다. '우주'를 의미하는 단어 мир는 단·복수 형태(мир, миры)를 가지는 데 반해, '평화'를 의미하는 мир는 단수만을 가진다.

어휘 의미적 방법에 의한 새로운 단어의 형성은 개별 단어뿐만 아니라 숙어적인 표현에 의해서도 가능하다. 이 경우 문법적으로 종속되는 단어는 생략되며, 숙어적인 표현의 의미는 전체적으로 기저가 되는 단어에 집중된다. 이러한 현상을 숙어적 표현의 '의미적 압축'이라 한다. 여기에는 осадки(= атмосферные осадки), песок (= сахарны песок), плитка(= электрическая плитка) 등이 관련된다.

현대 러시아어 체계에서 이 방법에 의해 형성된 많은 단어들은 비파생어이다. 즉, 언젠가 그것들을 생성했던 단어들과 구조적으로 관련되지 않는다.

8.4. 형태적 조어 방법

형태적 조어 방법(морфологической способ словообразования)은 언어에 존재하는 어간과 조어 접사에 근거하여 새로운 단어를 형성하는 것이다. 형태적 조어 방법에 의해서는 모든 면에서 새로운 어휘 단위들이 형성된다. 이 조어 방법은 러시아어 조어에서 가장 생산적이며, 창조적이고 실제적이다. 그러나 이 조어 방법에 의해 '절대적으로 새로운 단어'가 출현하는 것은 아니다. 대신에 이미 별도로 존재했던 것들의 새로운 조합 형태로 나타난다. 예를 들면, 현재 러시아어에 존재하는 단어 лунник은 분명히 신조어이다(이 단어는 1959년에 나타났다). 그러나 이것은 완전히 새로운 단어는 아니다. 왜냐하면 이 단어를 구성하고 있는 어간 лун-(луна, лунный, лунатик과 같은 단어들에서)과 접미사 -ник(градусник, пыльник 등에서)는 이전에도 러시아어에 이미 알려져 있었기 때문이다.

현대 러시아어 조어론에서 공시적인 조어 방법은 "일련의 조어 유형에 고유한 기본적인 조어 수단에 의해 정의되는, 조어 체계의 단위"(Лопатин 1966: 18), "여러 유형에서 형성소의 구체적인 구조적 구현을 통한 동일한 형태의 조어 수단(접두사, 접미사, 후치사 등)으로 규정되는 일련의 조어 유형들을 포함하는, 조어 유형보다 큰 분류 단위"(Краткая русская грамматика 1989: 45)로 정의된다. 그리고 파생어의 통시적인 조어 방법은 "조어 의미의 구조적인 표현 수단에 따라"(Основы… 1966: 67), 부연하면 '조어 의미를 표현하는 기본적인 조어 수단의 종류와 조어 수단을 형성하는 이 수단들의 숫자'에 따라 구별된다.

현대 러시아어에서는 다음과 같은 공시적인 조어 방법들이 분류된다.

접두사적, 접미사적, 후치사적, 접두-접미사적, 접두-후치사적, 접미-후치사적, 접두-접미-후치사적 조어 방법, 복합적, 접미사 복합적, 접두사 복합적, 접두-복합-접미사적 조어 방법 등

공시적인 측면에서 볼 때, 러시아어의 모든 조어 방법은 파생 모어(나 파생 모어 어간)의 수에 따라서 두 가지 그룹으로 나눌 수 있다: 하나의 파생 모어 어간을 가지는 단순한 파생어의 형성 방법과 둘 또는 그 이상의 파생 모어 어간을 가지는

복잡한 파생어의 형성 방법. 그리고 각 방법은 다시 단순한 조어 방법, 즉 단일법(простые, несмешанные способы)과 혼합된 조어 방법, 즉 혼합법(смешанные способы)으로 분류된다.

우선 단일법에는 우선 다음과 같은 조어 방법이 관련된다. 여기서는 기본적인 조어 수단으로 접사적 방법과 어미적 방법 및 그것들의 가능한 모든 결합적 방법들이 기능한다. 따라서 이러한 조어 방법을 형태소적 조어 방법이라 부르기도 한다.

다른 슬라브어를 비롯한 러시아어 조어 체계에서 가장 중요한 위치를 차지하는 것이 바로 접사 첨가이다. 러시아어에서 접사 첨가에 의한 조어는 여러 품사에 속하는 절대 다수의 파생어를 형성한다.

그러면 지금부터 이러한 조어 방법들을 하나씩 살펴보자.

8.4.1. 접미사 첨가(суффиксация)

접미사 첨가에 의한 조어 방법은 러시아어에서 가장 일반화된 방법 중의 하나이다. 이 조어 방법의 기본적인 조어 수단은 접미사적 형태소들이다.

접두사 첨가의 경우와 달리 접미사적 조어 방법은 명사(예: домик, дворник, лётчик, учитель, пекарь), 형용사(예: внешный, молчаливый, железный), 부사(예: весной, медленно, дважды), 수사(예: двенадцать, тринадцать)의 형성에서 널리 사용되며, 동사 형성의 경우에는 드물게 사용된다(예: белеть, столярничать, крепчать, грязнить, лютовать).

접미사 첨가에 의한 조어 방법의 특성은 조어 형태소의 후치적 특성에 의해 규정된다. 이 경우 조어 형태소는 접두사 첨가에 의한 조어 방법에서처럼 파생 모어 전체와 결합하지 않고, 파생 모어 어간과 결합한다.

접미사 첨가에 의한 조어 방법의 극히 본질적인 특성은, 이 방법에 의해서 형성된 파생어에 보조적인 조어 수단으로 파악되는 여러 형태 음운적인 변화가 존재한다는 사실이다: 파생 모어 어간의 음운 교체, 절단, 형태부 중첩 등.

이 조어 방법에는 많은 조어 유형이 포함된다. 이때 조어 수단은 파생어가 변화하는 단어일 경우에 조어 접사와 어미가 된다.

▌ автор - автор-ск-ий, учить - учи-тель, обед - обед-а-ть

그러나 파생어가 변화하지 않는 단어일 경우, 조어 접미사는 단지 조어 수단이 된다.

▌ весёлый - весел-о-∅, отличный - от-личн-о-∅

또한 조어 접미사는 없을 수도, 즉 영 접미사일 수도 있는데, 이 경우 조어 수단은 결국 파생어의 어미가 된다. 이러한 영 접미사 첨가에 의한 조어 방법은 주로 명사의 형성에서만 일어나며, 그 파생 모어로는 흔히 동사와 형용사 어간이 등장한다. 일반적으로 영 접미사를 가진 파생어는 '추상적인 행위'의 의미를 나타낸다.

▌ ходить - ход-∅-∅, синий - син'-∅-∅

8.4.2. 접두사 첨가(префиксация)

이 조어 방법은 가장 간단하고 쉬운데, 여기서 기본적인 조어 수단이 되는 것은 바로 접두사이다.

▌ бежать - у-бежать, город - при-город, школьный - до-школьный

이 조어 방법에서 접두사적 형태소에는 파생 모어와 결합하지 않고 사용될 수 없는 고유한 접두사(예: пере-писать, раз-делить, пра-внук, пре-добрый)뿐만 아니라, 파생어 형성 시 연결어(전치사, 불변화사)의 위치에서 발생한 접두사(예: не-друг, не-красивый, из-вне, до-ныне, на-всегда, после-завтра)도 관련된다. 러시아어에서 접두사 첨가는 동사에서 가장 일반적인 조어 방법이다.

▌ вы-брать, за-вести, из-готовить, на-делать, под-нести, раз-резать

이 조어 방법은 다른 품사에서는 훨씬 적게 사용된다.

> 명사: бес-поряд-ок, со-автор, при-вкус, под-вник
> 형용사: без-грамотный, не-большой, а-моральный
> 부사: на-всегда, не-даром, до-ныне 등

접두사 첨가에 의한 조어 방법은 파생 모어 어간의 앞 위치에 접두사가 오는 일련의 특성에 의해 그 성격이 규정된다. 접두사 첨가의 가장 두드러진 특성은 파생어가 파생 모어와 동일한 품사에 속하게 된다는 것이다. 파생어는 또한 파생 모어의 모든 다른 형태적인 특성을 유지한다.

의미적 측면에서 볼 때, 접두사 첨가에 의한 조어 방법으로 형성된 파생어는 그 어휘 의미에서 파생 모어와 크게 구별되지 않는다. 파생 모어의 어휘적인 의미는 파생어에서 근본적으로 유지되며, 접두사는 단지 파생 모어의 어휘적인 의미를 구체화할 뿐이다(비교: нести와 집두사적 조어 вы-нести, за-нести, от-нести, под-нести, при-нести, про-нести, у-нести).

8.4.3. 후치사 첨가(постфиксация)

이 조어 방법에서는 후치사가 바로 조어 수단이 된다. 접미사와 마찬가지로 후치사는 어말에 온다. 따라서 파생 모어 어간에 첨가되지 않고 접두사처럼 파생 모어 전체에 첨가되어, 파생 모어와 동일한 품사를 형성한다.

> кто-то, учить-ся, когда-либо

현대 러시아어에서 조어적 후치사로는 몇 개의 형태소들만이 기능한다.

> 동사적 후치사 -ся/-сь와 대명사적 후치사 -то, -либо, -нибудь

동사적 후치사는 일반적으로 재귀적 동사 형태의 형성에서 형태 형성 형태소로

사용된다. 그러나 이는 순수한 문법적 의미와 함께, 동사가 지닌 어떤 어휘적 의미의 뉘앙스를 표현할 수 있으며, 파생어의 조어 의미를 나타내는 유일한 표현자 (выразитель)로 등장한다.

▌ держать - держать-ся, торопить - торопить-ся

후치사 -ся/-сь의 이러한 조어적 기능은 자동사와 결합하는 경우에 특히 분명하게 나타난다. 이 경우 자동사에서는 그 문법적 기능이 순수 조어적 기능으로 대치되고, 태의 범주가 문법에서 어휘론으로 이동하게 된다(Виноградов 1947: 648).

▌ звонить - звонить-ся, стучать - стучать-ся

동사들 외에, 후치사적 조어 방법에는 극히 제한된 범위의 부정 대명사와 부정 수량 수사가 관련된다.

▌ кто-то, кто-либо, кто-нибудь; сколько-то, сколько-нибудь

후치사적 조어 방법에서 조어 수단은 파생 모어의 어휘적 어간과 결합하지 않고, 파생 모어 전체와 결합하여 인칭 어미나 격 어미 다음에 온다. 이 경우에 파생어는 상응하는 파생 모어의 어휘 문법적 특성을 유지한다. 즉, 그 파생 모어와 동일한 품사에 속한다.

8.4.4. 형용사와 형동사의 명사화(субстантивация)

이것은 형용사와 형동사가 어형의 형태소 구성에는 변화가 없으나, 파라디그마 구성은 단축된 채 명사로 전이되는 조어 방법이다. 명사 рулевой, приёмная, командующий, будущее와 같은 유형은 단수 형태만 가지며, наличные와 같은 명사는 복수 형태만 가진다. 명사화에서 조어 형성소는 파생된 명사의 어미이다.

8.4.5. 복합(сложение)

이는 둘 또는 그 이상의 어간이 합해져서 전체적으로 하나가 되는 조어 방법으로, 앞에 오는 구성 요소는 순수 어간이 되고, 뒤에 오는 요소는 파생어의 문법적 의미의 보유자가 된다. 이 방법에서 조어 수단으로는 접요사, 구성 요소들의 고정된 순서, 그리고 주로 기저 요소에 오는 제1 역점이 된다.

■ овощехранилище, засухоустойчивый, полулежать

이때 접요사는 첨가되지 않을 수도 있다.

■ Ленинград, царь-колокол

8.4.6. 유착(сращение)

유착은 둘 또는 그 이상의 단어가 어떤 형태소적 구성의 변화나 접요사의 첨가 없이 하나로 합쳐져 융합되는 조어 방법이다.

■ умалишённый, долгоиграющий

이 조어 방법에 의해 형성된 단어들은 형태소 구성상 자신의 모든 형태에서 동의적인 어결합과 완전히 동일하다. 따라서 파생어 구조에서 구성 요소들의 관계는 생생한 통사적인 관계로서 보존된다. 이 조어 방법에서 조어 수단은 구성 요소들의 고정된 어순(종속 요소+기저 요소)과 기저 요소에 오는 제1 역점이다.

8.4.7. 약어(аббревиация)[2]

이는 원래 어떤 어결합을 이루고 있는 단어들이 축약되어 한 단어가 되는 조어

---

2   이에 대한 자세한 것은 9.1.6. 약어 참조.

방법이다. 이 경우 형성소는 원래 단어들 어간의 형태소에 무관한 절단과 제1 역점에 의해, 그리고 원래 단어 중에서 뒤에 오는 단어가 단축될 경우, 어미 체계에 의해 규정된다.

■ вуз, профком, сберкасса, эсминец; спец, сам

혼합법에서는 상응하는 조어 수단들이 다양하게 결합한다. 따라서 여기에서 조어 수단은 단일법에 속하는 조어 수단들의 결합과 동일하다. 러시아어에는 다음과 같은 혼합된 조어 방법들이 존재한다.

1) 접두사와 접미사 동시 첨가
   이 경우 조어 수단은 접두사와 접미사, 그리고 파생어의 어미이다.
   예: со-курс-ник, у-сложн-и-ть, при-вреж-н-ый
   그러나 이 조어 방법에서는 영 접미사가 첨가될 수도 있다.
   예: без-бод-ый, про-седь

2) 접두사와 후치사 동시 첨가
   이 경우 조어 수단은 접두사와 후치사이다.
   예: про-говорить-ся, со-звонить-ся

3) 접미사와 후치사 동시 첨가
   이 조어 방법에서 조어 수단은 접미사와 파생어의 어미 및 후치사로 구성된다.
   예: нужд-а-ть-ся, ветв-и-ть-ся, резв-и-ть-ся

4) 접두사, 접미사 및 후치사의 동시 첨가
   이 경우 조어 수단은 접두사와 접미사 및 파생어의 어미, 그리고 후치사가 된다.
   예: при-лун-и-ть-ся, о-банкрот-и-ть-ся

5) 접미사 첨가와 복합
   이 조어 방법에서 조어 수단은 복합과 접미사 첨가에서 사용되는 모든 조어 수단을 포함한다.
   예: мор-е-плава-тель, быстр-о-ход-н-ый

6) 접두사와 접미사 첨가 및 복합

이 경우 조어 수단은 접두사 및 복합과 접미사 첨가에서 사용되는 모든 조어 수단을 포함한다.

예: по-вс-е-мест-н-ый, в-пол-оборот-а

7) 접미사 첨가와 결합된 유착

이 조어 방법에서 조어 수단은 유착과 접미사 첨가에서 사용되는 모든 조어 수단을 포함한다.

예: по-ту-сторон-н-ий, от-себя-тин-а

09 품사의 조어 의미

모든 단어는 항상 일정한 품사에 소속된다. 따라서 조어 과정을 통해 형성된 파생어는 항상 어떤 품사에 속하는 단어이며, 동시에 일정한 품사의 단어에 기저를 두고 있다. 이렇게 품사는 조어와 이중적으로 관련되는데, 우선 조어적 기저, 즉 파생 모어로서, 그리고 조어의 결과, 즉 파생어로서 관련된다.

품사는 조어 방법의 관계뿐 아니라, 조어 접사와 각 품사에 특징적인 조어 의미의 관계에서도 독특한 특성을 지닌다. 조어 의미는 파생어와 그 파생 모어의 의미적인 관계로서 결과적으로 항상 일정한 품사에 속하는 단어들의 관계이다.

품사의 조어적 특성은 다음과 같은 것들을 전제로 한다.

1) 조어 기저로서 일정한 품사의 단어
2) 조어의 결과로서 일정한 품사의 단어
3) 각 품사에서 파생어의 조어 의미

여기서는 각 품사의 조어를, 두 번째 항목처럼 조어의 결과로서 살펴보고 그 조어 의미를 품사에 따라 자세히 기술하고자 한다.

각 품사의 조어적 특성은 다음에 의해 규정된다.

1) 조어 방법
2) 각 조어 유형에서 파생 모어의 특성 및 일련의 조어 접사
3) 조어 유형의 생산성의 정도

9.1. 명사의 형성

명사는 조어 관계에서 가장 풍부한 품사이다. 따라서 다른 품사의 영역에서 기능하는 조어 방법 외에, 특수한 명사적 조어 방법인 명사화 및 약어 등의 방법이 존재한다. 명사의 조어에서는 접미사 첨가가 가장 널리 사용된다. 이것은 무엇보다도 1) 다양한 종류의 파생 모어로부터 명사가 가장 폭넓게 형성되며, 2) 러시아어에는 명사를 만드는 많은 접미사가 존재하고, 3) 명사가 지니는 조어적 의미의 다양성에 의해 설명될 수 있다.

러시아어에서 명사의 파생 모어로는 모든 품사가 기능할 수 있으며, 또한 다음과 같은 조어 방법에 의해 형성된다: 접미사적 방법, 접두사적 방법, 명사화, 복합, 약어, 접두사와 접미사 동시 첨가, 접미사와 복합.

9.1.1. 접미사 첨가에 의한 명사

9.1.1.1. 동사로부터 파생된 명사

АГ 70과 80에 의하면, 동사로부터 파생된 명사는 '과정적인 특성의 보유자'라는 공통의 조어 의미를 가지는 단어와 '추상적인 행위나 상태'의 의미를 지니는 명사로 나뉜다. 첫 번째의 경우 공통의 조어 의미로서 '과정적인 특성의 보유자'는 '행위의 주체'(보통 사람), '행위 도구', '행위 장소', '행위의 대상이나 결과'로 구체화된다. 두 번째 그룹의 명사들에서는 파생 모어인 동사에 고유한 '과정적 특징'의 의미가 품사로서의 명사 의미와 혼합된다. 동시에 이 명사들에서는 첫 번째 그룹에 속하는 명사에 특징적인, 부차적 의미들이 발전된다.

그러나 두 유형의 의미는 매우 개괄적인 특성을 지니기 때문에, 러시아어에서 동사 파생 명사들의 실제 의미를 반영하지 못한다. 따라서 이 의미들은 '사람을 지칭하는 명사', '대상을 지칭하는 명사', '추상적인 행위나 특성을 지칭하는 명사', '장소를 지칭하는 명사', '동물을 지칭하는 명사' 등으로 보완되어야 한다. 그리고 사람을 지칭하는 명사는 '행위의 특성'(Agens-Charakter)에 따라 다시, '단순히 행위를 수행하는 사람', '수행하는 직업과 관련된 사람', '두드러진 특성에 따른 사람'으로 나뉜다. 또 대상을 지칭하는 명사는 '행위의 도구'와 '행위의 결과'로 나뉘며, 행위의 도구는 다시 도구(연장), 기계, 기구, 용기(그릇), 물질 등으로 세분된다. 그리고 추상적인 행위나 특성을 지칭하는 명사들은 '추상적 행위를 지칭하는 명사'와 '추상적 특성을 지칭하는 명사'로, 장소를 지칭하는 명사는 '행위의 장소'와 '행위 결과로서 장소'로 구체화된다. 이러한 의미 그룹은 또한, 여러 부가적인 의미적 구성 요소의 존재에 따라 더 세분된다.

그러나 여기에서는 동사에서 파생된 명사들의 조어 의미를, 공통 의미와 부분 의미를 중심으로 살펴보겠다.

1) 조어 의미 '파생 모어인 동사에 의해 지칭된 행위의 수행자, 즉 사람'은 다음과 같은 조어 접미사를 갖는 명사들에 의해 표현된다.

> **-тель/-итель**: водить - води-тель, житель, мечтатель, нарушитель, слушатель, учитель, читатель, хранитель; спасти - спас-итель

어떤 명사들은 '사람'과 함께, 이 행위가 수행되는 시설이나 기관을 지칭하기도 한다: заготовитель, наниматель, получатель, отправитель.

> **-ник/-еник**: заступить - заступ-ник, клеветник, наследник, работник, шутник; трудиться - труж-еник, ученик, путешеств-енник
> **-щик/-чик**: обмануть - обман-щик, прицепщик, проверщик, регулировщик; лёт-чик, обходчик, перебежчик, разносчик, резчик
> **-льщик**: болеть - боле-льщик, курильщик, носильщик, обжигальщик, рисовальщик
> **-ец**: бороться - бор-ец, гребец, лжец, льстец, певец, пловец, продавец, читать - чтец
> **-лец**: владеть - владе-лец, жилец, кормилец, скиталец, страдалец
> **-ун**: бегать - бег-ун, ворчун, говорун, лгун, опекун, прыгун, хвастун, хлопотун, шалун

단어 грызун, скакун은 동시에 동물도 지칭한다.

-ок: ездить - езд-ок, игрок, знаток, седок, стрелок, ходок

-арь: лечить - лек-арь, пахарь, печь - пек-арь, писарь

-атор/-итор: агитировать - агит-атор, комментатор, компилятор, организатор, реставрировать - реставратор, экзаменатор; репетировать - репет-итор

-ор: гравировать - грав-ёр, дирижёр, дублёр, инструктор, контролёр, корректор, ревизор, редактор, режиссёр, танцевать - танц-ор

-ант/-ент: оккупировать - оккуп-ант, консультант, симулянт, эмигрант; ассистировать - ассист-ент, конкурент, оппонент, претендент, рецендент;

-л(а): запевать - запева-л-а, воротила, заправила, кутила, ловчила, приставала

-к(а)/-шк(а): выскочить - выскоч-к-а, зазнайка, замарашка, лакомка, недоучка, тараторка; притворяться - притворя-шк-а

-яг(а): бродить - брод-яг-а, деляга, работяга, трудяга

-ак(а): служить - служ-ак-а, вояка, гуляка, кривляка, писака

기술한 조어 유형 중 접미사 -тель, -ник, -щик, -льщик, -атор를 가지는 조어 유형은 매우 생산적이다. 일반적으로 구어에서는 접미사 -ун, -л(а), -к(а), -яг(а), -ак(а)를 가지는 조어 유형이 활발하게 나타난다.

'행위자 - 여성'의 의미는 다음과 같은 접미사를 가지는 명사들에 의해 표현된다.

-ух(а): стряпать - стряп-ух-а, копуха, крикуха, щебетуха

-ушк(а): болтать - болт-ушк-а, вертушка, хохотушка

-лк(а): гадать - гада-лк-а, сиделка

-е | j |: ворожить - ворож-ея, шить - шв-ея

이 접미사 중에서 -ух(а)와 -ушк(а)가 약간 생산적이다.

2) 조어 의미 '행위를 수행하거나, 수행하기 위한 비활성 대상(도구, 기계, 설비, 장치)'은 다음과 같은 접미사들을 가지는 명사에 의해 표현된다.

-тель: глушить - глуши-тель, двигатель, дохранитель, истребитель, нагреватель, опрокидыватель, проигрыватель, распылитель, рыхлитель

-ник: окучить - окуч-ник, отстойник, подъёмник, разменник

-щик/-чик: бомбардировать - бомбардиров-щик, буксировщик; передат-чик, перехватчик, подборщик, счётчик

-льник: будить - буди-льник, кипятильник, паяльник, умывальник, холодильник

-ак: лежать - леж-ак, пезак, черпак

-ок: бить - бо-ёк, движок, каток, манок, скрести - скребок

-атор: вибрировать - вибр-атор, конденсатор, резонатор; вентилировать - вентил-ятор, ретранслятор

-ор: планировать - план-ёр, компостер, стартёр, транспортёр

-лк(а): зажигать - зажига-лк-а, коптилка, мигалка, молотилка, сеялка, точилка

-л(о): точить - точи-л-о, поддувало, покрывало

-к(а)/-шк(а)/-ушк(а): жать - жат-к-а, заколка, загородка, отвёртка, подпорка крыть - кры-шк-а, покрышка; колотить - колот-ушк-а, кормушка, побрякушка, хлопушка

-к(и)/-лк(и)/-унк(и): плавать - плав-к-и, подтяжки; носить - носи-лк-и, прыгалки; ползать - полз-унк-и

이 조어 의미에서 접미사 -тель, -ник, -щик, -льник, -атор, -лк(а), -к(а)를 갖는 조어 유형이 가장 생산적이다.

접미사 -атор(-ятор)와 -тель은 위의 조어 의미 외에 '파생 모어인 동사에 의해 지칭된 행위를 수행하는 데 사용되는 물질'의 의미도 가진다.

-атор: активизировать - активиз-атор, дегазатор, стимулятор

-тель: восстановить - восстанови-тель, заменитель, краситель, обогатитель, окислитель, проявитель, растворитель

문맥에서 이 의미가 구체화 될 경우에는 '행위자'를 지칭하기도 한다.

-атор: популяризатор, регулятор

-тель: возбудитель, двигатель, показатель, раздражитель

3) 조어 의미 '파생 모어인 동사에 의해서 지칭된 행위의 장소'는 다음과 같은 접미사를 가지는 명사들에 의해 표현된다.

-льн(я): купаться - купа-льн-я, спальня, читальня
-лищ(е): вместить - вмести-лищ-е, жилище, обиталище, училище, хранилище
-лк(а): курить - кури-лк-а, парилка, раздевалка
- | j | -: зимовать - зимовье, гнездовье, кочевье

이 의미에서는 접미사 -льн(я), -лищ(е), -лк(а)를 가진 조어 유형이 생산적이다.

4) 조어 의미 '행위의 객체나 결과로서 대상(주로 비활성적)'은 다음과 같은 접미사를 가지는 명사들에 의해 표현된다.

-ок: добавить - добав-ок, набросок, обрубок, отпечаток, подарок, свёрток
    활성 명사: недоносок, откормок, подранок
-ыш: вкладывать - вклад-ыш, выкормыш, подкидыш, поскрёбыш, приёмыш
-ат: дублировать - дублик-ат, препарат, экспонат
    활성 명사: адресат, делегат

접미사 -ина를 가지는 다음의 명사들은 '행위의 결과로서 표면의 부분, 점, 구멍, 선 등'을 나타낸다.

-ина: отметить - отмет-ина, пробить - пробо-ина, проталина, ссадина, трещина

다음의 접미사를 가지는 명사들은 조어 의미 '행위의 객체나 결과로서 물질이나 동류의 대상들의 총체'를 나타낸다.

-ат: конденсировать - конденс-ат, концентрат, конфискат
-ев-о, -ив(о): варить - вар-ев-о, крошево, курево, месиво, топить - топл-ив-о, читать - чт-ив-о

-к(и): выварить - вывар-к-и, выжимки, высевки, издержки, очистки

-ок: кипятить - кипят-ок, заработок, приработок

다음과 같이 접미사 -енность/-нность를 가지는 명사들은 '행위의 결과로서 발생한 상태'를 의미한다.

-енность/-нность: договориться - договорённость, задолженность; сработаться - сработанность, станцевать - станцованность

행위의 대상과 결과를 의미하는 이 조어 유형들은 어느 정도 생산적이다. 그러나 행위자와 행위의 수단을 나타내는 것들보다는 덜 생산적이다.

5) 조어 의미 '파생 모어인 동사에 의해 지칭된 행위나 상태'는 다음과 같은 접미사를 가지는 명사들에서 나타난다.

-ни | j | -/-ени | j | -/-ти | j | -/-и | j | -와 변이형인 - | н'j | -/-ен' | j | -/-t' | j | -/- | j | -: рисовать - рисова-ние, горение, доигрывание, наказание, молчание, пение, формирование; ходить - хожд-ение, вращение, напасти - напад-ение, ношение, ослабить - ослабл-ение, спасти - спасение; отплыть - отплы-тие, прибытие, принятие, развитие; доверять - довер-ие, отсутствие, содействие, соответствие

-к(а)/-овк(а)/-ёжк(а): резать - рез-к-а, задержка, варка, расклейка, рубка, стричь - стриж-к-а; переиграть - переигр-овк-а, браковка, распиловка, сверловка, стыковка; кормить - корм-ёжка, бомбёжка, зубрёжка

-аци | j | -: реализовать - реализ-ация, деградироварь - деградация, стилизация, эвакуация, симуляция, идеализация, фальсификация

-ств(о)/-еств(о)/-тельство: баловать - балов-ств-о, воровство, притворство, превосходство; бродяжничать - бродяжнич-еств-о, кустарничество; вмещаться - вмеща-тельств-о, ручательство, разбирательство

-аж: массировать - масс-аж, инструктаж, монтаж, тренаж, хронометраж, дубляж

-ёж: платить - плат-ёж, грабёж, кутёж, галдёж

-н(я)/-отн(я): хлопотать - хлопот-н-я, суетня, грызня, мельтешня, ругня, резня; бегать - бег-отн-я, толкотня, трескотня, трепотня, дерготня

-от(а): дремать - дрем-от-а, зевота, рвота, ломота, хрипота, пахота

-б(а): бороться - борь-б-а, ходьба, косьба, пальба, дружба, служба, женитба, стрельба, пастьба;

-ч(а): добыть - добы-ч-а, раздача, выдача, отдача

-ыш: проиграть - проигр-ыш, наигрыш, розыгрыш, выкидыш

-к(и)/-лк(и): нападать - напад-к-и, поминки; догонять - догоня-лк-и, прятаться - прят-к-и와 прята-лк-и

위에 기술된 조어 유형 중에서 접미사 -ни | j | -, -к(а), -аци | j | -, -ств(о)를 가지는 유형이 가장 생산적이다. 구어에서 생산적인 접미사인 -ёж, -н(я)를 가지는 명사들은 부가적으로 '행위 출현의 강도'의 의미를 표현한다. 그리고 접미사 -к(и)를 가지는 명사들은 '오래 지속되는 반복적인 행위'나 '여러 사람에 의한 행위'를 나타낸다.

많은 반복되는 행위로 이루어질 수 있는 개별적인 '일회적 행위'는 생산적인 접미사 -ок에 의해 표현된다.

кивать - кив-ок, толкать - толчок, бросок, прыжок, звонок, глоток, щелчок

이러한 의미는 다음과 같은 접미사에 의해서도 표현된다.

-ни | j | -/-ени | j | -/-ти | j | -: восклицать - восклица-ние, прикоснуться - прикоснов-ение, погружение

-к(а): вспыхивать와 вспыхнуть - вспыш-к-а, затягиваться와 затянуться - затяжка, попытаться - попытка

생산적인 접미사 -имость를 가진 명사들은 '행위 능력으로서 상태'를 나타낸다.

-имость: проводить - проводи-мость, решимость, слышимость, посещаемость, заболеваемость, сопротивляемость, успеваемость

파생된 명사들은 '행위'의 의미 외에 다음과 같은 '구체적인 의미'를 부차적으로 나타내기도 한다.

1) 행위의 도구: зажигание, вентиляция, указка, свисток
2) 행위의 수행을 위한 물질: обивка, смазка, удобрение, шпаклёвка
3) 행위의 대상이나 결과 - 구체적인 비활성적 대상: владение, заготовка, издание, наклейка, организация, моток, публикация
4) 행위의 대상이나 결과 - 동류의 대상이나 물질의 총체: вооружение, вышивание, выигрыш, добыча, наследство, резьба, питьё
5) 행위의 장소: выставка, расположение, зимовка, служба
6) 행위의 주체: командование, управление, явление, эмиграция

9.1.1.2. 형용사로부터 파생된 명사

형용사에서 파생된 명사들은 공통의 조어 의미 '특성의 보유자'와 '추상적인 특성'의 의미를 가지는 두 그룹으로 나눌 수 있다. 여기에서 두 번째 그룹에는 파생 모어인 형용사에 고유한 '비과정적 특성'의 의미가 보존되는데, 이것은 품사로서 명사의 의미와 공존한다. 이 경우 '특성의 보유자'라는 의미는 이들 명사에서 부차적인 의미로 발전할 수 있다.

첫 번째 그룹에 속하는 명사 중에는 어결합에 근거하여 형성된 단어들이 상당한 부분을 차지하는데, 이 경우 파생 모어인 형용사는 한정어의 기능을 수행하며, 수식받는 명사는 생략된다. 이렇게 접미사 첨가에 의해 형성된 명사는 다음과 같은 것을 지칭한다.

1) 어결합의 동의어로서 원래의 어결합과 동일한 대상: комиссионный магазин - комиссионка, подсобный рабочий - подсобник, купальный костюм - купальник, передовая статья - передовица

2) 원래 지칭된 것에 대한 관계로 특징지어지는 대상(보통 사람): вечернее отделение - вечерник, ядерная физика - ядерщик, мартеновская печь - мартеновец, фигурное катание - фигурист

접미사적 방법에 의해 형용사에서 파생된 명사의 유형에는 형동사(주로 수동형)에 의해 파생된 명사들도 관련된다. 이러한 명사들은 그 행위와 관련된 대상을 지칭한다.

посланный - посланец, изолированный - изолированность

관계 형용사에 의해 파생된 명사의 특성은 형용사에 의해서뿐만 아니라, 간접적으로 이 형용사의 파생 모어가 되는 명사에 의해서도 파생된다는 데 있다.

кран - крановый - крановщик, мать - материнский - материнство

1) 다음과 같은 접미사를 가지는 명사들은 조어 의미 '파생 모어인 형용사에 의해 지칭된 특성의 보유자(사람)'를 나타낸다.

-ик: старый - стар-ик, умник, озорник, безобразник, виновник, воспитанник, внештатник, международник, ударник, отличник, общественник
-щик/-чик: часовой - часов-щик, зенит-чик, телевизионщик, анонимщик
-ец: гордый - горд-ец, храбрец, наглец, мудрец, глупец, Толстой - толстовский- толстовец, Африка - африканский - африканец, Ялта - ялтинский - ялтинец
-ист: специальный - специал-ист, баталист, документалист, инфекционист, фигурист
-ак: бедный - бедн-як, холостяк, простак, здоровяк, толстяк, горняк, пошляк, степняк
-к(а)/-шк(а): нежный - нежен-к-а, невидимка, шестилетка; подготови-шк-а;
-ин(а): старейший - старейш-ин-а, старшина, старина, жадный - жадина, вредина

-иц(а): умный - умн-иц-а, тупица, пьяница

-яг(а): бедный - бедн-яг-а, добряга, миляга, скромняга, симпатяга

-юг(а): хитрый - хитр-юг-а, подлюга, жаднюга, жадюга

-уш(а): родной - родн-уш-а, милуша, дорогуша, хромуша

-ул(я): грязный - грязн-ул-я, крохотуля, капризуля, чистюля

-ыш: мал - мал-ыш, глупыш, крепыш, несмышлённыш, найдёныш

-ышк(а): худой - худ-ышк-а, коротышка, малышка

조어 의미 '특성의 보유자(사람)'를 나타내는 명사 중에서 접미사 -ик, -щик, -ец, -ист가 가장 생산적이며, 구어에서는 평가적인 의미를 가지는 접미사 -ак, -к(а), -яг(а), -юг(а)가 생산적이다.

조어 의미 '특성의 보유자(여성)'는 접미사 -ух(а), -ушк(а)에 의해서 표현되는데, 이 접미사들은 약한 생산성을 가진다.

-ух(а): старый - стар-ух-а, молодуха

-ушк(а): резвый - резв-ушк-а, простушка, дурнушка

2) 조어 의미 '파생 모어인 형용사에 의해 지칭된 특성의 보유자(동물)'은 다음과 같은 접미사를 가지는 명사들에 의해서 표현된다.

-ик: хищный - хищн-ик, полосатик, волосатик, долгоносик, головастик

-ак: пестрый - пестр-як, беляк, светляк, рыжак

-к(а): сивый - сив-к-а, хохлатка, лазоревка, серебрянка, перламутровка, бронзовка

-ух(а): белый - бел-ух-а, лысуха, пеструха

-ушк(а): плоский - плоск-ушк-а, береговушка, чернушка

-иц(а): лимонный - лимонн-иц-а, капустница, крапивница, ночница, мокрица, жемчужница, яловица

이 접미사들은 약간의 생산성을 보인다.

3) 조어 의미 '파생 모어인 형용사에 의해 지칭된 특성의 보유자 - 비활성적 대상'
은 다음과 같은 접미사를 가지는 명사들에 의해서 표현된다.

> **-ик**: рыжий - рыж-ик, творожник, численник, молочник, ночник, парусник,
> утренник
>
> **-ак**: сорный - сорн-як, пустой - пустяк, синяк, кругляк, товарняк
>
> **-к(а)/-лк(а)/-ловк(а)**: плетёный - плетён-к-а, жестянка, открытка, поганка,
> ветрянка, пятилетка, колючка, сушка, двустволка, кожанка, дублёнка,
> вечёрка, многотиражка, Третьяковка, продлёнка; сопроводи-лк-а;
> сопроводи-ловк-а, управ-ни-ловк-а
>
> **-ушк(а)**: чёрный - черн-ушк-а, легковушка, меховушка, раскладушка,
> четвертушка
>
> **-ин(а)**: громадный - громад-ин-а, поперечина, боковина
>
> **-иц(а)**: полов-ица, колесница, передовица, старица

이 조어 의미에서 가장 생산적인 조어 유형은 접미사 -ик, -к(а), -ушк(а), -ак인데,
구어에서 자주 사용된다.

4) 조어 의미 '파생 모어인 형용사에 의해 지칭된 특성의 보유자 - 장소, 공간,
영토, 영역, 지방'은 다음과 같은 접미사를 가진 명사들에 의해서 표현된다.

> **-ик**: тайн-ик, зимник, земляничник, торфяник, конопляник, заповедник
>
> **-к(а)/-лк(а)**: караул-к-а, подсобка, бытовка, землянка, нейтралка;
> потреби-лк-а
>
> **-ушк(а)**: тёплый - тепл-ушк-а, боковушка
>
> **-ин(а)**: ровный - равн-ин-а, целый - целина, теснина, быстрина
>
> **- | j | -**: жилой - жильё, верховой - верховье, низовой - низовье, неудобье,
> Оренбуржье
>
> **-щин(а)/-чин(а)**: Орлов-щин-а, Смоленщина, Ростовщина; Вологод-чин-а,
> Новгородчина
>
> **-ищ(е)**: овсяный - овсян-ищ-е, рисовище, яровище, моховище

가장 생산적인 접미사는 -ик, -к(а), -щин(а), -ищ(е)이다.

5) 조어 의미 '파생 모어인 형용사에 의해 지칭된 특성의 보유자 - 물질이나 동류의 대상, 현상들의 총체'는 다음과 같은 명사들에 의해서 표현된다.

-к(а): зелёный - зелён-к-а, взрывчатка, сгущёнка, овсянка, газировка, брусчатка, дешёвка

-ин(а): древесный - древес-ин-а, солёный - солонина, дикий - дичина, лепнина, пушнина, всячина, мешанина, псанина

-ятин(а): вкусный - вкусн-ятин-а, тухлятина, пошлятина, серятина

- | j | -: старый - старьё, рваньё, гнильё, сырой - сырьё

-няк: молодой - молод-няк, сухой - сушняк

-ик(а): периодический - период-ик-а, автоматика, синтетика, комбинаторика, пневматика, конкретика

이 조어 의미에서는 접미사 -к(а), -ятин(а), -ик(а)가 가장 생산적이다.

6) 조어 의미 '파생 모어인 형용사에 의해 지칭된 비과정적 특성'은 다음과 같은 접미사를 가지는 명사들에 의해서 표현된다.

-ость: смелый - смел-ость, злость, бледность, мягкость, уязвимость, враждебность, расплывчатость, жизненность, классовость, облачность; свеж-есть, летучесть

-ств(о)/-еств(о): богатый - богат-ств-о, равенство, удальство, неистовство, коварство, удобство, упрямство; убож-еств-о, изящество

-и | j | -: радушный - радуш-ие, плодородие, подобие, величие, усердие, великолепие; здоровый - здоровье

-от(а): быстрый - быстр-от-а, доброта, краснота, пестрота, простота, правота, слепота, теплота, теснота, чистота, широта; нищ-ет-а

-изн(а): белый - бел-изн-а, голубизна, желтизна, кривизна, новизна, дешевизна

> **-ин(а)**: тихий - тиш-ин-а, глубина, величина, ширина, толщина, гущина,
> седина
> **-иц(а)**: разный - разн-иц-а, безвкусный - безвкусица, нелепица, нескладыца,
> разноголосица

이 의미에서는 접미사 -ость를 가지는 명사들이 가장 생산적이며 접미사 -ств(o)
와 -и|j|-도 생산적이다.

접미사 -ость, -от(а), -изн(а), -ин(а)를 가지는 명사들은 일정치 않은, 질적으로
측정 가능한 특성을 의미할 수 있다.

> **-ость, -от(а), -изн(а), -ин(а)**: скорость, влажность, жирность,
> результативность, полнота, кривизна, глубина, толщина

의미 '부정적으로 평가되는 현상으로서 특징'은 생산적인 접미사인 -щин(а)/-чин(а)
에 의해서 표현된다.

> **-щин(а)/-чин(а)**: безалаберный - безалабер-щин-а, компанейщина, группощина,
> обывательщина, уголовщина

의미 '사회·정치적, 사상적, 학술적 또는 미적 방향으로서 특성, 사고방식, 경향'
은 생산적인 접미사 -изм에 의해 표현된다.

> **-изм**: исторический - истор-изм, гуманизм, универсализм,
> интернационализм, объективизм, олимпизм

'약간 나타나는 특성'의 의미는 다음과 같은 생산적인 접미사에 의해 표현된다.

> **-инк(а)**: хитрый - хитр-инк-а, лукавинка, горчинка, кислинка, упряминка,
> глупинка
> **-ц(а)/-ец(а)**: сырой - сыр-ц-а, прохладный - прохладца, ехидный - ехидца;

хитрый - хитр-ец-а

조어 의미 '특성의 보유자'를 가지는 명사 중에는 다음과 같이 부차적인 의미를 나타내는 명사들도 있다.

1) 특성의 보유자 - 대상, 현상, 행동, 사건, 상황, 말이나 표현:
   редкость, древность, пошлость, грубость, случайность, закономерность
2) 특성의 보유자 - 장소, 공간:
   выпуклость, помятость, потёртость, пустота, мерзлота, высота, крутизна
3) 특성의 보유자 - 동류의 대상이나 사람의 총체:
   наличность, юность, богатство, иностранщина, беднота, мелкота
4) 특성의 보유자 - 개별적인 사람:
   знаменитость, ничтожество, темнота

9.1.1.3. 명사로부터 파생된 명사

명사에서 접미사 첨가에 의해 파생된 명사들은 공통의 조어 의미 '대상적 특성의 보유자'를 나타내는 그룹과 제한적인 조어 의미를 가진 그룹이 서로 대비된다.
첫 번째 그룹에 속하는 명사들은 다음과 같은 네 개의 의미 그룹으로 다시 세분된다.

1) 사람, 동물, 도구, 기구	2) 장소
3) 물질	4) 추상적 의미

조어 의미의 제한적인 변화의 본질은 파생어가 파생 모어의 기본적인 어휘적 의미와 품사로서의 의미는 유지한 채, 어떤 부가적인 의미 요소를 얻는 데 있다. 접미사 첨가에 의해 파생된 명사에서 다음의 의미들이 이와 관련된다.

1) 여성성	2) 미성숙성	3) 유사
4) 집합성	5) 단일성	6) 주관적 평가
7) 문체적 변화		

9.1.1.3.1. 공통의 조어 의미 '대상적 특성의 보유자'를 가지는 단어들

1) 사람, 동물, 도구, 기구의 의미를 가지는 단어

(1) '자신들의 행위의 대상, 도구, 장소, 활동성과 관련된 사람'의 의미는 다음과 같은 접미사를 가지는 명사들에 의해서 표현된다.

> **-ник/-атник**: фокус - фокусник, вестник, сапожник, балалаечник, двоечник, взяточник, путник, грибник; голуб-ятник, кошатник, медвежатник
>
> **-щик/-чик**: табун - табун-щик, мороженщик, гардеробщик, экскаваторщик; буфет-чик, водопроводчик, миномётчик, аппаратчик
>
> **-ист**: трактор - трактор-ист, журналист, капикатурист, очеркист, гитарист, велосипедист, шашист, аквалангист, архивист
>
> **-ант**: музыка - музык-ант, курсант, оркестрант, диссертант, дипломант, экскурсант, дуэл-янт
>
> **-ёр**: комбайн - комбайн-ёр, билетёр, шахтёр, киоскёр, хроникёр; сенат-ор, реквизитор
>
> **-ер/-онер/-ир**: костюм - костюм-ер, миллионер; пенсия - пенси-онер, милиционер, коллекционер; бригада - бригад-ир, банкир, кассир
>
> **-арь**: виоград - виоград-арь, аптекарь, библиотекарь; ворота - вратарь
>
> **-ач**: скрипка - скрип-ач, трубач; трюкач, рифмач, циркач, фирмач

이 의미에서 가장 생산적인 접미사는 -ник, -щик, -ист이다.

(2) 의미 '지역, 국가, 또는 촌락과 관련된 사람'은 다음과 같은 접미사들에 의해서 표현된다.

> **-ян-ин/-чан-ин**: Север - север-ян-ин, хуторянин, волжанин, киевлянин, иркутянин, египтянин; Ростов - ростов-чан-ин, тюменчанин, минчанин, свердловчанин, кировчанин
>
> **-ич**: Москва - москв-ич, Омск - омич, томич, пскович, костромич

-як: Тула - тул-як, пермяк, пензяк, сибиряк, поляк

접미사 -ян-ин /-чан-ин은 생산적이다.

(3) 의미 '활동 영역, 사회적이거나 학술적인 방향에 대한 소속성, 행위, 특성, 상태, 경향과 관련된 사람'은 다음과 같은 접미사를 가진 명사들에 의해서 표현된다.

-ист: пропаганда - пропаганд-ист, связист, массажист, шантажист, аферист, футболист; туризм - турист, оптимист, марксист, идеалист, пацифист, оппортунист; экономика - экономист, методист; геодезия - геодезист, полиграфист

-ик: химия - хим-ик, историк; ботаника - ботаник, логик, техник, политик, практик; сатира - сатирик, меланхолия - меланхолик, цинизм - циник, фанатик; подагра - подагрик, гипертония - гипертоник, ревматизм - ревматик

-ник: охота - охот-ник, разбойник, проказник, розыскник, завистник, помощник

-щик/-чик: сварка - свар-щик, сыск - сыщик, забастовщик; налад-чик, добыча - добыт-чик, сдатчик

-ец: снабжение - снабжен-ец, сопротивленец, просвешенец, примиренец, перерожденец, приспособленец

-атор: ирригация - ирриг-атор, навигатор, мультипликатор, реаниматор, провокатор

-ёр: монтаж - монтаж-ёр, вивитёр, боксёр; литература - литерат-ор, архитектор, скульптор

-онер: селекция - селекци-онер, оппозиционер, реакционер, революционер

가장 생산적인 접미사는 -ист, -ик, -ник이다. 접미사 -щик, -атор, -ец는 -ка, -ение, -ация로 끝나는 파생 모어에 의해 생산성이 제한된다.

(4) '파생 모어에 의해 지칭된 사람의 아버지'의 의미는 다음 접미사를 가지는 명사들에 의해서 표현된다.

-ич/-ович: Кузьма - Кузьм-ич, Ильич, Лукич, Никитич; Петр - Петрович, Иванович, Николаевич

(5) 의미 '두드러진 육체적 특성을 가지는 생물(사람이나 동물)'의 의미는 다음과 같은 비생산적인 접미사들에 의해 표현된다.

-ан: уши - уш-ан, лоб - лобан, голован, пузан, горлан
-ач: борода - бород-ач, усы - усач, космач, рогач

(6) 의미 '파생 모어에 의해 지칭된 것과 관련되는 동물'의 의미는 다음과 같은 접미사에 의해서 표현된다.

-ник/-ятник: рябина - рябин-ник, древесинник, ручейник; теререв-ятник, перепелятник, голубятник

이 의미에서 접미사 -ник은 생산적이다.

(7) 의미 '어떤 것과의 관계에 의해 특징지어지는 비활성적 대상, 도구, 기구'의 의미는 다음과 같은 접미사를 가지는 명사들에 의해서 표현된다.

-ник: уголь - угольник, градусник, горчичник, ценник, локотник
-атор: культивация - культив-атор, локатор, ингалятор, импульсатор
-ёр: тренаж - тренаж-ёр, компрессия - компрессор, контактор, микропроцессор, массажёр

2) '파생 모어인 명사에 의해 지칭된 장소'의 의미를 가지는 명사

(1) '사람이나 대상을 담고 있는, 사람이나 대상을 위한 장소'의 의미는 다음과 같은 접미사를 가지는 명사들에 의해서 표현된다.

-ник/-атник: корова - коровник, обезьянник, птичник, муравейник, ледник; кролик - крольч-атник, курятник, страусятник, оленятник

-н(я)/-ятн(я): колокол - колоколь-н-я, пекарь - пекарня, конюхконюшня, слесарь - слесарня, кофе - кофейня; голубь - голуб-ятн-я

이 의미에서는 접미사 -ник이 생산적이다.

(2) '무엇을 담기 위한 용기(그릇)'의 의미는 다음과 같은 생산적인 접미사를 가진 명사들에 의해서 표현된다.

-ниц(а): сахар - сахар-ниц-а, чернильница, хлебница, мыльница, пепельница, конфетница

-ник: молоко - молоч-ник, чайник, кофейник, сливочник, бумажник, очечник, этюдник, монетник

(3) '무엇을 포함하고 있는 공간, 영토'의 의미는 다음과 같은 생산적인 접미사에 의해서 표현된다.

-ник: лёд - ледник, рудник, ельник, цветник, осинник, малинник, виноградник, могильник

-няк: дуб - дуб-няк, березняк, ивняк, сосняк

이 두 접미사를 가진 명사들은 부차적으로 집합적 의미 '파생 모어에 의해 지칭된 동일한 대상들의 총체'를 나타낸다.

ельник, маллинник, березняк

(4) '무엇이 있거나 일어나는 장소, 공간'의 의미는 다음과 같은 생산적인 접미사에 의해서 표현된다.

-ище: пастьба - пастб-ищ-е, пожар - пожарище, пепелище, городище, кострище, картофелище, клеверище

(5) 의미 '파생 모어에 의해서 지칭된 국민들이 사는 국가, 영토'는 다음과 같은 생산적인 접미사를 가지는 명사들에 의해 표현된다.

-и | j | -: болгары - Болгар-ия, Румыния, Киргизия, Татария, Словакия, Скандинавия, Океания

(6) 의미 '무엇을 재배하거나 연구하기 위한 장소, 공간, 배양소'는 다음과 같은 생산적인 접미사를 가지는 명사들에 의해서 표현된다.

-арий: роза - роз-арий, планетарий, пальмарий, лимонарий, дельфинарий, фазанарий

(7) '누군가에 의해 영도되거나 누군가로 구성되는 기관(공공시설)'의 의미는 다음과 같은 접미사를 가지는 명사들에 의해서 표현된다.

-ств(о)/-еств(о): министр - министер-ств-о, посольство, аббатство, агенство; лесничий - леснич-еств-о, земляк - землячество
-ат/-иат: ректор - ректор-ат, деканат, директорат, епископат; комиссар - комиссар-иат, секретарь - секретариат
-ур(а)/-атур(а): перпект - перфект-ур-а, регистратор - регистрат-ур-а; комендант - коменд-атур-а, прокурор - прокур-атур-а

이 의미에서는 접미사 -ств(о)와 -ат가 생산적이다.

3) '파생 모어인 명사에 의해 지칭된 물질, 재료'의 의미를 나타내는 명사

(1) 의미 '음식으로서 동물의 고기'는 다음과 같은 생산적인 접미사를 가지는 명

사들에 의해서 표현된다.

> **-ин(а)**: свинья - свин-ин-а, баранина, оленина, осетрина, лососина; телёнок(телята) - телят-ин-а, мертвец - мертвечина
> **-ятин(а)**: гусь - гус-ятин-а, курятина, утятина, медвежатина, зайчатина

(2) 의미 '어떤 대상이나 물질에 대한 관계에 의해 특징지어지는 물질, 재료'의 의미는 다음의 생산적인 접미사에 의해 표현된다.

> **-ин**: кофе - кофе-ин, ванилин, эмульсин, сахарин, ватин

무엇에 대한 관계에 의해 특징지어지는 광물, 합금 및 다른 물질들의 명칭에는 생산적인 접미사 -ит가 사용된다.

> кварц - кварц-ит, фосфорит, кальцит, соломит, гранулит

이 접미사는 또한 어떤 사건이나 사람, 지리적 대상을 존경하여 붙여진 광물이나 합금의 명칭에도 사용된다.

> победит, ереванит, гагаринит

4) 추상적인 의미를 가지는 명사

(1) 의미 '일의 영역, 어떤 사람의 상태나 행동, 또한 그러한 사람에 의해 나타나는 정치·사회적, 학술적, 종교적 또는 다른 방향'은 다음과 같은 접미사를 가지는 명사들에 의해서 표현된다.

> **-изм**: патриот - патриот-изм, скептик - скептицизм, католицизм, героизм, артистизм, паразитизм, демократизм, педантизм, дилетантизм; дарвинизм, марксизм, ленинизм, байронизм, фрейдизм, буддизм

> **-ик(а)**: педагог - педагог-ик-а, нумизматика, гимнастика, журналистика, криминалистика, космонавтика
>
> **-и | j | -**: агроном - агроном-ия, ветеринария, хирургия, дипломатия, драматургия, демагогия, психопатия
>
> **-аж**: арбитр - арбитр-аж, шпионаж, подхалимаж
>
> **-ад(а)**: клоун - клоун-ад-а, арлекинада, робинзонада
>
> **-ств(о)/-еств(о)**: кокетка - кокет-ств-о, подданный - подданство; зодчий - зодч-еств-о, художник - художество, невежда - невежество, неряха - неряшество

여기서는 접미사 -изм, -ик(а), -и | j | -가 생산적이다.

(2) 의미 '사회·정치적, 학술적, 이념적, 미적 방향, 어떤 것에 대한 경향에 근거한 사고 및 행동 방식, 질병'은 다음 접미사를 가진 명사에 의해 표현된다.

> **-изм**: мистика - мистиц-изм, символизм, терроризм, карьеризм, реваншизм, генемонизм, алкоголизм, вещизм

(3) 의미 '직업 분야, 어떤 것의 대상이 되는 학문 영역 및 과학'은 다음과 같은 생산적인 접미사에 의해서 표현된다.

> **-изм**: автомобиль - автомобил-изм, авиамоделизм, парашютизм
>
> **-ик(а)**: метод - метод-ик-а, система - системат-ик-а, информация - информа-тик-а
>
> **-и | j | -**: телеграф - телеграф-ия, телескопия, кинематография

(4) 의미 '누구나 무엇의 지배하에 있거나 그 존재에 근거한 사회 체계'는 다음과 같은 접미사를 가진 명사들에 의해서 표현된다.

> **-изм**: царь - цар-изм, феодализм, капитализм, монополизм, деспотизм

> **-и ǀ j ǀ -**: монарх - монарх-ия, тирания, бюрократия
>
> **-ат**: султан - султан-ат, эмират, халифат, патронат, патриархат
>
> **-ур(а)**: диктатор - диктат-ур-а, адвокатура, доцентура, аспирантура, адъюнктура, докторантура, ординатура

(5) 의미 '어떤 대상이나 현상과 관련되는 행위나 상태'는 다음의 접미사를 가지는 명사들에서 나타난다.

> **-овк(а)**: процент - процент-овк-а, буртовка, скреперовка; жребый - жере ǀ б'јоv ǀ к-а
>
> **-овани ǀ j ǀ -/-ирови ǀ j ǀ -**: дождь - дожд-евание, дрожжевание, валкование, бороздование, моржевание
>
> **-аци ǀ j ǀ -/-изаци ǀ j ǀ -**: рубрика - рубрик-ация, капсуляция, индексация; маршрут-изация, контейнеризация

이 접미사들의 생산성은 파생 모어인 동사가 없는 경우에, 명사로부터 직접 행위의 의미를 가지는 명사들의 형성 가능성에 의해 규정된다.

(6) 의미 '어떤 것의 발병 또는 어떤 것에서 나타나는 질병'은 다음의 접미사에 의해 표현된다.

> **-оз**: психика - псих-оз, тромб - тромбоз, лейкоцитоз; фурункулёз
>
> **-ит**: бронх - бронх-ит, трахеит, плеврит, артериит

(7) 의미 '어떤 것과 관련되거나 또는 누구, 무엇을 기념하여 지칭된 대중적 스포츠 경기'는 다음 접미사를 가지는 명사들에 의해 표현된다.

> **-иад-а**: университет - универс-иад-а, Олимп - Олимпиада, Спартак - Спартакиада, Балканы - Балканиада, альпинизм - альпиниада

(8) 집합적인 의미 '어떤 역사적 인물에 바쳐진 작품의 총체'는 다음 접미사를 가진 명사들에 의해 표현된다.

■ **-иан(а)**: Ленин - Ленин-иан-а, Пушкиниана, Гоголиана, Шекспириана

9.1.1.3.2. 제한적 의미를 가지는 단어들

다음과 같은 명사들은 '여성성'(женскость)의 의미를 가진다.

1) 성에 무관하게 남성이나 사람의 의미를 가지는 남성 명사로부터 파생된, 여성의 의미를 가지는 여성 명사
2) 동물 수컷의 명칭에 의해 파생된 동물 암컷의 명칭

1) '여성인 사람'을 나타내는 의미는 다음과 같은 생산적인 접미사들에 의해서 표현된다.

-к(а)/-овк(а)/-анк(а)/-ичк(а): скрипач - скрипач-ка, соседка, пионерка, пассажирка, артистка, комсомолка, горожанка, москвичка, грузинка, спортсменка, лентяйка; плут - плут-овк-а, мотовка, чертовка; грек - греч-анк-а, турчанка, горянка, китаянка, француженка, черкешенка, нищенка; биолог - биолог-ичк-а, географичка, астрономичка

-иц(а): мастер - мастер-иц-а, любимец - любимица, певица, страдалица, красавица; работник - работница, художница, крановщик - крановщица, закройщица, буфетчица

-ниц(а): свидетель - свидетель-ниц-а, учительница, слушательница, обладательница

-их(а): повар - повар-их-а, ткачиха, портниха, пловчиха; трусиха, франтиха, сторожиха

-ш(а): кассир - кассир-ш-а, секретарша, курьерша, музыкантша, библиотекарша, редакторша

- | j | -: шалун - шалунья, прыгунья, бегунья, болтунья, лгунья, гостья

-ин(я): герой - геро-ин-я, монахиня, рабыня, богиня, барыня

-есс(а): поэт - поэт-есс-а, принцесса, патронесса, стюардесса

-н(а)/-иничн(а): Петрович - Петров-н-а, Яковлевич - Яковлевна, Никитин - Никитична; Ильич - Иль-иничн-а, Кузьмич - Кузьминична

의미 '동물의 암컷'은 다음의 접미사를 가진 명사들에 의해서 표현된다.

-их(а): заяц - зайч-иха, слониха, крольчиха, олениха, воробьиха

-иц(а): тигр - тигр-иц-а, львица, верблюдица, медведица, волчица, буйволица

-к(а): голубь - голуб-к-а, глухарка, перепёлка, индюк - индюшка, самец - самка, теленёк과 телок - тёлка

이 의미에서는 접미사 -их(а)가 생산적이다.

2) 의미 '미성숙성'은 다음과 같은 접미사를 가지는 두 부류의 명사들에 의해서 표현된다.

(1) 동물의 새끼를 지칭하는 명사: слон - слон-ёнок, слон-ят-а; лисёнок, утёнок, орлёнок, котёнок, медвежонок, мышонок, зверёнок

(2) 국가나 사회 계층에 소속된 아이들, 업무상 관련된 아이들의 명칭: цыган - цыган-ёнок, китайчонок, поварёнок, пастушонок, внучонок; татарин - татар-чонок, арапчонок, барчонок

이 두 그룹에서는 접미사 -ёнок -чонок, -ят(а)(복수)가 생산적이다. 동물의 새끼를 지칭하는 경우에는 비생산적인 접미사 -ёныш도 관련된다.

-ёныш: зверь - зверёныш, змеёныш, гадёныш, ужоныш

3) 의미 '유사성'은 파생 모어에 의해 지칭된 대상과 외형상, 또는 기능상 유사한 대상을 지칭하는 명사들에 의하여 표현된다. 이러한 의미는 생산적인 접미사

-ок/-ик, к(а), -к(о)/-ышк(о)/-ик(о), -ик(и)(복수)에 의해 표현된다.

> **-ок/-ик**: нос - нос-ок, нос-ик, пятак - пятачок, гриб - грибок
> **к(а)**: нога - нож-к-а, стрела - стрелка, лисица - лисичка, щека - щёч-ка, дым - дымка, лимон - лимонка
> **-к(о)/-ышк(о)/-ик(о)**: ухо - уш-к-о, горло - горл-ышк-о
> **-ик(и)**: плечи - плеч-ик-и

의미 '형태나 위치상 어떤 것과 유사한 돌출부나 어떤 대상의 부분'은 비생산적인 접미사 -овин(а)에 의해서 표현된다.

> **-овин(а)**: котёл - котл-овин-а, седло - седловина, горло - горловина, сердце - сердцевина

학술 용어에서 유사의 의미는 또한 생산적인 접미사 -оид에 의해서 표현된다.

> **-оид**: сфера - сфер-оид, планетоид, эллипсоид, кристаллоид

4) '집합성, 동류의 사람 및 대상들의 총체'의 의미는 다음과 같은 접미사를 가지는 명사들에 의해서 표현된다.

> **-ств(о)/-еств(о)**: офицер - офицер-ств-о, славянство, воинство, рыцарство, крестьянство, дворянство; человек - человеч-еств-о, юношество, казачество
> **-н(я)**: ребята - ребят-н-я, малышня; солдатня, шоферня, матросня
> **-и | j | -**: брат - брат-ия, интеллигент - интеллигенция, буржуа - буржуазия, аристократия, пионерия
> **- | j | -**: зверь - зверьё, тряпка - тряпьё, сук - сучьё, вороньё, комарьё, дурачьё
> **-ур(а)/-атур(а)**: клиент - клиент-ур-а, агентура, аппаратура; мускул-атур-а
> **-ик(а)**(비활성 명사에 의해 파생될 경우): метод - метод-ик-а, проблема - проблемат-ик-а, тематика, символика; строфика, мелодика, синонимика

-аж(어떤 척도로 잴 수 있는 단위들의 총체의 명칭에서): метр - метр-аж, тоннаж, литраж, листаж, километраж, волтаж

5) '단일성'의 의미는 다음과 같은 명사들에 의해서 표현된다.

(1) 물질, 재료의 의미나 이 물질의 한 덩어리의 의미를 가지는 명사로부터 파생된 명사들

-ин(а): горох - горош-ин-а, виноградина, картофелина, мармеладина, бусина, соломина, макаронина

-к(а): карамель - карамель-к-а, редис - редиска, чешуйка, морковка, малинка, щетинка

(2) 짝을 이루는 대상과 이 대상을 구성하는 동일한 부분 중의 한 부분을 지칭하는 명사로부터 파생된 명사들

-ин(а): лёд - льд-ин-а, тканина, железина

-к(а): бумага - бумаж-к-а, железка, резинка, шоколадка, фанерка, ватка

(3) 단일성 의미의 변이형은 다음과 같은 접미사에 의해 표현된다:

штаны - штанина, брючина, воротина

лыжи - лыжина, рельсы - рельсина

또한 접미사 -инк(а)는 첫 번째 그룹의 변이형으로서만 사용되는데, 이 경우 '대상의 작은 크기'의 뉘앙스를 수반한다.

-инк(а): икра - икр-инк-а, снежинка, песчинка, пушинка, чаинка, крупинка, соринка

6) 지소, 애칭, 비칭, 지대적 의미는 주관적인 평가에 관련된다. 지소적 의미는 크기가 작은 정도나 대상에 두드러진 특성이 나타나는 정도에 따라 대상을 평가한다. 또 애칭적, 비칭적 의미는 여기에서 가장 다양한 뉘앙스와 함께 평가되는 대상을 긍정적 또는 부정적으로 특징짓는다. 그리고 지소 의미는 흔히 애칭적, 비칭적 의미와 동일한 단어에서 함께 나타난다. 지소-애칭적 또는 지소-비칭적 의미는 (가

끔은 지소적, 애칭적, 비칭적 의미만 각각 별도로) 다음과 같은 생산적인 접미사들에 의해 표현된다.

> **-ок/-ик/-чик**: город - город-ок, островок, грибок, сынок, пиджачок, Игорёк, звоночек, телёночек; садик, прутик, мячик, коврик, зайчик, зубчик; саряйчик, рукавчик, костюмчик, стульчик, стаканчик
>
> **-к(а)/-очк(а)**: гора - гор-к-а, шубка, берёзка, птичка, сиротка, игрушечка, ночка, неделька; ваза - ваз-очк-а, звёздочка, лампочка, кофточка, тумбочка, мамочка, дядечка, Ниночка, Ванечка
>
> **-к(о)/-ышк(о)/-ечк(о)/-ик(о)**: облако - облач-к-о, кольцо - колеч-к-о, окно - окош-к-о, яблочко, молочко; гнездо - гнёзд-ышк-о, горлышко, солнышко, пятнышко; время - врем-ечк-о, семечко, утречко; местечко; колесо - колёс-ик-о, личико, плечико
>
> **-к(и)/-ик(и)/-чик(и)**: дети - дет-к-и, ребятки, козлятки, денежки, брючки, сливочки, саночки, ножнички; щипцы - щипчи-ик-и, часики, джинсики; шаровары - шаровар-чик-и

접미사적 형태소 -ок/-ик, -к(а), -к(о), -к(и)는 또한 지소-애칭적인 표현을 강화해주는, 이차적인 접미사 첨가의 수단으로 사용된다.

> голосок - голосоч-ек, ковщик - ковшич-ек; старуш-ка - старушеч-к-а, сестрица - сестрич-к-а, полянка - по-ляноч-к-а; окошко - окошеч-к-о; детки - дет-оч-к-и

> **-ец**: брат - брат-ец, морозец, хлебец, рассказец, характерец, сюжетец
>
> **-иц(а) /-ц(а)**: вещь - вещ-иц-а, рощица, землица, сестрица, водица; дверь - двер-ц-а, крепостца, ленца, хрипотца
>
> **-ц(о)-ец(о)**, (역점 없는 어미에서) **-ц(е)/-иц(е)**: слово - слов-ц-о, мясцо, озерцо, дельце, мыльце, болотце, оконце; письмо - письм-ец-о, ружьецо, пальтецо, платьице, маслице, растеньице
>
> **-ц(ы), -ц(а)**: сены - сен-ц-ы, ворота - ворот-ц-а, перила - перильца

지소-비칭적, 그리고 드물게 지소-애칭적 의미는 다음과 같은 생산적인 접미사들에 의해 표현된다.

-ишк-: лгун - лгун-ишк-а, зайчишка, человечишка, мальчишка, сынишка, шалунишка; мысль - мыслишка, страстишка; город - городишко, домишко, умишко; дрова - дровишки, штанишки, денжишки, ребятишки, делишки

-ушк(а): комната - комнат-ушк-а, избушка, горушка, речушка, девчушка, церквушка; зверь - зверюшка와 зверушка, сараюшка, домушка

-онк-: собака - собач-онк-а, лошадёнка, силёнка, работёнка, девчонка, старушонка, сестрёнка, ручонка, тысчонка; старик - старичонка, мальчонка; деньги - деньжонки, стишонки, глазёнки

-ёшк(а): рыба - рыб-ёшк-а, работёшка, комнатёшка, бабёшка

애칭적 의미는 다음의 접미사들에 의해 표현된다.

-еньк-: дочь - доч-еньк-а, ручьенька, ноченька, реченька, подруженька, берёзонька, лисонька, Катенька, Веронька; папенька, Серёженька; волосоньки, зубоньки

-ушк-: голова - голов-ушк-а, зимушка, матушка, тётушка, вдовушка, хозяюшка, Аннушка; сосед - соседушка, дядюшка, соловушка, скворушка, Володюшка; поле - полюшко, горюшко; дети - детушки, ребятушки

-ул(я): папа - папу-ул-я, мамуля, бабуля, сынуля, детуля, Нинуля, Сашуля;

-ун(я): дед - дед-ун-я, бабуня, Веруня, Машуня, Петюня

-ус-я: мама - мам-ус-я, папуся, бабуся, дедуся, Манюся, Колюся

-уш-а: Андрей - Андр-юш-а, Павлуша, Катюша, Лидуша

-аш(а): папа - пап-аш-а, мамаша, Маняша, Любаша

-ан-я: папа - пап-ан-я, маманя, бабаня, Васяня, Федяня

지대적인 의미는 다음과 같은 생산적인 접미사들에 의해서 표현된다.

-ин(а): дом - дом-ин-а, голосина, зверина, холодина, дурачина; рыбина, тыквина

-ищ-: рука - руч-ищ-а, лапища, жарища, пылища, теснотища, скучища; волк - волчище, дружище, человечище, голосище, домище, умище; вино - винище

7) 다음의 접미사들은 파생어의 의미에는 변화 없이, 그것을 낮은 문체(주로 구어나 속어)의 어휘로 바꿈으로써 문체적인 변화를 표현한다.

-к(а)/-шк(а): колено - колен-к-а, столовая - столов-к-а, середина - серёд-к-а, картошка, гармошка, печёнка, жакетка, браслетка, нянька; кино - кино-шк-а

고유 명사와 친족어로부터 형성된 명사의 경우에는 친밀성의 뉘앙스를 수반한다: папа - папка, мама - мамка, Саша - Сашка, Ванька, Машка, Анютка, Андрейка.

-ин(а): яма - ям-ин-а, ухабина, плешина; скот - скотина; животное - животина, старичина, уродина; молодец - молодчина

-яг(а): плут - плу-яг-а, штормяга, коняга, молодчага

-юг(а): вор - вор-юг-а, зверюга, холодюга, речуга

-ух(а): комната - комнат-ух-а, Веруха, Митюха

-ах(а): птица - пт-ах-а, деваха, Ваняха

-ёх(а): дурёха, Настёха

-енци | j | -: штука - штук-енция, старушенция, книженция, бумаженция, чепухенция

9.1.2. 영 접미사 첨가에 의한 명사

1) 의미 '파생 모어인 동사에 의해 지칭된 추상적 행위(상태)'는 영 접미사를 가지는 다음의 명사에 의해 표현된다.

(1) 남성 1식 변화 명사: пускать - пуск, ходить - ход, расти - рост, визжать - визг, лепет, розыск, осмотр, поджог, принос, вздох, обман, подогрев

(2) 여성 2식 변화 명사: менять - мен-а, замена, смена, плата, доплата, трата, затрата, похвала, потеря, встреча, кража, защита, пощада

(3) 여성 3식 변화 명사: дрожать - дрожь, хворь, ложь, лесть, течь

(4) 복수 명사(반복적으로 길게 수행되는, 또는 많은 주어에 의해 수행되는 행위): переговаривать - переговор-ы, пересуды, расспросы, толки, роды, хлопоты, побои, проводы, похороны

여기에서 1식 변화 남성 명사가 생산적인데, 이 중 다수의 명사들은 행위의 의미 외에, 다음과 같은 부차적인 의미를 가진다.

(1) 행위의 도구, 장치: зажим, слив

(2) 행위의 대상과 결과: отвал, расплав, выем, вырез, подкоп

(3) 행위의 장소: проход, ход, загон, выгон

2) 의미 '사람 - 행위자'는 통성 2식 변화 명사들에 의해서 표현된다.

заикаться - заик-а, задира, рёва, растеря, притвора, обжора, подлиза, пролаза, разиня

이 유형의 명사들은 생산적이며 주로 표현·평가적 어휘에 속한다.

3) 의미 '행위의 대상과 결과'는 여성 3식 변화 명사에 의해 표현된다.

обувать - обувь, прорубь, насыпь, прорезь, примесь, накипь, обрезь

4) 의미 '파생 모어인 형용사에 의해 지칭된 추상적인 특성'은 다음과 같은 영 접사 명사들에 의해서 표현된다.

(1) 여성 3식 변화: синий - синь, широкий - ширь, горький - горечь, зелень, удаль, гдаль, рань, глушь, тишь, сушь

(2) 남성 1식 변화: серьёзный - серьёз, интимный - интим, наивный - наив, примитивный - примитив

3식 변화 명사들은 다음과 같은 부차적인 의미를 가진다.

(1) 특성의 보유자 - 동류의 대상의 총체나 물질: сушь, зелень, гниль, прель, заумь

(2) 특성의 보유자 - 장소, 공간: ширь, глушь, глубь,高ысь, даль, синь

남성 1식 변화 명사도 다음과 같은 부차적인 의미를 가진다.

(1) 특성의 보유자 - 사람: интеллектуальный - интеллектуал, оригинал, нейтрал, корабель, хроник, огнеупорный - огнеупор, противогазовый - противогаз, мемориал, факультатив, эластик, пластик, антисептик, ультрафиолет, неликвид

(2) 특성의 보유자 - 도시(-ский, -цкий로 끝나는 형용사에서 파생된 도시 명칭): волжский - волжск, Донецк, Приморск, Североморск, Ангарск, Балтийск, Комсомольск, Советск

5) 의미 '어떤 특성을 특징으로 하는 보편적 개념'은 중성 1식 변화 명사에 의해서 표현된다.

добрый - добр-о, зло, благо, тепло, лихо

6) '여성성'의 의미는 영 접사에 의해 남성 명사로부터 파생된, 여성인 사람을 지칭하는 다음의 명사들에서 나타난다.

(1) 2식 변화 명사: супруг - супруг-а, кум - кума, раба, синьора, госпожа

(2) 형용사적 변화 명사: больной - больная, русская, заведующая, дежурная, вожатая, звеньевая

(3) 소유적 변화: Иванов - Иванова, Никитин - Никитина

9.1.3. 접두사 및 접두사-접미사 동시 첨가에 의한 명사

9.1.3.1. 접두사 첨가에 의해 파생된 명사

1) '파생 모어에 의해 지칭된 것의 부재나 반대'의 의미는 다음의 접두사에 의해서 표현된다.

не-: правда - не-правда, непорядок, неуспех, неудача, нелюбовь, неплатёж
анти-: циклон - анти-циклон, античастица, антиискусство, антигерой; антимилитаризм, антикоммунизм
де-/дез-: монтаж - де-монтаж, демилитаризация, демобилизация, дез-организация, деэскалация
дис-: гармония - дис-гармония, диспропорция, дисквалификация, дискомфорт

2) '어떤 대상이나 현상에 대한 반대'의 의미는 다음의 접두사에 의해 표현된다.

анти-: тезис - анти-тезис, антикритика
противо-: действие - противо-действие, противотечение, противоракета
контр-: атака - контр-атака, контрудар, контрпредложение, контрмера, контрдовод, контрразведка

3) (파생 모어에 의해 지칭된 보통의 속성을 상당히 능가하는 대상이나 특성을 지칭하는 단어들에서) '지대'의 의미는 다음의 접두사에 의해 표현된다.

сверх-: прибыль - сверх-прибыль, сверхчеловек, сверхскорость, сверхусилия
супер-: танкер - супер-танкер, суперэкспресс, суперкласс, супермарафон

ультра-: реакционер - ультра-реакционер, ультрамикроскоп, ультрамода

архи-: плут - архи-плут, архиподлец

4) '무엇보다 아래에 있거나 극히 가까이 있는 어떤 것'의 의미는 다음의 접미사에 의해 표현되는데, 가끔 '무엇 뒤에 숨겨진 어떤 것'의 뉘앙스를 수반한다.

под-: заголовок - под-заголовок, подворотничок, подпол, подоснова, подсознание, подтекст

суб-: титры - суб-титры, субтропики, субстратосфера, Субарктика

5) '종속성'의 의미는 다음의 접두사에 의해서 표현된다.

под-: группа - под-группа, подкласс, подстанция, подсистема, подпрограмма, подполковник, подштурман

суб-: континент - суб-континент, субаренда, субмикрон, субинспектор

6) '서열이나 칭호, 직무상 두 번째'의 의미는 접두사 вице-에 의해서 표현된다.

вице-: президент - вице-президент, вицеадмирал, вице-консул, вице-чемпион

7) '이전'의 의미는 접두사 экс-에 의해 표현된다.

экс-: чемпион - экс-чемпион, экс-президент, экс-министр, экс-рекордсмен

8) 의미 '행위나 현상의 반복성'은 다음의 접미사에 의해서 표현된다.

пере-: выборы - пере-выборы, перерегистрация, перерасчёт, перестыковка, перезаезд

ре-: организация - ре-организация, ремилитаризация, ретрансляция, реэкспорт

9) '어떤 것의 근원성, 고대성'은 다음의 접두사에 의해서 표현된다.

> **пра-**: родина - пра-родина, праязык, праистория, праславяне
> **прото-**: история - прото-история, протозоология, прототип

접두사 пра-는 직계 친족의 먼 정도를 나타내기도 한다.

> **пра-**: дед - пра-дед, прабабушка, правнук, прародитель

10) (다른 그러한 대상, 현상과 상호 관계에 의해 하나가 된 사람, 대상, 현상의 지칭에서) '공동'의 의미는 접두사 co-에 의해서 표현된다.

> **co-**: автор - со-автор, сорежиссёр, сограждане, сопредседатель, соучастие,
> сомножитель

9.1.3.2. 접두사와 접미사 동시 첨가에 의해 형성된 명사

접두사와 접미사 동시 첨가에 의해 명사에서 파생된 명사에서는 다음과 같은 접두사가 나타난다.

1) 무엇의 부재나 반대 방향: без-, анти-
2) 공간적, 시간적 의미: за-, меж-(между-), на-, над-, по-, под-, пред-, при-
3) 공동의 의미: со-

그리고 이때 생산적인 접미사로는 -и｜j｜- (-｜j｜-), -ник, -иц(а), -ин, -итель을 들 수 있다.

1) '어떤 것의 부재에 의해서 특징지어지는 현상, 상태'의 의미는 조어 수단 без-...-и｜j｜-(-｜j｜-), без-(бес-)...-иц(а)를 가지는 명사들에 의해서 표현된다.

без-...-и | j | -(- | j | -): вера - без-вер-ие, безветрие, безводье, безденежье, безлюдье

без-(бес-)...-иц(а): без-вкус-ица, безработица, бескормица, бессмыслица

2) '무엇에 반작용하는 수단(주로 물질)'의 의미는 조어 수단 анти-... -ин, анти-...-итель을 가진 명사들에 의해서 표현된다.

анти-... -ин: грипп - анти-грипп-ин, антисклерозин, антиспазмин, антикомарин

анти-...-итель: старение - анти-стар-итель, антиобледенитель, антиокислитель, антивоспламенитель

3) '어떤 것의 뒤, 다른 쪽에 있는 장소, 공간'의 의미는 조어 수단 за-...- | j | -를 가지는 명사들에 의해 표현된다.

анти-...-итель: река - за-речь-е, заплечье, загорье, Заволжье, Зауралье

4) '무엇들 사이의 공간에 위치하거나 시간적으로 그 사이에 일어나는 어떤 것'의 의미는 조어 수단 меж- (между-)...-и | j | - (- | j | -)를 가지는 명사들에 의해서 표현된다.

меж- (между-)...-и | j | - (- | j | -): бровь - меж-бровь-е, гора - межгорье, междугорье, междуречье, между- утье, межвластье, междуцарствие, межсезонье

5) '무엇의 표면에 위치하거나 위치하게 된 대상'의 의미는 조어 수단 на-...-ник 를 가지는 명사들에 의해 표현된다.

на-...-ник: колено - на-колен-ник, наглазник, нагрудник, наконечник, намордник

6) '무엇보다 높이, 또는 위에 있는 장소, 공간의 의미는 조어 수단 над-...-и│j│-(-│j│-)를 가지는 명사들에 의해 표현된다.

▪ **над-...-и│j│-(-│j│-)**: гроб - над-гроб-ие, надбровье, надкрылье, востье

7) '무엇에 가깝게 또는 무엇을 따라 있는 장소'의 의미는 조어 수단 **под-...-│j│-**를 가지는 명사들에 의해 표현된다.

▪ пол - под-поль-е, подземелье, подглазье, поднебесье, московье

8) '무엇의 앞에 있는 장소, 공간이나 시간의 간격'의 의미는 조어 수단 пред-...-и│j│-(-│j│-)를 가지는 명사들에 의해 표현된다.

▪ **пред-...-и│j│-(-│j│-)**: гора - пред-горь-е, предплечье, предсердие, дкарпа-тье, предгрозье, предвечерье, предзимье

9) '무엇에 인접한 장소, 공간'의 의미는 형성소 при-... -│j│를 가지는 명사들에 의해 표현된다.

▪ **при-... -│j│**: море - при-морь-е, прибрежье, Приамурье

10) '무엇에 대한 동일한 관계에 의해 다른 이와 합류한 사람'의 의미는 조어 수단 со-...-ник/-еник을 가지는 명사들에 의해 표현된다.

▪ **со-...-ник/-еник**: беседа - со-бесед-ник, сотрудник, сокомнатник, сокурсник; со-отечеств-енник

11) 의미 '어떤 동일한 대상이나 현상으로 구성된 대상, 현상'은 조어 수단 со-...-и│j│-를 가지는 명사들에 의해 표현된다.

■ **со-...-и | j | -**: звезда - со-звезд-ие, созвучие, соплодие, соцветие

한편 영 접사를 가지는 접두사-접미사 동시 첨가에 의한 명사 중에서는 접두사 не-, про-를 가지는 명사들이 생산적이다.

1) '파생 모어인 동사에 의해 지칭된 행위를 수행할 수 없거나, 그 행위의 영향을 받을 수 없는 사람'의 의미는 접두사 не-와 영 접미사를 가지는 중성 2식 변화 명사에 의해 표현된다.

■ посидеть - не-посед-а, дотронуться - не-дотрог-а, улыбаться - не-улыб-а

2) '파생 모어인 형용사에 의해 지칭된, 불완전하게 나타나는 특성'의 의미는 접두사 про-와 영 접미사를 가지는 여성 3식 변화 명사에 의해 표현된다.

■ седой - про-седь, просинь, прозелень, прожелть

9.1.4. 형용사와 형동사에서 파생된, 형용사처럼 변화하는 명사

1) 형용사와 형동사에서 파생된 형용사적 변화의 남성 명사들은 '특성의 보유자 - 사람'의 의미를 가진다.

больной, взрослый, слепой, военный, партийный, рулевой, дежурный; учащийся, служащий, заведующий, пострадавший, обвиняемый, подчинённый, командированный

2) 형용사로부터 파생된 형용사적 변화의 여성 명사는 '고유한 특성에 따른 장소'를 나타낸다.

> курительная, операционная, перевязочная, приёмная, проходная, душевая, закусочная, чайная, парикмахерская, учительская, диспетучерская

여성 명사들은 또한 다음과 같은 의미를 나타내기도 한다.

> (1) 공식적인 서류, 문서: сопроводительная, накладная, входящая, исходящая, похоронная
> (2) 전체의 한 부분: пятая, десятая, сотая

3) 형용사와 형동사에 의해 파생된 형용사적 변화의 중성 명사는 '보편적으로 파생 모어에 의해 지칭된 특성'을 나타내는 현상을 의미한다.

> новое, старое, далёкое, прекрасное, будущее, прошлое, происшедшее, минувшее, ожидаемое, сказанное, заданное; неизвестное, вычитаемое, трагическое

중성 명사들은 다음과 같이 더 구체적인 의미들도 나타낸다.

> (1) 식품, 약: съестное, сладкое, мороженое, мучное, первое, второе, снотворное, наружное
> (2) 옷 종류: штатское, военное, зимнее, летнее
> (3) 동·식물 세계의 종류(흔히 자연 과학에서 복수 형태로 사용됨): ракообразные, сумчатые, яйцекладущие, осетровые, парнокопытные; бобовые, цитрусовые, однодольные

4) 형용사에서 파생된 형용사적 변화의 복수형 명사는 '고유한 특성에 따른 돈과 지불의 종류'를 나타낸다.

> командировочные, суточные, наличные, премиальные, сверхурочные

5) 명사의 생략에 의해 형성된 형용사적 변화를 하는 명사들은 특별한 위치를 차지한다. 이 명사들은 한정어로서 파생 모어인 형용사나 형동사와 동의적인 어결합을 형성한다. 그리고 이때 수식을 받는 명사들은 생략된다.

> скорый поезд - скорый, выходной день - выходной, сборная команда - сборная, косая линия - косая, майские праздники - майские, русский язык - русский

이러한 명사들은 주로 구어에서 나타난다.

9.1.5. 복합과 접미사적 복합 명사

1) 동일한 독립적인 명사를 기저 요소로 가지는 순수 복합은 어간들의 등위적, 종속적 관계에 의해 특징지어진다.
어간의 종속적인 상호 관계를 나타내는 복합(이 경우 첫 번째 구성 요소는 명사 어간)은 그 특성에 어떤 대상, 현상의 특징을 동시에 가지는 대상을 지칭한다.
ㅌ

> лесостепь, северо-запад, овцебык, носоглотка, лесопарк, железобетон

이 경우 명사의 어간은 첫 번째 구성 요소에서 절단될 수 있다.

> трагикомедия(비교: трагедия)
> веломотоцикл(비교: велосипед)
> автоцистерна(비교: автомобиль)

어간의 종속적인 상호 관계를 나타내는 복합에서 기저 요소의 앞에 오는 요소는 기저 요소에서 나타나는 명사의 의미를 구체화한다. 선행하는 구성 요소로는 주로 명사와 형용사 어간이 나타난다.

звукорежиссёр, птицефабрика, хлебозавод, мировоззрение, кораблекрушение, кинотеатр, метровокзал, радиосвязь; сухофрукты, кривотолки, новостройка, вольнослушатель, взаимопомощь, первоисточник, самокритика

이 경우 첫 번째 요소에서 명사나 형용사 어간은 절단될 수 있다.

авиалиния(비교: авиационный), автотранспорт(비교: автомобильный, автобусный), автопогрузчик(비교: автоматический), зоомагазин(зоологический), изостудия(изобразительное искусство), космоплавание(космос, космический), метеоусловия(метеорологический), мотоспор(мотоциклетный), психоанализ (психика), сейсмостанция(сейсмический), телепередача(телевизионный), фотоаппарат(фотографический), электроприбор(электрический), энергосистема (энергетический)

기저 요소에 선행하는 두 개의 구성 요소를 포함하는 복합에서 이 두 구성 요소들은 서로 대등한 관계에 있다.

водогрязелечебница, автомотоклуб

기저 요소에 선행하는 구성 요소로는 국제적인 특성과 연관된 구성 요소들도 등장한다.

авто-(자신의): автобиография, автопортрет
аэро-(공중의, 비행의): аэровокзал, аэросев
био-(삶의, 생명의): биозащита, биохимия
видео-(멀리서 상을 전달하는): видеозапись, видеомагнитофон
гео-(지구의): геофизика, геомагнетизм
гидро-(물의): гидростанция, гидроизоляция
микро-(매우 작은, 매우 작은 대상들의 연구와 관련된): микроорганизмы, микробиология

мини-(매우 짧은, 매우 작은): мини-юбка, мини-футбол

нео-(새로운): неореализм, неоколониализм

псевдо-(허위의): псевдоискусство, псевдоучённый

теле-(원거리의): телеуправление, телеконтроль

측정 단위에는 다음과 같은 요소들이 나타난다.

кило-: километр, килограмм

милли-: миллиметр, миллиграмм

мега-: мегатонна, мегаватт

2) 복합 명사 가운데 국제적인 특성과 연관된 기저 요소를 가지는 복합은 특별한 위치를 차지한다. 가장 생산적인 요소들은 다음과 같다.

-лог(일정한 학문 분야, 직업과 관련된 사람): текстолог, психолог, вулканолог

-граф(무엇의 기술, 기록과 관련된 직업에 따른 사람): картограф, библиограф, сейсмограф

-грамм(а)(무엇의 기술적인 기록의 결과 명칭): телеграмма, радиограмма, шифрограмма

-метр(측정 기구의 명칭): рентгенометр, таксометр, калолиметр

-ман(지나치게 무엇을 좋아하는 사람): балетоман, меломан, графоман

-фил(무엇을 좋아하는 사람): славянофил, библиофил

-скоп(광학 기구의 명칭): микроскоп, телескоп, фильмоскоп

-фон(소리 전달 기구의 명칭): телефон, видеофон, диктофон, шлемофон

-навт(비행기구로 여행하는 사람): космонавт, аэронавт, гидронавт

-дром(경기장의 명칭): мотодром, космодром, ракетодром, танкодром

-бус(공공 운송 수단의 명칭): автобус, микробус, аэробус

-тек(а)(무엇의 수집 명칭, 또는 그 장소의 명칭): фильмотека, библиотека, картотека, фонотека

이러한 복합에서는 첫 번째 구성 요소로 다음과 같은 어간이 등장한다.

(1) 명사들의 완전한 어간: диалектолог, сахариметр, шароскоп, дискотека
(2) 명사와 형용사의 절단된 어간: психолог, сейсмограф, космонавт, социолог (비교: социальный), англоман(Англия, английский), наркоман(наркотик, наркотический)
(3) 연관된 구성 요소: телеграмма, микроскоп, видеофон, гидролог, библиограф, кардиолог, графолог, фонограф

3) 접미사적 복합 명사는 보통 두 개의 어간으로 구성되는데, 이 경우 선행하는 구성 요소는 의미적으로 기저 요소에 종속된다. 어떤 명사들은 세 개의 어간을 포함하는데, 이 경우 첫 번째 두 어간은 서로 대등한 관계에 서게 된다.

корнеклубнемойка, плодоовощесушилка

동사 어간을 포함하는 기저 요소를 가지는 명사들은 동사 어간에 의해 지칭된, 선행 어간을 구체화하는 행위에 대한 관계나 행위 자체를 지칭한다. 첫 번째 구성 요소로는 명사(예: мореплаватель, конькобежец), 형용사(예: долгожитель, скороварка), 수사적 형용사(예: первооткрыватель), 대명사적 형용사(예: самоподаватель)가 등장한다. 실제로 동사 бороться의 어간을 가지는 복합어에서는 수사 어간이 첫 번째 구성 요소로 등장한다: десятиборец, многоборец, троеборье.

이러한 복합 명사 유형에서는 다음과 같은 의미들이 나타난다.

(1) 의미 '행위자 - 사람'은 다음과 같은 접미사를 가지는 명사들에 의해 표현된다.
-тель: мор-е-плава-тель, первооткрыватель, долгожитель, машиностроитель, работодатель, горовосходитель
-ец: баснописец, конькобежец, канатоходец, полководец, орденоносец, честолюбец, земле- проходец, ясновидец, пятиборец
-щик/-чик: судосборщик, газосварщик, водоотливщик, путеобходчик
-льщик: сталеплавильщик, камнедробильщик, зерносущильщик
-ник: идолопоклонник, клятвопреступник

-**к(а)**: самоучка, сладкоежка, всезнайка, судомойка, белошвейка

이 중에서 접미사 -тель, -ец, -щик, -льщик, -к(а)를 가지는 명사들이 생산적이다.
또한 접미사 -ец, -к(а)를 가지는 명사들은 동물을 지칭하기도 한다: древоточец,
землеройка.

(2) 의미 '행위 수행을 위한 도구, 기계, 기구, 장치'는 다음의 접미사를 가지는
명사들에 의해 표현된다.
-**тель**: огнетушитель, снегоочиститель, водонагреватель, звукосниматель,
кормоизмельчитель, глубокорыхлитель, скоросшиватель, самоподаватель
-**ец**: скорописец, самописец, китобоец, ракетоносец
-**щик/-чик**: снегопогрузчик, асфальтоукладчик, бензозаправщик
-**ник**: рукомойник, судоподъёмник, токоприёмник, паросборник
-**к(а)**: мясорубка, зубочистка, мышеловка, водокачка, телогрейка,
кофеварка, овощечистка, скороварка, самосборка
-**лк(а)**: землечерпалка, кормодробилка, соковыжималка, снеготаялка,
газонокосилка

위의 언급된 모든 명사들은 생산적이며, 그중에서도 접미사 -ец는 기저 구성 요소
로 -носец를 가지는 '그릇의 명칭'에서 특히 생산적이다.

(3) 의미 '행위, 활동, 상태'는 다음의 접미사를 가진 명사들에 의해서 표현된다.
-**ств(о)**: рыболовство, судоходство, растениеводство, вольнодумство,
низкопоклонство, единоборство, самохвальство
-**ени | j | -/-ни | j | -/-ти | j | -/-и | j | -/- | j | -**: землетрясение,
головокружение, приборостроение, краеведение; мореплавание,
чистописание; градобитие, чаепитие; ковроделие, землемерие,
человеколюбие, самочувствие, многоборье

4) 기저 요소로 명사의 어간을 포함하는 접미사적인 복합 명사는 기저 어간에서

지칭되고, 선행 어간에 의해 구체화된 대상이나 현상에 대한 관계를 나타낸다. 이 경우 첫 번째 구성 요소로는 형용사 어간(예: старшеклассник, пустословие), 순서 수사적(예: второкурсник) 및 대명사적(예: самовластье) 형용사, 명사(예: человеконенавистник, народовластие), 수사(예: пятиклассник, двуязычие), 그리고 접미사 -к(а)를 가지는 단어들에서는 동사 어간(예: вертихвостка, пучеглазка)이 나타난다.

(1) 의미 '무엇과 관련하여 특징지어지는 사람'의 의미는 다음의 접미사를 가지는 명사들에 의해 표현된다. 이 중 특히 접미사 -ник와 -к(а)를 가지는 명사들이 생산적이다.

-ник: старшеклассник, воднолыжник, дальневосточник, перворазрядник, одноклубник, многостаночник, судоремонтник, вышкомонтажник

-щик/-чик: краснодеревщик, фальшивомонетчик

-к(а): коротконожка, хромоножка, белоручка, вертихвостка.

(2) 의미 '두드러진 신체적 특징에 따라 특징지어지는 동물'은 접미사 -к(а)를 가지는 명사들에 의해 표현된다.

-к(а): синехвостка, черногрудка, долгоножка, краснопёрка, плоскотелка, белобочка, многоножка; шилоклювка, вилохвостка, павлиноглазка; трясогузка, вертишейка.

(3) 의미 '무엇과 관련하여 특징지어지는 구체적인 비활성적 대상'은 다음의 접미사를 가지는 명사들에 의해 표현된다. 이 명사들의 생산성은 약한 편이다.

-ник: трилистник, волчеягодник, столетник, треножник, прямоугольник, шестигранник

-к(а): черноколоска, косоворотка, босоножка

(4) 의미 '무엇의 존재에 의해 특징지어지는 현상, 상태'는 생산적인 접미사 -и│j│-(-│j│-)에 의해 표현된다.

-и│j│-(-│j│-): полнолуние, равновесие, пустословие, единобрачие, многоголосие, двоевластие, долголетие, плоскостопие, малолюдье, малолесье

또한 이러한 구조를 가지는 명사들은 다음과 같은 부차적인 의미를 가진다.
① 무엇의 존재나 어느 곳에의 위치로 특징지어지는 장소, 공간, 지역, 표면:

мелколесье, плоскогорье, тиховодье, правобережье

복합적인 지명에 의해 파생될 경우에도 동일한 의미를 지닌다: Средиземное море - Средиземноморье, Верхняя Волга - Верхневолжье, Москва-река - Москворечье

② 시간의 단절이나 다른 현상과 관련되는 시간의 간격: первозимье, перволетье, лихолетье, полугодие, новогодие

③ 무엇의 총체: четверостишие, многоэтажье

이러한 명사들도 생산적이다.

5) 기저 요소로서 동사의 어간을 포함하고 명사나 형용사 어간이 첫 번째 구성 요소로서 기능하는, 영 접미사를 가진 복합 명사에서는 다음과 같은 의미들이 나타 난다.

(1) 의미 '행위자 - 사람'은 다음과 같은 남성 1식 변화 명사들에 의해 표현된다.
зверолов, книголюб, плотогон, солевар, бракодел, домосед, природовед, пчеловод, экскурсовод, пешеход, скороход, тугодум, однолюб
이 구조의 복합 명사들은 또한 동물을 지칭하기도 한다.
тяжеловоз, водоклюй, пескорой, короед
또한 이 1식 변화 남성 명사는 의미 '행위의 수행을 위한 도구, 기계, 기구'를 나타낸다.
бензовоз, электровоз, теплоход, ледокол, самолёт, вертолёт, газопровод, дымоход, ледорез, секундомер, снегомёт, водосброс, самосвал
이 복합 명사들의 생산성은 특히, 사람이나 도구의 지칭에서 매우 높다.

(2) 의미 '행위, 상태'는 다음의 명사들에 의해 표현된다.
① 남성 1식 변화 명사: сенокос, ледоход, снегопад, икромёт, круговорот, солнцепёк, самотёк
② 여성 3식 변화 명사: круговерть, стенопись, звукопись, тайнопись
기저 요소에 명사의 어간이 오는, 영 접미사를 가지는 남성 1식 변화의 복합 명사에서 첫 번째 구성 요소로는 형용사, 수사, 명사, 동사가 오게 된다. 이 구조를 가지는 복합 명사들은 공통 의미 '파생 모어인 명사 어간에 의해 지칭된 것과 관련된 대상'을 가진다.

① 사람: тяжеловес, острослов, лизоблюд

② 몸체의 부분적인 특징에 따른 동물: утконос, носорог, долгонос

③ 식물을 포함한 비활성적 대상: сухогруз, корнеплод, пустоцвет, стрелолист, болиголов, многочлен;

④ 동류의 물질, 대상의 총체: чернозём, кремнезём, чернослив, частокол, разновес

여기에서는 동물을 지칭하는 명사들이 가장 생산적이다.

6) 여러 가지 복합 명사와 접미사적 결합에 의한 복합 명사에서는 규칙적으로 반복되는 구성 요소(기저나 처음에서)를 가지는 일련의 명사들이 특별한 위치를 차지한다. 복합 명사의 그러한 구성 요소들은 새로운 단어를 형성할 때 기존의 조어 수단으로 사용되는데, 기능상 접사− 접미사(기저 구성 요소)나 접두사(시작 구성 요소)− 에 가깝다. 다음과 같은 복합 명사의 시작 구성 요소는 그러한 예가 된다.

само-: самокритика, самоконтроль, самообслуживание

взаимо-: взаимопомощь, взаимовыручка, взаимопонимание

лже-: лженаука, лжеучитель, лжепроблема

полу-, пол-: полукруг, полумрак, полуостров, полуавтомат; полчаса, полочка, полмира, полжизни

кино-: кинозал, киноартист, кинокартина, киномеханик

радио-: радиостанция, радиолюбитель, радиотехника, радиопередача

다음과 같은 복합 명사들의 기저 성분들은 절단된다.

-вед: краевед, искусствовед, природовед, киновед, шекспировед

-ведение: краеведение, искусствоведение

-вод: пчеловод, хлопковод, лесовод, животновод

-водство: пчеловодство, хлопководство

-любец: правдолюбец, жизнелюбец, властолюбец

-любие: правдолюбие, жизнелюбие

-строитель: станкостроитель, кораблестроитель, машиностроитель, приборостроитель

-строение: станкостроение, кораблестроение

-носец: орденоносец, письмоносец, знаменосец; авианосец, торпедоносец, ракетоносец

-воз: тепловоз, электровоз, рудовоз, цементовоз, лесовоз

-ход: пароход, электроход, атомоход

-лёт: самолёт, вертолёт, звездолёт

-провод: водопровод, нефтепровод, газопровод, мусоропровод

-мер: секундомер, ветромер, высотомер

9.1.6. 약어

약어(сокрашение)란 그것들과 동의적인 어결합 관계에 있는 절단된 단어 조각들로 이루어진 명사이다. 이 경우에 기저 요소는 완전한 단어가 될 수도 있다. 약어는 다음과 같은 구조를 지닌다.

1) 각 단어의 첫 부분을 결합시킨 단어:
   (1) 단어의 첫 소리들의 결합: высшее учебное заведение - вуз, загс, СЭВ, МХАТ, ТЮЗ, БАМ
   (2) 단어의 첫 문자들로 이루어진 약어: Союз Советских Социалистических Республик - СССР, ЦК, РСФСР, ВДНХ
2) 단어의 첫 부분들의 결합: партийный комитет - партком, продмаг, завхоз, комсомол
3) 위의 1)과 2)가 혼합된 형태의 약어: социальное обеспечение - собес, главк, сельпо, ГОСТ
4) 단어의 첫 부분과 전체 단어가 결합하여 형성된 약어: запасные части - запчасти, роддом, оргработа, гострудсберкасса
5) 단어의 첫 부분과 명사의 사격 형태가 결합하여 형성된 약어: командир роты - комроты, поммастера, зафкафедрой, управделами
6) 첫 단어의 처음과 두 번째 단어의 처음과 끝 또는 두 번째 단어의 끝과만 결합하여 형성된 약어: мотоциклвелосипед - мопед, военный комиссариат - военкомат, торговое представительство - торгпредство

기관(시설)을 지칭하는 약어에서는 완전한 명칭의 단어가 관여하지 않고, 축약된 부분들이 사용될 수도 있다.

> Государственный плановый комитет - Госплан, областной отдел здравоохранения - облздрав

약어 형성에서 가장 기본적인 특징은 어간의 절단이 원래의 형태소적인 분절과 무관하다는 점이다. 따라서 약어에는 원래 단어의 접사적 형태부(예: подводная лодка - подлодка)나 어근적인 형태부(예: сельский совет - сельсовет)가 남을 수 있다. 흔히 어근적 형태부의 일부가 절단된다.

> сберегательная книжка - сберкнижка, уголовный розыск - угрозыск, промысловая кооперация - промкооперация

열린음절에서의 절단은 닫힌음절에서의 절단보다 덜 생산적이다. 약어의 어간들이 다른 약어들에서는 절단된 형태로 나타날 수도 있다.

> комсомольский организатор - комсорг, физкультурная минутка - физкультминутка

약어는 비교적 늦게 보편화된 조어 방법이다. 러시아어에서 대부분의 약어는 소비에트 시대에 생겨났다. 약어에서 가장 규칙적인 구성 요소를 형성하는 것은 기능상 복합어의 반복적인 요소들과 유사한 일련의 생산적인 단어들이다. 예를 들면, 첫 번째 구성 요소들 глав-, зав-, гос-, орг-, полит-, мос-, сельхоз-, гипро-, НИИ-가 그러한 경우이다.

> 단어의 축약: главный, заведующий, государственный, организационный, политический, московский, сельскохозяйственный, государственный институт проектирования, научно-исследовательский институт

기저 구성 요소 -ком, -пром, -хоз, -торг, -гэс도 역시 그러하다.

단어의 축약: комитет나 комиссия, промышленность, хозяйство, торговля, гидроэлектростанция

다음과 같은 경우에는 약어와 복합어의 전이적인 위치에 있다.

1) 위에서 기술한 네 번째 유형의 큰 그룹 − 형용사와 명사 결합의 약어에서 첫 번째, 즉 축약된 구성 요소는 전체 어간이 된다.

пионерлагерь(пионерский лагерь, 비교: пионер), бортмеханик(бортовой механик, 비교: борт), спортплощадка(спортивная площадка, 비교: спорт), стенгазета(стенная газета, 비교: стена)

이러한 약어들은 영 접요사를 가지는 복합 명사로부터 정확히 구별되지 않는다.

2) 접요사 -о-를 가지는 약어들 역시 그러한 특징을 보인다.

технорук, Днепрогэс; (변이형) Мосхлебторг - Мосхлеботорг, рыбзавод - рыбозавод, центрархив - центроархив

3) 완전한 명칭에 대하여 내용상 가장 많은 정보를 가지는 단어에 근거하여 두 개(드물게는 세 개)의 구성 요소로 이루어진 시설, 기업의 축약된 명칭− 을 나타내는 약어에서 각 구성 요소는 축약된 어간이 될 수도, 완전한 어간이 될 수도 있다.

Тулауголь, Дальнефть, Азовсталь, Швейремонтодежда

4) 약어는 또한 구어나 속어에서 문체적인 변화의 수단으로 사용된다. 이는 다음과 같이 문체적으로 경멸조인, 동의적인 명사 약어의 형성에서 나타난다.

специалист - спец, заведующий - зав, заместитель - зам, психопат - псих, баскетбол - баскет, фанатик - фанат

9.2. 형용사의 형성

형용사의 형성에는 접미사 첨가, 접두사 첨가, 복합, 유착, 접두사와 접미사 동시 첨가, 접미사적 복합의 방법들이 관여한다.

9.2.1. 접미사 첨가에 의한 형용사

9.2.1.1. 명사로부터 파생된 형용사

1) '파생 모어인 명사(소유적 의미)에 의해 지칭된 사람에 대한 개별적인 소속'의 의미는 다음과 같은 접미사들에 의해서 표현된다.

-ов(남성 1식 변화 명사로부터 파생된 경우): дед - дед-ов, отцов, соседов, царёв, лесников, учителев; Иван - Иванов, Сергеев, Игорев
-ин(여성 2식 변화 명사에서 파생된 경우): мама - мам-ин, бабушкин, тётин, дядин, сестрин, соседкин, царицын, дядюшкин, ласточкин, кошкин; Ирина - Иринин, Володин, Колин, Машин

(1) '동물에 대한 개별적이거나 비개별적인 소속성, 동물에 대한 관련성'의 의미는 다음의 접미사를 가진 형용사들에 의해서 표현된다.
-ий/-ачий: лиса - лис-ий, волк - волчий, птичий, рыбий, медвежий, сабачий, кроличий, телята - телячий; кошка - кош-ачий, лягушачий, гагачий, утячий; бык - бычий, бычачий
-ин(ый): зверь - звер-ин-ый, львиный, орлиный, лошадиный, змеиный, мышиный, комариный, гусиный, воробьиный, куриный
-н₁-: конь - кон-н-ый, рыбный, улиточный, канареечный

-ов(ый): слон - слон-ов-ый, моржовый, тигровый, бобровый, кротовый, китовый, горностаевый, сельдевый

(2) '특정 그룹에의 개별적인, 또는 비개별적인 소속성 및 사람과의 관련성'의 의미는 다음과 같은 접미사를 가지는 형용사들에 의해 표현된다.

-ск/-еск/-овск/- | j | евск/-вск/-инск/-ическ/-ческ-: преподаватель - преподаватель-ск-ий, деть - детский, соседский, организаторский, ассистентский, французский, немец - немецкий, казак - казацкий, ткач - ткацкий, плотницкий; юноша - юнош-еск-ий, товарищеский, супружеский, дружеский, человеческий, мальчишеский, бунтовщический, клеветнический; отец - отц-овск-ий, дедовский, стариковский, жениховский, воровский, шутовский; мать - матер-инск-ий, сестринский, нищ-енск-ий; герой - герой-ск-ий, геро-ическ-ий, демократический, коммунистический; краевед - краевед-ческ-ий, животноводческий, крохоборческий; Ленин - лен-инск-ий, Толстой - толст-овск-ий, Пётр - петровский, Горький - горьковский, Екатерина - екатеринский, Глинка - глинк-овск-ий, глинк-ин-ск-ий

-ий: человек - человеч-ий, казачий, вдовий, ребячий, старушечий, бродяжий, плотничий

- | н' | -: брат - брат-н-ий, мужий, супружний, дочерний, материний, сыновний

-ов-: гость - гост-ев-ой, истцовый, мальчиковый, подростковый, малышовый

(3) '사람의 활동, 직업이나 특성에 대한 관련성'의 의미는 다음의 접미사를 가지는 형용사들에 의해서 표현된다.

-н₁-/-ичн-: инженер - инженер-н-ый, ветеринарный, гравёрный, ювелирный, плотничный, малярный, лицемер - лицемерный, человечный, ретроградный, циничный, оптимист-ичн-ый

(4) '어떤 역사적인 인물의 이름과 관련된 사조, 경향과의 관련성'의 의미는 다음의 접미사를 가지는 형용사에 의해서 표현된다.

-ианск-(-янск-)/-анск-: Кант - кант-ианск-ий, фейербахианский, вагнерианский, Вольтер - вольтерь-янск-ий, гегельянский; Фихте - фихте-анск-ий, Ницше - ницшеанский

2) '대상, 현상에 대한 관련성'의 의미는 다음과 같은 접미사를 가지는 형용사들에 의해서 표현된다.

> **-н₁-/-енн-/-альн-/-арн-/-ивн-/-ичн-/-озн-/-онн-/-тельн-/-ительн-/-йн-/-шн-**: лес - лес-н-ой, горный, хлебный, книжный, речной, временной, глубинный, районный; почва - почв-енн-ый, лекарственный, буквенный, мысленный; центр - центр-альн-ый, музыкальный, театральный, орбитальный, формальный; дисциплина - дисциплин-арн-ый, суммарный, планетарный, фрагментарный, каникулярный; спорт - спорт-ивн-ый, массивный, инстинктивный, прогрессивный; будни - будн-ичн-ый, годичный, сценичный, типичный, цикличный; религия - религи-озн-ый, венозный, гриппозный; пенсиа - пенси-онн-ый, экскурсионный, станционный, авиационный, конституционный; образование - образова-тельн-ый, дыхательный, обаятельный, состоятельный; зрение - зр-ительн-ый, растение - растительный, впечатлительный, вопросительный; кофе - кофе-йн-ый, шоссейный, желейный, регбийный; кино - кино-шн-ый, лотошный, доминошный
>
> **-ов-**: берег - берег-ов-ый, дождевой, классовый, вишнёвый, ореховый, фруктовый, поселковый, цифровой
>
> **-ан-**: кожа - кож-ан-ый, земляной, костяной, ледяной, нефтяной, водяной, песчаный, масляный, полотняный

위의 유형 중에서는 접미사 -н₁-, -ов-를 가지는 명사들이 생산적이다. 대상, 현상에 대한 관계의 공통 의미는 그러한 형용사들이 여러 명사와 결합하면서 구체화된다.

1) '무엇에 고유한, 무엇에 속하는': картофельная ботва, колхозные поля, дождевые капли
2) '무엇으로 구성된': картофельное пюре, кирпичный дом, снежная пелена
3) '무엇을 가지고(포함하고) 있는': лесной край, яблочный пирог, парусное судно, ворсовая ткань
   이것은 보통 '어떤 특성의 높은 출현 정도나 양과 같은 부가적 의미를 수반한다.

качесвенные продукты питания, скоростной вид транспорта

4) '어떤 용도의': книжный шкаф, футбольное поле, дождевой плащ

5) '무엇의 생산, 준비, 획득과 관련된': кирпичный завод, консервная промышленность, торфяные разработки

6) '무엇에 의해서 작용하거나 존재하는': солнечные часы, карандашная зарисовка, торфяная электростанция

7) '무엇이 되는' : мемуарная литература, шоссейная дорога, реставрационный процесс

8) '무엇과 유사한': стальные мускулы, молочный туман

행위의 의미를 가지는 명사로부터 파생되는 경우에는 '행위의 수행을 위한'의 의미가 가장 흔히 나타난다.

> сборочный, литейный цех; монтажная установка; демонстрационный зал; питьевая вода

'지리적인 대상, 사람의 생활, 업무 영역 및 활동 장소를 가리키는 명사에 의해 지칭된, 비활성적인 대상에 대한 관련성'의 의미는 주로 다음의 접미사를 가지는 형용사들에 의해서 표현된다.

> **-ск-/-еск-/-овск-/-инск-/-ийск-/-анск-/-ическ-/-ческ:** город - город-ск-ой, деревенский, горский, заводской, университетский, канцелярский, медицинский, комсомольский, Киев - киевский, кавказский, байкальский, волжский, иранский; практика - практич-еск-ий, технический, логический, политический; банк - банк-овск-ий, кремлёвский, детдомовский, Орёл - орловский, Днепр - днепровский, Спартак - Спартаковский; Чита - чит-инск-ий, ялтинский, пензенский, Баку - бакинский, Известия - известинский, кладбище - кладбищенский; Альпы - альп-ийск-ий, Чили - чилийский, Токио - токийский; республика - республик-анск-ий, Орша - оршанский, Рудна - руднянский; сцена - сцен-ическ-ий, идеология - идеологический, хореографический, эпизодический, космический;

учреждение - учрежден-ческ-ий, отдел - отдельческий, просвещенческий, мировоззренческий

어떤 '장소나 시간에 대한 관련성'의 의미는 접미사 -ㅣн'ㅣ-/-еㅣн'ㅣ-을 가지는 형용사들에 의해서 표현된다.

ㅣн'ㅣ-/-еㅣн'ㅣ: край - край-н-ий, задний, передний, верхний, нижний, сторонний, зимний, летний, осенний, вечерний, субботний; утр-енн-ий

3) 의미 '어떤 두드러진 특성을 소유한, 무엇을 포함하고 있는, 무엇이 부여된'은 다음의 접미사를 가지는 형용사들에 의해서 표현된다.

-ат-: борода - бород-ат-ый, рогатый, крылатый, горбатый, хвостатый, полосатый
-чат-: узор - узор-чат-ый, сводчатый, веснушчатый, чешуйчатый, бугорчатый, коленчатый, стапенчатый
-оват-: кудри - кудр-ева-тый, клочковатый, суковатый, узловатый, кочковатый
-овит-: глянец - глянц-евит-ый, басовитый, даровитый, ядовитый
-ист-: дупло - дупл-ист-ый, пушистый, волокнистый, зернистый, слоистый, пористый, пенистый
-лив-/-ив-: талант - талант-лив-ый, счастливый, совестливый, засушливый, тоскливый; правда - правда-лив-ый, фальшивый, противоречивый, плешивый
-ав-/-ляв-: кровь - кров-ав-ый, кудрявый, дырявый; кость - кост-ляв-ый, трухлявый
-ованн-/-ированн-: риск - риск-ованн-ый, диплом - ди-плом-ированн-ый, купе - купированный, привилегия - привилегированный, эрудиция - эрудированный

이 의미에서 가장 생산적인 접미사는 -ат-, -чат-, -оват-, -ист-이다. 접미사 -ат-, -оват-, -овит-, -ист-, -лив-/- ив-, -ав-/-ляв-를 가지는 형용사들은 부가적인 의미적

구성 요소로서 '두드러진 특성', '대량으로', '좋은, 높은 질의' 등을 가진다.

> носатый(코가 큰), волосатый(털이 많은), суковатый(가지가 많은), плодо
> витый(열매를 많이 맺는), мясистый(살찐, 기름진), мускуллистый(크고 강한
> 근육을 가진), плечистый(어깨 폭이 넓은), голосистый(성량이 풍부한)

'외적인(보통 신체적인) 특징의 강도(두드러짐)'의 의미는 특히 생산적인 접미사
-аст-에 의해서 표현된다.

> зуб - зуб-аст-ый(크고 날카로운 이를 가진, 이가 많은), лобастый, скуластый,
> вихрастый, ушастый, глазастый, цветастый

물질을 지칭하는 명사로부터 파생된 경우에 접미사 -ист-, -оват-는 '자신에 어떤
물질을 포함하고 있는, 그러한 물질이 되는'의 의미를 나타낸다.

> сахаристый, железистый, йодистый, суглинок - суглинистый; иловатый,
> меловатый, стекловатый

물질이나 재료를 지칭하는 명사로부터 파생된 경우에 접미사 -чат-는 의미 '무엇
으로 이루어진, 만들어진'을 표현한다.

> матерчатый, бревенчатый, клеёнчатый, черепица - черепит-чат-ый

감정이나 상태의 의미를 가지는 명사에서 파생되는 경우에 접미사 -лив-/-ив-는
'어떤 경향이 있는'의 의미를 나타낸다.

> завистливый, жалостливый, смешливый, боязливый, слезливый,
> участливый, ленивый

4) 의미 '누구나 무엇에 두드러진 특징을 가진'은 다음의 접미사를 가지는 형용사

들에 의해 표현된다.

> **-чат-**: репа - реп-чат-ый, губчатый, дымчатый, трубчатый, стебельчатый, стрельчатый
>
> **-оват-**: крючок - крючк-оват-ый, мешковатый, трусоватый, чудаковатый, франтоватый, молодцеватый
>
> **-ист-**: серебро - серебр-ист-ый, змеистый, перистый, шквалистый, бархатистый, студенистый; хулиганистый, цыганистый, блондинистый
>
> **-лив-/-ив-**: сирота - сирот-лив-ый, уродливый, неряшливый, непоседливый; плакс-ив-ый

9.2.1.2. 동사에서 파생된 형용사

1) 공통 의미 '파생 모어인 동사에 의해 지칭된 과정에의 관련성'은 다음의 접미사를 가지는 형용사에 의해 표현된다.

> **-н₁-/-енн-**: покупать - покуп-н-ой, сохранный, спешный, дежурный; действовать - действ-енн-ый
>
> **-тельн-/-ительн-**: произносить - произноси-тельн-ый, строительный, отопительный, выжидательный, расти - раст-ительн-ый, предусмотреть - предусмотр-ительн-ый, пренебречь - пренебреж-ительн-ый
>
> **-ов-**: плясать - пляс-ов-ой, скаковой, ходовой, кочевой

2) 의미 '사람의 행위에 대한 관련성'은 다음의 접미사를 가지는 형용사에 의해서 표현된다.

> **-ск-/-еск-/-тельск-**: колдовать - колдов-ск-ой, бродяжничать - бродяжнич-еск-ий, жульнический; издеваться - издева-тельск-ий, надувательский

3) '행위 수행 예정'에 대한 의미는 다음의 접미사를 가지는 형용사에 의해 표현된다.

> **-н₁-**: проезжать - проезд-н-ой, прицельный, вытяжной, очистной, переговорной
>
> **-льн-**: рисовать - рисова-льн-ый, спальный, читальный, стиральный, сушильный
>
> **-тельн-**: обжигать - обжига-тельн-ый, плавательный, спасательный, летательный, курительный, измерительный
>
> **-ов-**: бурить - бур-ов-ой, маховой, сторожевой, торговый

4) 의미 '행위에 대한 경향, 필요성, 능력'은 두 가지 변이형, 즉 (1) '행위의 주체가 될 수 있는' 유형과 (2) '행위의 대상이 될 수 있는' 유형에 의해 표현된다. 이 두 유형은 다음의 접미사를 가지는 형용사에 의해 표현된다.

> **-ем-/-им**: терпеть - терп-им-ый; ощутить - ощут-им-ый, допустимый, ранимый; осяза-ем-ый, изменяемый
>
> **-к-**: ходить - ход-к-ий, жалеть - жалкий, липкий, мылкий, колкий, ломкий, ноский
>
> **-н₁-**: покор-н-ый, скрытный, слышный, завидный, заметный, складной
>
> **-тельн-**: привлека-тельн-ый, удоблетворительный, оглушительный, извинительный, ощутительный, желательный

두 유형 중에서 첫 번째 유형의 의미는 다음의 접미사를 가지는 형용사에 의해서 표현된다.

> **-ист-**: задирать - задир-ист-ый, изворотистый, прерывистый, раскатистый, заливистый
>
> **-чат-**: рассыпаться - рассып-чат-ый, взрывчатый, переливчатый, расплывчатый

> **-уч-/-ач-**: жечь - жг-уч-ий, летучий, скрипучий, колючий; ход-яч-ий, лежачий, висячий
>
> **-лив-/-чив-/-ив-**: говорить - говор-лив-ый, пугливый, ворчливый, выносливый; довер-чив-ый, забывчивый, настойчивый, вспыльчивый; льстить - льст-ив-ый, лживый, игривый, бурливый

두 번째 유형의 의미는 다음의 접미사를 가지는 형용사에 의해서 표현된다.

> **-абельн-**: читать - чит-абельн-ый, транспортировать - транспортабельный, операбельный

5) 과정의 결과로서 일어나는 특성의 의미는 1) '과정의 주체였던'과 2) '과정의 대상이었던'의 두 가지 유형으로 나타난다.

첫 번째 유형의 의미는 다음의 접미사를 가지는 형용사들에 의해서 표현된다.

> **-л-**: линять - линя-л-ый, мёрзнуть - мёрзлый, блёклый, усталый, спелый, гнилой, обветшалый, устарелый
>
> **-енн-/-нн-, -т-**:(파생 모어는 자동사): изнемочь - изне-мож-ённ-ый, заржаветь - заржавленный, пресытиться - пресыщенный, влюбиться - влюбённый, отрешённый, расфранчённый; помешаться - помеша-нн-ый, растеряться - растерянный, наслышаться - наслышанный, сыграться - сыгранный, сработаться - сработанный; треснуть - тресну-т-ый, подтянуться - подтянутый, потереться - потёртый, налиться - налитой

두 번째의 의미 유형은 다음의 접미사를 가지는 형용사들에 의해서 표현된다.

> **-ен-/-н₂-**: жарить - жар-ен-ый, варённый, краденый, порченый, хоженый; рвать - рва-н-ый, вязаный, пуганый, кованый
>
> **-н₁-**: запретить - запрет-н-ый, напускной, составной, резной, сварной

-нн-, -т-: дрессировать - дрессирова-нн-ый, бракованный, полированный, жданный, деланный; кры-т-ый, молотый, мятый, гнутый, мытый, литой

9.2.1.3. 형용사, 수사, 부사에 의해 파생된 형용사

1) 형용사로부터 파생된 형용사에서는 '특성 출현의 약한 정도'의 의미가 다음의 접미사에 의해 표현된다.

-оват-: белый - бел-оват-ый, слабоватый, седоватый, резковатый, грубоватый, рыжеватый

특성의 강화나 대상(특성의 보유자)의 상이한 평가의 뉘앙스와 함께 애칭 또는 비칭의 의미는 다음의 접미사를 가지는 형용사에 의해 표현된다.

-еньк-: молодой - молод-еньк-ий, старый - старенький, подлый - подленький, толстый - толстенький, умненький, слабенький, миленький, голубенький, свеженький, жалконький, жалкенький, плохонький, плохенький

'특성 출현의 정도가 높거나 매우 높은'의 의미는 다음의 접미사를 가진 형용사들에 의해서 표현된다.

-ейш-/-айш-: богатый - богат-ейш-ий, простейший, новейший, честнейший, старейший; крепкий - крепч-айш-ий, широчайший, строжайший, тишайший
-ущ-: большой - больш-ущ-ий, здоровущий, хитрющий, злющий, длиннющий
-енн-: толстый - толст-енн-ый, тяжеленный, здоровенный, высоченный

평가적 표현성과 함께 '특성의 강화된 정도'는 다음의 접미사를 가지는 형용사에 의해서 표현된다.

> **-ёхоньк-/-ёшеньк-**: полый - полн-ёхоньк-ий, новёхонький, целёхонький, легохонький; полн-ёшеньк-ий, новёшенький, целёшенький, лигошенький

'파생 모어인 (관계) 형용사의 어간에서 지칭된 것이나, 또는 그와 유사한 것을 포함하고 있는'의 의미는 접미사 -ист-를 가지는 형용사에 의해서 표현된다.

> **-ист-**: серный - серн-ист-ый, песчаный - песчанистый, водянистый, маслянистый, шелковистый, мучнистый, травянистый

2) '파생 모어인 수사에 의해 지칭된 만큼 크거나 동류의 부분들로 구성된'의 의미는 다음의 접미사를 가지는 형용사에 의해서 표현된다.

> **-н₁-**: двое - двой-н-ой, тройной, четверной, семерной, десятерной, полтора (полутора) - полуторный

3) 부사로부터 파생된 형용사는 부사와 동일한 특성을 지칭한다. 이 경우에 부사에 고유한 특성의 의미는 품사로서 형용사의 의미와 공존한다.

(1) 접미사 -|н'|-/-е|н'|-/-ш|н'|-/-иш|н'|-를 가지는 부사와 전치사 (близ, вне, среди)로부터 파생된, 공간이나 시간적 의미의 형용사
здесь - здеш-н-ий, рано - ранний, прежде - прежный, близ - ближный, среди - средний; внутри, внутрь - внутр-енн-ий; дома - дома-шн-ий, вчерашний, сегодняшний, всегдашний, тогдашний, нынешный, внешный; давно - давн-ишн-ий, теперь - тепер-ешн-ий, там - там-ошн-ий

(2) 다음의 접미사를 가지는 형용사
-н₁-/-шн-: сплошь - сплош-н-ой, сквозь - сквозной, наружу - наружный, искони - исконный, поперёк - поперечный, чуточку - чуточный, априори - априорный; зря - зря-шн-ый

9.2.2. 영 접미사 첨가에 의한 형용사

수사에 의해 파생된, 영 접사를 가지는 순서 형용사는 '동류의 대상에서 특정 대상이 차지하는 위치'를 나타낸다.

> пять - пят-ый, восемь - восьмой, десять - десятый, шестнадцать - шестнадцатый, сто - сотый, триста(трёхста) - трёхсотый

동사로부터 파생된 형용사는 '행위에 대한 관계'를 나타낸다.

> входить - вхож-ий, сходиться - схожий, прохожий, всхожий, приезжий, проезжий, заезжий; хворать - хворый, жить - жив-ой

영 접미사를 가지는, 명사로부터 파생된 어떤 형용사들은 관계적 의미를 지닌다.

> будни - будн-ий, золото - золотой, работа - рабочий, погода - погожий, весна - вешний, свинья - свин-ой, жеребёнок - жерёбая

9.2.3. 접두사 첨가에 의한 형용사

'특성의 부정, 부재, 반대(대립)'의 의미는 다음과 같은 접두사를 가지는 형용사들에 의해서 표현된다.

> **не-**: большой - не-большой, невесёлый, неискренный, непрочный, нелётный, некачественный

가끔 이 유형의 형용사들은 특성의 절제(умеренность), 불완전한 대립의 뉘앙스를 수반한다: нестарый, неглупый, неплохой.

> **без-**: деятельный - без-деятельный, безграмотный, безответственный,

> беспристрастный, бесчеловечный
> **а**: а-логичный, аморальный, асимметричный
> **анти-**: анти-гуманный, антихудожественный, антиисторический, антинаучный
> **противо-**: противо-естественный

접두사 без-를 가지는 형용사들은 '무엇의 부재'의 의미를 가지는데, 다음과 같은 두 가지 경우로 나누어 볼 수 있다.

> 1) 파생 모어인 접미사적 형용사의 어간에 의해 지칭된 것의 부재: земельный - бездемельный, безлиственный, безрадостный, бесклассовый, бесступенчатый, безулыбчивый
> 2) 한정어로서 파생 모어인 형용사와의 결합에 의하여 지칭되는 것의 부재: безналичный, безъядерный, бездуховный

접두사 анти-와 противо-를 가지는 형용사도 '어떤 것에 대한 반대'의 의미를 나타내는데, 역시 두 경우로 나누어 볼 수 있다.

> 1) 파생 모어인 형용사 어간에 의해 지칭된 것의 반대: военный - антивоенный, антинародный, антирелигиозный, антифашистский; противопожарный, противозаконный, противоракетный, противотанковый
> 2) 한정어로서 파생 모어인 형용사와의 결합에 의해 지칭되는 것의 반대: антитоксический, антисоветский; противовоздушный, противоатомный

접두사 анти-와 противо-에 반대되는, '무엇이나 누구를 찬성하거나 숭배하는'의 의미는 접두사 про-를 가지는 형용사에 의해 표현된다.

> империалистический - проимпериалистический, профашистский, проамериканский

'특성 출현의 매우 높거나 지나치게 높은 정도'의 의미는 다음의 접두사를 가지는 형용사에 의해서 표현된다.

> **пре-**: милый - пре-милый, препротивный, пренеприятный
> 이러한 형용사들은 가끔 강조하기 위해서 반복적으로 사용되기도 한다: добрый
> - предобрый, длинный - предлинный
> **пере-**(주로 반복적인 표현에서 반복의 의미와 함께): хоженый - пере-хоженный,
> чиненный - перечиненный, читанный - перечитанный
> **наи-**: лучший - наи-лучший, наивысший, наименьший, наилегчайший,
> наиважнейший
> **раз-**: всёлый - раз-весёлый, разнесчастный, распрекрасный, расчудесный
> **архи-**: архи-сложный, архиопасный, архиреакционный
> **сверх-**: сверх-дальный, сверхпрочный, сверхмалый, сверхнизкий
> **супер-**: супер-современный, супермодный, суперэластичный
> **ультра-**: ультра-современный, ультралевый, ультрареакционный, ультрамодный

'약간 절제된 특성 출현'의 의미는 다음의 접두사를 가지는 형용사들에 의해서
표현된다.

> **небез-**: небез-ызвестный, небезосновательный, небезынтересный,
> небезуспешный
> **по-**(비교급과 결합하여): по-лучше, посильнее, поменьше, поближе,
> поинтереснее

형용사의 어간에 의해 표현된 것이나, 또는 한정어로서 파생 모어인 형용사와의
결합에 의해 지칭된 것과 관련된 특성을 규정하는 공간적, 시간적 의미는 다음과
같은 접미사들에 의해서 표현된다.

1) 공간적인 의미는 다음의 접두사들에 의해서 표현된다.

> **вне-**(어떤 범위 밖의 위치나 존재): вне-ведомственный, внешатный,

внеплановый, внерабочий

внутри-(어떤 범위 안의 위치나 존재): внутри-государственный, внутриотраслевой, внутриполитический, внутрисоциальный

за-(무엇의 뒤 쪽이나 한계를 넘는 위치): за-облачный, заокеанский, заволжский, заполярный

над-(무엇의 위나 밖의 존재): над-водный, надшахтой, надклассовый, надбытовой

около-(무엇의 주위나 옆의 존재): около-лунный, околосолнечный, околоротовой; 또한 '무엇에 부가적인', '부정적인 표현력'의 뉘앙스와 함께: окололитературный, околонаучный

по-(무엇 가까이나 무엇을 따라서 있는 위치): по-дорожный, поволжский, поднепровский

под-, суб-(무엇 아래나 가까이에 있는 존재): под-водный, подкожный, подрельсовый; суб-альпийский, субарктический

при-(무엇과 직접적으로 닿아 있는 위치): при-дорожный, приозёрный, пришкольный, призаводской, причерноморский, приполярный, прибалтийский

транс-(어떤 공간을 통해서 있는 존재): транс-континентальный, трансарктический, трансатлантический

2) 시간적인 의미는 다음의 접두사에 의해서 표현된다.

до-(시간상으로 무엇보다 선행함): до-военный, дореволюционный, докапиталистический, дохристианский

после-, по-, пост-(시간적으로 무엇의 다음): после-обеденный, послевоенный, послеоперационный, послеоктябрьский; по-реформенный, пореволюционный, посмертный; пост-эмбриональный, пострадиационный

3) 공간적, 시간적 의미는 다음의 접두사에 의해서 표현된다.

пред-(시간적으로, 공간적으로 무엇의 바로 앞에 오는): пред-последний, предрассветный, предвыборный, предпусковой, предсъездовский, предмайский, предновогодний, предгорный, предполярный

меж-/между-(어떤 동일한 대상, 현상, 사건들 사이에서 공간적, 시간적 위치나 존재): межведомственный, межсезонный, межвузовский, межконтинентальный; междуэтажный, международный

다른 의미들은 다음의 접두사들에 의해서 표현된다.

сверх-(어떤 것의 한계를 초과하는): сверхъестественный, сверхразумный, сверхчеловеческий, сверхсрочный

по-(무엇과 관련하여 측정되거나 배치되는): поквартальный, построчный, почасовой

под-(무엇의 영역 안이나 관할에 있는): подопытный, подотчётный, подследственный

со-(누구, 무엇과 함께하는): сопричастный, совиновный, соразмерный

9.2.4. 접두사와 접미사 동시 첨가에 의한 형용사

1) 명사에서 파생된 형용사에서는 다음과 같은 조어 수단들이 기능한다.

без-...-н₁-/-енн-: вина - без-вин-н-ый, безвольный, бездарный, безрезультатный, бездетный; бес-смысл-енн-ый

не-...-н₁-/-енн-: счастье - не-счаст-н-ый, невинный, неприкосновенный, несравненный; не-посредств-енн-ый

внутри-...-н₁-: внутри-вен-н-ый, внутризёренный

за-...-н₁-, за-...-ск-: река - за-реч-н-ый, заграничный, загородный; за-мор-ск-ий, задонский

меж-/-между-...-н₁-: меж-кост-н-ый; между-город-н-ый, междурядный

на-...-н₁-/-енн-: на-столь-н-ый, наручный, настенный, наземный; на-бедр-енн-ый

над-...-н₁-: над-бров-н-ый, надглазный, надземный, надгробный

около-...-н₁-: ухо - около-уш-н-ый, околоплодный, околоземный

> **по-...-н₁-, по-...-ск-**: берег - по-береж-н-ый, поречный; по-мор-ск-ий
>
> **под-...-н₁-**: под-глаз-н-ый, подлёдный, подземный, подмосковный
>
> **при-...-н₁-, при-...-ск-**: при-реч-н-ый, пригородный; при-мор-ск-ий, прифермский
>
> **через-...-н₁-**: черес-плеч-н-ый, черезбороздный, черезрядный, чересполосный
>
> **пред-...-н₁-**: пред-мост-н-ый, предполётный, предкризисный
>
> **со-...-н₁-/-енн-**: со-времен-н-ый, созвучный; со-чувств-енн-ый
>
> **от-...-н₁-**: глагол - от-глаголь-н-ый, отымённый, отнаречный, отпредложный, отместоименный
>
> **по-**(비공간적인 의미로서)**...-н₁-**: сила - по-силь-н-ый, поочерёдный
>
> **под-**(비공간적인 의미로서)**...-н₁-**: под-суд-н-ый, подвластный, подопечный, подшефный
>
> **за-...-енн-/-ованн-**: за-кустар-енн-ый, завалуненный; за-газ-ованн-ый

2) 동사에서 파생된 형용사에는 접미사 -н₁-, -ем-/-им-, -тельн-, -нн-, -анн-과 접두사 не-, без-, за-가 나타난다.

의미 '행위나 상태의 부재에 의해 특징지어지는'(흔히 '행위를 수행할 수 없거나 영향을 받지 않는'의 구체적인 의미)은 다음과 같은 조어 수단을 가지는 형용사에 의해 표현된다.

> **не-...-н₁-**: прерываться - не-прерыв-н-ый, неразлучный, неизбежный, невозвратный, неизменный, неутешный, неумолчный, неотступный
>
> **без-...-н₁-**: без-дум-н-ый, безоглядный, безрассудный, беспрерывный, беспробудный
>
> **без-...-тельн-**: без-доказа-тельн-ый, безотлагательный, безотносительный
>
> **не-...-тельн-**: не-замедли-тельн-ый
>
> **не-...-нн-**: не-сказа-нн-ый, неожиданный

의미 '행위를 수행할 수 없거나 행위의 영향을 받지 않는'은 다음의 조어 수단을 가지는 형용사에 의해 표현된다.

не-...-ем-/-им-: не-мину-ем-ый; не-возврат-им-ый, невыносимый, неизгладимый

의미 '행위(상태)의 외형적인 결과, 영향에 의해 특징지어지는'은 다음의 조어 수단을 가지는 형용사들에 의해서 표현된다.

за-...-анн-: спать - за-сп-анн-ый, заплаканный, зарёванный

3) 명사로부터 파생된, 접두사 без-와 영 접미사를 가지는 형용사들은 '무엇(주로 신체 부분이나 분리 불가능한 특성)을 잃은'의 의미를 가진다.

нога - безног-ий, безбородый, беззубый, бесхвостый, бескрылый, безголосый, бесполый, безлистый

이 유형의 형용사들은 생산적이다.

9.2.5. 복합, 접미사적 복합 형용사, 형용사 유착

1) 독자적인 형용사나 형동사를 기저 요소로 가지는 순수 복합은 어간들의 대등한 관계나 종속적인 관계를 나타낸다.

대등한 관계의 어간을 가지는 형용사는 그것을 구성하고 있는 특성들의 합을 지칭한다. 이때 기저 요소에 선행하는 구성 요소로는 형용사 어간과 명사 어간이 나타난다.

бело-розовый, слепо-глухонемой, торгово-промышленный, плодово-ягодный, научно-технический, электронно-вычислите-льный, поисково-спасательный, приёмно-передающий; мясо-молочный, пусконаладочный, газонефтяной, физико-математический

선행 구성 요소에서 형용사 어간은 절단된 형태로 나타날 수 있다.

▎ англо-русский, агропромышленный, медико-биологический

종속적인 관계의 어간을 가지는 형용사에서는 기저 요소에 선행하는 구성 요소들
이, 기저적인 구성 요소의 의미를 구체화한다.

▎ засухоустойчивый, пылевлагонепроницаемый, пожароопасный,
морозостойкий, платёжеспособный, трудоёмкий, металлорежущий

선행하는 구성 요소로는 다음을 들 수 있다.

(1) 명사와 형용사 어간: механосборочный, сейсмоактивный, турбореактивный,
    энергоёмкий, неудобопонятный, взаимоприемлемый, обоюдовыгодный
(2) 수사 어간: двуспальный, однокомнатный, стопроцентный,
    многоступенчатый, малооблачный
(3) 연관된 구성 요소들:
    псевдо-, **квази-**: псевдонародный, квазинаучный
    поли-: политехнический, полиметаллический
    био-, **гео-**, **гидро-**, **микро-**, **теле-**: биоэлектрический, геомагнитный,
    гидроэнергетический, микропористый, телеуправляемый

기저 형동사를 가지는 형용사에서 구성 요소 ново-, свеже-는 только что의 결합
과 그 의미가 동일하다.

▎ новонайденный, новоприбывший; свежевыбритый, свежевыстиранный

이외에도 다음과 같은 복합어들이 널리 사용된다.

▎ **само-**: самопишущий, самоочевидный, самодовольный, самоуглублённый

общее-, все-: общеизвестный, общеобязательный, общепринятый, общеевропейский; всенародный, всесоюзный

полу-: полушерстяной, полуосвещённый

светло-, тёмно-, ярко-, бледно-: светло-зелённый, тёмно-серый, ярко-синий, бледно-голубой

-подобный: мужеподобный, громоподобный, обезьяноподобный

의미 '누구, 무엇과 유사한'은 -подобный 뿐만 아니라, 연관된 기저 구성 요소 -образный를 가지는 복합어에 의해서도 표현된다.

зигзагообразный, сигарообразный, человекообразный

2) 명사 어간을 포함하는 기저 요소를 가지는 접미사적 복합 형용사는 기저 어간에 의해서 지칭된 것과의 관계를 나타내며, 복합어의 첫 번째 어간에서 구체화된다. 이때 첫 번째 구성 요소로는 형용사, 수사, 명사의 어간이 온다. 이러한 복합어의 구조에는 다음의 접미사를 가지는 형용사가 오게 된다.

-н₁-/-енн-: каменноугольный, холоднокровный, широкорядный, правобережный, иноязычный, малоэтажный, газосветный; двусмысленный

-|н'|-: прошлогодний, пятилетний, разностаронний

-ов-: средневековый, коротковолновый, одноламповый

-ск-(주로 복합적인 지명에서): Черное море - черноморский, Верхняя Волга - верхневолжский, Минеральные Воды - минераловодский

다음과 같은 반복적인 기저 요소를 가지는 일련의 복합어들은 규칙적이다.

-кратный: двукратный, шестикратный, многократный

-видный('무엇과 유사한'의 의미): стреловидный, конусовидный, шаровидный, роговидный

еже-(연관된 첫 번째 구성 요소로서 시간 표시의 어간과 결합하여 '매-'(каждый)의 의미로): ежемесячный, ежедневный, ежегодный, ежеминутный, ежевечерний

동사 어간을 포함하는 기저 요소를 가지는 접미사적 복합 형용사는 '행위를 수행하는', 또는 기저 어간에서 지칭되어 복합의 첫 번째 어간에서 구체화된 '행위의 수행을 위한'의 의미를 가진다. 이때 첫 번째 구성 요소로는 주로 명사와 형용사의 어간이 오게 된다. 그리고 복합어의 구조에서는 다음과 같은 접미사들이 온다.

> **-н₁-**: огнестрельный, теплопроводный, гостеприимный, скоротечный, дальновидный, тихоходный
>
> **-тельн-**: землечерпательный, пищеварительный, берегоукрепительный, благожелательный

반복적인 일련의 기저 요소를 가지는 어떤 복합어들은 규칙적이다.

> **-носный**('-을 지니는, 가져오는'의 의미): победоносный, орденоносный, водоносный, нефтегазоносный
>
> **-ядный**('무엇을 먹는'의 의미): насекомоядный, травоядный, всеядный
>
> **-делательный**('무엇의 생산과 관련된'의 의미): железоделательный, бумагоделательный
>
> **-строительный**('무엇의 제조와 관련된'의 의미): вагоностроительный, станкостроительный
>
> **-любивый**('무엇을 좋아하는'의 의미): теплолюбивый, человеколюбивый, самолюбивый

3) 영 접미사를 가지는 복합 형용사는 기저 구성 요소로 명사 어간(주로 신체의 부분이나 생물의 분리하기 어려운 특성을 나타내는)을 포함한다. 이때 첫 번째 구성 요소로는 형용사, 수사, 명사의 어간이 온다. 이러한 복합어는 '기저 어간에서 지칭되고 복합어의 첫 번째 어간에서 구체화된 특성을 가지는'의 의미를 나타낸다.

> белозубый, седобородый, широкоплечий, длинноногий, чернобровый, чернокожий, разноязыкий, островерхий, одноглазый, двурогий, пятипалый, многоголосый, горбоносый, иглокожий

구성 요소 -полый는 여러 단어들과 관련된다.

▋ радельнополый, длиннополый, широкополый

위에 기술한 모든 유형들은 생산적이다.

4) 형용사 유착에서는 첫 번째 구성 요소로서 형동사와 형용사가 온다. 그리고
선행하는, 종속적, 구체적인 구성 요소로는 부사와 대명사적 형용사 все의 중성형이
온다.

▋ (1) 기저 형동사와 함께: вышестоящий, долгоиграющий, скоропортящийся,
  многообещающий, быстрозамороженный, густонаселённый
  (2) 기저 형용사와 함께: вечнозелёный, тяжелобольной, труднодоступный,
  остродефицитный, узколичный

다음과 같은 반복적인 첫 번째 구성 요소를 가지는 일련의 유착은 규칙적이다.

▋ **все-**: всевидящий, всепобеждающий, всеобъемлющий
  выше-, ниже-: вышеуказанный, вышеприведённый; нижеследующий
  мало-: малозначащий, малоисследованный, малоподвижный, малоценный
  высоко-, глубоко-: высокоточный, высокопрочный; глубоконациональный,
  глубокоуважаемый

어떤 경우에는 형용사적 유착이 접미사와 결합하기도 한다.

▋ потусторонний, никчёмный, сногсшибательный, всамделишный,
  сиюминутный

9.3. 동사의 형성

러시아어 동사는 다양한 조어 수단과 조어 방법을 가진다. 동사를 형성하는 조어 수단에는 30개 정도의 접두사와 15개의 접미사가 참여한다.

동사들은 접두사 첨가, 접미사 첨가, 후치사 첨가, 복합과 유착의 다섯 가지 단순 조어 방법과 접두사와 접미사 동시 첨가, 접두사와 후치사 동시 첨가, 접미사와 후치사 동시 첨가, 접두사와 접미사, 후치사의 동시 첨가, 접미사와 결합한 유착의 다섯 가지 혼합적인 조어 방법을 가진다.

동사적인 조어 수단은 파생 모어와의 결합성에서 매우 다양하다. 따라서 접두사적 조어 방법에 의한 동사에서는 접두사가 동사와만 결합하나(예: чистить → вычистить), 혼합적인 조어 방법에 의한 동사에서는 동사의 어간(예: смотреть → посматривать, гулять → разгуливать)뿐만 아니라, 명사적(именные) 어간(예: хлам → захламить, новый → обновить, двое → удвоить)과도 결합한다.

동사적 접미사는 결합적 특성에 따라 두 그룹으로 나눌 수 있다(<표 1> 참조).

1) 동사 어간과만 결합하는 접미사: $-ну_2-$, $-ану-$, $-и_2-$, $-и_3-$, -ива-/-ва-/$-а_3-$, $-а_4-$, $-а_5-$

2) 다른 품사들, 즉 명사, 형용사(드물게는 수사, 대명사, 감탄사, 부사)의 어간과 결합하는 접미사: $-и_1-$, -ова-/-изова-/-ирова-/-изирова-, -нича-/-ича-, -ствова-/-ествова-, $-а_1-$, $-а_2-$/-ка-, -е-, $-ну_1-$

동사에서 파생된 동사들에서 대부분의 접사들은 조어적인 의미뿐만 아니라, 문법적인 의미도 표현한다. 예를 들면, 대부분의 접두사와 접미사 $-ну_2-$, $-ану-$는 동사 완료상의 의미를 표현한다.

писать → переписать, толкать → толкнуть

<표 1> 접미사적 동사의 조어 도식

접미사	파생 모어						
	명사	형용사	수사	대명사	감탄사	부사	동사
-и₁-	боронить	сушить	двоить			инач-ить	
-ова-/ -изова-/ -ирова-/ -изирова-	плутовать	пустовать				биси-ровать	
-нича-/ -ича-	сапожничать	откровен-ничать					
-ствова-/ -ествова-	учитель-ствовать	свиреп-ствовать					
-а₁-	пятнать	хромать					
-а₂-/-ка-				выкать	ахать		
-е-	сиротеть	слабеть					
-ну₁-		тихнуть					
-ну₂-							толкнуть
-ану-							стегануть
-и₂-							поить
-и₃-							водить
-ива-/ -ва-/-а₃-							перепис-ывать
-а₄-							слушать
-а₅-							катать

접미사 -ыва-/-ва-/-а₃-는 불완료상을 나타내며, 후치사 -ся는 여러 가지의 조어 의미와 함께 수동태의 의미를 표현한다. 또한 많은 접두사와 후치사는 파생 모어인 동사의 통사적 결합성을 바꿀 수 있다.

▌ платить *за что* - оплатить *что*

동사에서 파생된 단어들에서 접사에 의해 표현되는 조어 의미는 파생 모어인 동사에 의해 지칭된 행위 의미의 다양한 변화를 나타낸다.

공간적 의미: нести → внести
시간적 의미: петь → запеть
수량적 의미: гладить → нагладить

동사적인 조어 사슬은 많은 고리로 이루어질 수 있는데, 각 고리는 순차적으로 선행 고리의 동사에 의해 표현된 행위의 변화를 의미한다.

дергать → дернуть → выдернуть → выдергивать → навыдергивать → понавыдергивать

동사에서 파생되지 않은 단어에서는 동사에 의해 지칭된 행위가 파생 모어에 의해 지칭된 행위에 대해 가지는 다양한 관계가 표현된다.

동사적인 조어 접사들의 대부분은 생산적이다. 각 접사는 어떤 의미에서는 생산적이지만, 다른 의미에서는 비생산적일 수 있다.

9.3.1. 접미사 첨가에 의한 동사

접미사적 동사들은 명사, 형용사, 동사(드물게는 감탄사와 수사, 대명사, 부사)에 의해 파생된다.

9.3.1.1. 명사류(именные)와 감탄사에 의해 파생된 동사

접미사 -и₁-, -ова-, -нича-, -ствова-, -а₁-, -е-는 명사와 형용사에 의해 파생된 동사들에서 나타난다. 이 중에서 접미사 -и₁-는 수사로부터 파생된 동사에서도 나타난다.

한편 접미사 -ну₁-은 형용사로부터 파생된 동사에서만 나타나며, 접미사 -а₂-는 감탄사에서 파생된 동사에서 나타나는 특성이 있다.

접미사 -и₁-, -ова-, -ннча-, -ствова-, -а₁-을 가지는, 명사와 형용사로부터 파생된 동사들은 두 그룹의 조어 유형을 형성한다. 공통의 조어 의미 '명사(나 형용사)에 의해 지칭된 것과 관련된 행위를 수행하다'를 나타내는 그룹과 다음에서 살펴볼 특수한 조어 의미를 가지는 하위 유형이 바로 그것이다. 접미사 -e-를 가지는, 명사와 형용사로부터 파생된 동사들과 접미사 -ну₁-을 가지는, 형용사에서 파생된 동사들은 하위 유형을 갖지 않는 첫 번째 그룹의 조어 유형을 형성한다.

9.3.1.2. 명사로부터 파생된 동사

울루하노프(Улуханов 1977: 140-197)는 명사에서 파생된 동사의 의미 기술에서, 이들 동사의 의미에서 서로 일치하는 의미 요소들을 추상화하여 다음과 같은 4개의 의미 그룹으로 분류한다: 1) 누구(무엇)에 특징적인 행위를 수행하다, 2) 무엇처럼 만들다, 3) 무엇의 도움으로 행위를 수행하다, 4) 파생 모어에 의해 지칭된 행위를 수행하다. 그리고 이 의미 그룹은 파생 모어의 의미와 동사의 범주적 의미에서 도출되지 않는, 부가적인 의미적 구성 요소의 존재 여부와 파생 모어인 명사의 의미에 입각하여 하위 그룹들로 세분된다.

한편 온하이저(Ohnheiser 1987: 72-82)는 러시아어 동사의 의미를 이보다 더 세분하여 12개의 큰 의미 그룹으로 분류하고, 각 그룹은 역시 하위 그룹들로 세분하였다. 이처럼 서로 다른 분류에도 불구하고, 실제 의미 기술에서 둘 사이에는 큰 차이가 없다. 따라서 러시아어 명사에서 파생된 동사들은 기존의 연구들을 바탕으로 다음과 같이 12개의 의미 그룹으로 분류할 수 있다. 물론 이 의미 그룹들 역시 하위 그룹으로 세분된다. 그러나 본 연구에서는 이에 대한 자세한 의미 기술은 다루지 않고, 울루하노프 이론을 중심으로 기술하고자 한다.

1) '파생 모어인 명사에 의해 지칭된 사람(것)에 고유한 행위를 수행하다'의 의미는 다음의 접미사를 가지는 자동사(드물게는 타동사)들에 의해 표현된다.

-и₁-: кашеварить, тиранить, фиглярить, чудачить

-ова-: плутовать, паразитировать, врачевать, пилотировать

-нича-: столярничать, слесарничать, бродяжничать, попрошайничать, сумасбродничать

-ствова-: тиранствовать, пророчествовать, сумасбродствовать, сибаритствовать

이처럼 행위를 지칭하는 일련의 동사는 행위의 주어와 관련하여 다음과 같이 세 의미 그룹으로 나눌 수 있다.

(1) '주어가 파생 모어에 의해 지칭된 사람이 되다': дружить, вдовствовать, малярить

(2) '주어가 그러한 사람으로 일하다': шахтёрить, директорствовать, профессорствовать

(3) '누구 또는 무엇과 흡사하다': лисить, парусить, школьничать, актёрствовать

접미사 -и₁-을 가지는, 자연 현상을 지칭하는 명사로부터 파생된 동사들은 항상 주어가 없이 사용된다.

вьюжить, дождить, пуржить

2) 의미 '파생 모어인 명사에 의해 지칭된 곳에서 행해지는 행위를 수행하다'는 접미사 -и₁-, -ова-, -нича-, -а₁-을 가지는 자동사에 의해 표현된다. 어떤 동사들은 특정 장소에서 전형적으로 일어나지만, 그 장소 밖에서 일어나는 행위도 의미한다.

базарить, балаганить, базарничать, балаганничать

반면에 어떤 동사들은 일정한 장소에서 일어나는 행위를 나타낸다.

шлюзовать, докировать

3) 의미 '파생 모어인 명사에 의해 지칭된 시간 동안에 행위를 수행하다'는 다음의 접미사를 가지는 자동사에 의해서 표현된다.

> **-ова-**: ночевать, дневать, зимовать, штормовать
> **-нича-**: сумерничать

4) 의미 '파생 모어인 명사에 의해서 지칭된 특성을 나타내다'는 다음의 접미사를 가지는 자동사에 의해서 표현된다.

> **-нича-**: малодушничать, двуличничать
> **-ствова-**: малодушествовать, раболепствовать, сходствовать

5) 의미 '파생 모어인 명사에 의해 지칭된 것을 공급(분배)하다'는 다음의 접미사를 가지는 티동사에 의해 표현된다.

> **-и₁-**: маслить, смолить, пудрить, вощить, перчить
> **-ова-**: финансировать, асфальтировать, спиртовать, телефонизировать
> **-а₁-**: пятнать, венчать, пеленать, седлать

6) 의미 '파생 모어인 명사에 의해 지칭된 것을 떼어내다, 제거하다'는 접미사 -и₁-를 가지는 타동사에 의해서 표현된다.

> **-и₁-**: потрошить, шелушить, обесчестить, обезоружить, обезлесить, обезвредить, обезз에мелить

7) 의미 '파생 모어에 의해 지칭된 것(사람)으로 (유사하게) 만들다'는 다음의 접미사를 가지는 타동사들에 의해 표현된다.

> **-и₁-**: калечить, решетить, сиротить, магнитить
> **-ова-**: колонизировать, консервировать, математизировать, силосовать

8) 의미 '파생 모어인 명사에 의해 지칭된 장소나 상황에 누구 또는 무엇을 넣다'는 다음의 접미사를 가지는 동사들에 의해 표현된다.

-и₁-: пленить
-ова-: складировать, бункеровать

9) 의미 '파생 모어인 명사에 의해 지칭된 것을 만들다'는 다음 두 그룹의 동사들에 의해 표현된다.

(1) 접미사 -и₁-와 -ова-를 가지는 타동사
　　-и₁-: копнить, роить, слоить, клубить, вихрить
　　-ова-: группировать, комплектовать, копировать, тюковать, дозировать
(2) 접미사 -и₁-와 -ова-, -нича-를 가지는 자동사
　　-и₁-: дымить, чадить, искрить
　　-ова-: бутонизировать, стрелковать
　　-нича-: прибаутничать

10) 의미 '파생 모어인 명사에 의해 지칭된 것의 도움으로 작동하다'는 다음의 타동사와 자동사에 의해 표현된다.

(1) 다음의 접미사를 가지는 타동사
　　-и₁-: боронить, лопатить, бомбить, утюжить, шпорить
　　-ова-: циклевать, шприцевать
(2) 다음의 접미사를 가지는 자동사
　　-и₁-: рулить, винтить
　　-нича-: самоварничать
　　-а₁-: костылять

11) 의미 '파생 모어인 명사에 의해 지칭된 행위를 수행하다'는 다음 두 그룹의 동사들에 의해서 표현된다.

(1) 접미사 -ова-를 가지는 타동사

-ова-: анализировать, атаковать, бойкотировать, контролировать, ремонтировать, синтезировать, терроризировать, шантажировать, экспортировать

(2) 다음의 접미사를 가지는 자동사

-ова-: интриговать, протестовать, салютовать, стартовать, дебютировать

-нича-: опытничать, развратничать, фокусничать

-ствова-: кощунствовать, попустительствовать, самоуправствовать

12) 의미 '파생 모어인 명사에 의해 지칭된 사람(것)에 고유한 특성을 얻다'는 접미사 -e-를 가지는 동사들에 의해 표현된다.

-е-: сиротеть, звереть, сатанеть, столбенеть

9.3.1.3. 형용사로부터 파생된 동사

1) 의미 '파생 모어인 형용사에 의해 지칭된 특성을 가지는 사람(것)에 고유한 행위를 수행하다'는 다음의 접미사를 가지는 동사들에 의해 표현된다.

-и₁-: глупить, лукавить, хитрить, картавить

-ова-: лютовать

-нича-: важничать, жадничать, капризничать

-ствова-: злобствовать, свирепствовать, усердствовать

-а₁-: хромать

일련의 동사는 파생 모어인 형용사에 의해 지칭된 특성의 보유자가 행위의 주체가 되는 행위를 지칭한다.

грустить, горчить, кислить, пустовать, безмолвствовать

어떤 동사들은 '부정적으로 평가되는 행위'를 지칭하는데, 이 경우 파생 모어의 의미가 부정적인 특성을 나타내지 않을 수도 있다.

> ловчить, мудрить, осторожничать, откровенничать, мудрствовать, усердствовать

2) 의미 '파생 모어인 형용사에 의해 지칭된 특성에 의해 특징지어지는 행위를 수행하다'는 다음의 접미사를 가지는 동사들에 의해 표현된다.

> **-и₁-**: частить, фальшивить
> **-нича-**: интимничать, самоуправничать, фамильярничать
> **-ствова-**: самоуправствовать

3) 의미 '파생 모어인 형용사에 의해 지칭된 특성이나 많은 정도의 특성을, 누구나 무엇에 부여하다'는 다음의 접미사를 가지는 동사들에 의해 표현된다.

> **-и₁-**: разнообразить, грязнить, пьянить, рыхлить
> **-ова-**: активизировать, нейтрализовать, стабилизировать
> **-ствова-**: совершенствовать
> **-а₁-**: ровнять

4) 의미 '특성을 부여하거나 많은 특성을 얻다'는 다음의 접미사를 가지는 동사들에 의해서 표현된다.

> **-е-**: прочнеть, белеть, краснеть, мрачнеть, седеть
> **-ну₁-**: крепнуть, мокнуть, слепнуть, сохнуть, глохнуть
> **-а₁-**: ветшать, крепчать, мельчать

특성의 획득과 함께 외적인 특성의 의미를 가지는 형용사에서 파생된 동사들은 그 특성의 출현을 의미한다.

▮ белеть, желтеть, зеленеть, пестреть, светлеть, яснеть

9.3.1.4. 동사로부터 파생된 동사

9.3.1.4.1. 접미사 첨가에 의해 파생된 동사

동사에서 파생된 접미사적 동사에서는 접미사 -ну₂-, -ану-, -ива-/-ва-/-а₃-, -и₂-, -и₃-, -а₄-, -а₅-가 나타난다. 그러나 이처럼 상을 형성하는 접미사에 대한 학자들의 견해는 상이하다. 실제로 상의 짝을 이루는 두 동사들이 한 단어의 상이한 문법적 형태인지, 아니면 서로 다른 단어인지에 대한 문제는 학자에 따라 다르게 다루어진다. 젬스까야(Земская 1973: 27)는 상의 의미를 문법적인 것으로 보는 반면에, 아카데미 문법(АГ 1980: 347-374)에서는 이것을 조어적인 현상으로 간주한다. 본 연구에서는 상의 의미를, 아카데미 문법과 마찬가지로 조어적인 현상으로 보고 그 의미를 기술하겠다.

1) 먼저 의미 '행위의 일회성'은 다음의 접미사를 가지는 동사들에 의해서 표현된다.

▮ **-ну₁-**: дунуть, крикнуть, скользнуть, толкнуть
▮ **-ану-**: мазануть, резануть, толкануть, хлестануть

접미사 -ану-를 가지는 동사들은 부가적인 의미로 '행위의 강도나 표현성, 강렬함'을 가진다.

불완료상 동사에서 파생된, 접미사 -ива-를 가지는 동사들은 행위의 '다회성'을 의미하는데, 주로 구어나 속어에 관련된다.

▮ видывать, знавать, певать, слыхивать, хаживать

2) 의미 '파생 모어인 동사에 의해 지칭된 행위를 야기하다'는 다음의 접미사를

가지는 동사들에 의해서 표현된다.

-и₂-: воскреснуть - воскресить, гаснуть - гасить
-а₄-: сесть, сидеть - сажать, вешать, слушать

3) 의미 '파생 모어인 동사에 의해 지칭된 행위를 여러 번, 또는 여러 방향으로 수행하다'는 다음의 접미사를 가지는 동사들에 의해서 표현된다.

-и₃-: брести - бродить, возить, водить, ездить, лазить, носить
-а₅-: бежать - бегать, гонять, катать, лазать, летать, плавать, ползать, таскать

9.3.1.4.2. 접두사 첨가에 의한 동사

접두사적 동사는 동사로부터 파생된다. 대부분의 파생 모어인 동사들은 불완료상 동사지만, 드물게는 완료상 동사와 두 가지 상을 동시에 나타내는 동사들이 파생 모어가 되기도 한다. 접두사적 방법에 의하여 파생된 대부분의 동사들은 완료상 동사이다. 만약 이 동사들이 불완료상 동사들에 의해 파생되면, 이 경우 접두사는 완료상의 의미를 나타내는데, 대부분 이 의미는 조어 의미와 결합한다.

делать - переделать

불완료상 동사에 접두사가 붙으면 대개 완료상 동사가 되며(예: писать - выписать), 드물게는 두 상을 동시에 나타내는 동사가 형성되거나(예: проектировать - перепроектировать), 불완료상 동사(예: чувствовать - предчувствовать)가 된다. 두 상을 동시에 가지는 동사에 접두사가 붙으면 완료상 동사(예: наследовать - унаследовать)나, 두 상을 동시에 가지는 동사(예: ориентировать - дезориентировать)가 형성된다. 그러나 완료상 동사에 접두사가 붙으면 동사의 상은 변하지 않는다(예: прыгнуть - подпрыгнуть).
완료상의 접두사적 동사에는 де-, дис-, ре-를 제외한 모든 접두사들이 나타나고,

불완료상의 접두사적 동사에서는 접두사 пред-와 co$_2$-가 나타난다. 또한 두 가지 상을 지니는 접두사적 동사에서는 접두사 де-, дис-, ре-가 나타난다.

접두사 пред-, co$_2$-, де-, дис-, ре-를 가지는 동사들의 상은 일반적으로 파생 모어의 상과 구별되지 않는다. 접두사 де-를 가지는 단지 몇 개의, 두 가지 상을 가지는 동사들만이 불완료상 동사에 의해 파생된다.

■ маскировать - демаскировать, шифровать - дешифровать

다른 접두사를 가진 동사들은 파생 모어인 동사의 상과 동일한 상을 가지는 경우가 극히 드물다. 완료상 동사에 의해 파생된 모든 경우(예: бросить - отбросить)와 두 가지 상을 동시에 나타내는 동사들에 의해 파생된 경우의 일부(예: оборудовать - дооборудовать, ориентировать - переориентировать)가 여기에 해당된다.

접두사의 의미와 관련하여 접두사 첨가에 의해 형성된 동사들은 7개의 그룹으로 나뉘는데, 여기서 마지막 그룹은 의미적으로 서로 관련되지 않은, 고립적인 의미를 가지는 동사들이다. 그러면 지금부터 이들 동사 그룹의 의미를 살펴보자.

1) 공통 의미로서 '공간에서 행위의 방향'을 나타내는 이 동사들은 다음과 같이 더 구체적인 의미를 가지는 하위 그룹으로 나뉜다.

  (1) 접두사 под-, при-, над-, до-를 가지는 동사들은 '무엇에 대한 지향성, 근접, 부가, 추가'의 의미를 나타낸다.
    접두사 под-를 가지는 동사들은 '근접, 부가'의 의미를 가진다.
    под-: подойти, подстроить, подкатить
    접두사 при-를 가지는 동사들은 '어떤 장소에 도달, 도착, 어떤 장소로의 도달'의 의미를 지닌다.
    при-: прийти, пристроить, приехать, прилепить, придвинуть
    접두사 над-를 가지는 동사들은 '대상에 대한 무엇의 부가, 추가(가끔은 그 윗부분에), 그 크기의 부가적인 확대'의 의미를 나타낸다.
    над-: надстроить, надклеить, надвязать
    접두사 до-를 가지는 동사들은 '공간에서 행위의 어떤 범위까지의 수행'의 의미를 가진다.

до-: дойти, довезти, долететь, дотащить, дорыть

(2) 접두사 от-, у-를 가지는 동사들은 '무엇으로부터 멀어지는 것, 분리'의 의미
를 나타낸다. 접두사 от-를 가지는 동사들은 '어떤 거리만큼 멀어지는 것,
무엇으로부터의 분리'를 나타낸다.

от-: отлететь, отломать, отбежать, отгрызть, откатить, отойти

접두사 у-를 가지는 동사들은 '어디로부터 멀어지다, 어떤 장소를 떠나다(떠
나게 하다)'의 의미를 나타낸다.

у-: улететь, увезти, уйти, унести, уползти

(3) 접두사 с-를 가지는 동사들은 '여러 곳으로부터 한 곳으로 도달하는 것, 하나
로 합하는 것'의 의미를 나타낸다.

с-: сгрести, склеить, согнать, спаять, сдвинуть

(4) 접두사 раз-를 가지는 동사들은 '여러 방향으로의 지향성, 확산, 분열'의 의미
를 가진다.

раз-: разослать, разломать, раздвинуть, раздернуть

(5) 접두사 в-를 가지는 동사들은 '무엇 안에 놓는 것, 침투'를 의미한다.

в-: вкатить, вползти, войти, влить

(6) 접두사 вы-를 가지는 동사들은 '무엇으로부터 멀어짐, 분리, 밖으로의 이동'
을 나타낸다.

вы-: выгнать, вывезти, выломать, вынырнуть

접두사 из-를 가지는 동사도 동일한 의미를 나타내는데, 이러한 동사들은
생산적이지 않다.

из-: изгнать, иссечь, истечь

(7) 접두사 за-, на-, у-를 가지는 동사들은 '무엇의 표면에서 일어나는 행위'를
나타낸다. 먼저 접두사 за-를 가지는 동사들은 '파생 모어인 동사로 지칭된
행위에 의해 무엇으로 덮다'를 의미한다.

за-, на-, у-: закапать, забрызгать, засеять, застроить

접두사 на-를 가지는 동사들은 '무엇의 표면으로 행위를 지향하다, 무엇 위에
놓다, 무엇과 충돌하다'의 의미를 나타낸다.

на-: накатить, наехать, наклеить, налететь, насыпать, надвинуть

접두사 y-를 가지는 동사들은 '파생 모어인 동사로 지칭된 행위에 의해 무엇을 완전히 덮다'를 의미한다.

y-: усыпать, укутаться, устлать

(8) 접두사 c-를 가지는 동사들은 '무엇으로부터 멀어짐'을 의미한다.

c-: скатить, слететь, сползти, сбросить, спрыгнуть

(9) 접두사 под-를 가지는 동사들은 '무엇을 깨끗이 하다, 무엇으로부터 모든 나머지를 제거하다'의 의미를 지닌다.

под-: подклевать, подлизать, подскрести, подъесть

(10) 접두사 низ-를 가지는 동사들은 '아래쪽으로의 행위의 지향'을 나타낸다.

низ-: низвести, низойти, низринуть, ниспасть

(11) 접두사 под-를 가지는 동사들은 '무엇 아래로'의 의미를 지닌다.

под-: подлезть, подостлать, подтечь, поднырнуть

(12) 접두사 вз-, воз-, под-를 가지는 동사들은 '밑에서 위로의 행위 방향'의 의미를 지닌다.

вз-: взлетать, вскинуть

воз-: возвести, воспарить

под-: подлететь, подбросить, подпрыгнуть

(13) 접두사 пере-를 가지는 동사들은 '대상들이나 동일한 대상의 부분들 사이에 무엇을 놓는 행위'의 의미를 가진다.

пере-: пересыпать, переплести, перевить

(14) 접두사 o-를 가지는 동사들은 '무엇 주위로의 행위, 무엇의 모든 방향으로의 행위'를 지칭한다.

o-: обежать, окутать, окопать, обрызнуть

(15) 접두사 об-을 가지는 동사들은 '무엇의 주위로 통과하다'를 의미한다.

об-: обжарить, обвести, обмерзнуть, обрасти

(16) 접두사 за-, над-를 가지는 동사들은 '대상 일부로의 행위 확산'을 나타낸다.

за-: запилить, зачистить, замыть; **над-**: надпилить, надгрызть, надколоть,

над-: надрубить

(17) 접두사 o-, об-, про-를 가지는 동사들은 '무엇 옆으로의 행위'를 나타낸다.

o-: обежатьобойти

об-: объехать, обскакать

про-: проехать, пробежать, пройти, проплыть

(18) 접두사 за-, от-를 가지는 동사들은 '어느 곳으로의 행위의 지향'(가끔 '장애를 통과하여', '먼 곳으로'와 같이 구체화)을 나타낸다.

за-: забросить, загнать, заехать, заплыть, запрятать, задвинуть

от-: отвезти, отвести, откочевать, отнести, оттащить

(19) 접두사 про-를 가지는 동사들은 '앞으로 이동, 전진, 어떤 거리의 돌파'의 의미를 나타낸다.

про-: пройти, пробежать, проплыть

이 접두사를 가진 동사들은 또한 '무엇을 통과하는 행위의 방향, 무엇을 통과하여 안쪽으로 지향하는 행위'를 나타낸다.

про-: пройти, просверлить, прогрызть, протолкнуть

(20) 접두사 пере-를 가지는 동사들은 '한 곳에서 다른 곳으로의 이동, 무엇을 통과하는 행위의 방향'을 의미한다.

пере-: перенести, перейти, переплыть, перебросить, перевалить

(21) 접두사 у-를 가지는 동사들은 '어떤 공간에 넣어 두다'의 의미를 지닌다.

у-: упихать, уписать

2) 공통 의미 '시간의 경과에 따른 행위의 특성'을 가지는 동사 그룹은 다음과 같이 더 구체적인 의미를 가지는 의미 그룹으로 나뉜다.

(1) 접두사 за-, воз-, по-를 가지는 동사들은 '행위의 시작'을 나타낸다.

за-: запеть, забегать, заволноваться, застучать

воз-(가끔 '행위의 강도'의 의미와 결합하여): возликовать, возлюбить, возненавидеть

по-: подуть, полюбить, почавствовать, посыпаться

(2) 접두사 по-, про-, пере-, вы-를 가지는 동사들은 '일정 시간이 흐르는 동안의 행위 수행'의 의미를 나타낸다.

по-(흔히 '잠시 동안'의 의미와 결합하여): постоять, покатать, полетать, поработать

про-(흔히 '긴 시간 동안에'와 결합하여): простоять, прождать, пролежать, проплутать

пере-(보통 '알려진 일정한 시간 동안'의 의미와 결합하여): переждать, перезимовать, переночевать, перекурить

вы-('무엇을 일정한, 흔히 긴 시간 동안 지속하다'의 의미와 결합하여): выжить, высидеть, вытерпеть

(3) 접두사 до-를 가지는 동사들은 '시간상 일정한 점이나 끝까지 행위의 완성'을 의미한다.

    до-: досидеть, доварить, домыть, доучиться

(4) 접두사 от-, пере-를 가지는 동사들은 '일정한 시간 동안 지속되는 행위의 종결'을 의미한다.

    от-: отшуметь, отзвонить, отлюбить, отцвести

    пере-(보통 '행위의 강도'와 함께): перебродить, переболеть

(5) 접두사 пере-, ре-, воз-는 '반복해서, 새로, 다시 행위를 수행하는 것'을 의미한다.

    пере-(보통 '새로, 달리'의 의미와 함께): переделать, перешить, перевоспитать, перезарядить, переориентировать

    ре-(가끔 '새로, 달리'의 의미와 함께): реорганизовать, реэвакуировать

    воз-: воссоединить, воссоздать

(6) 접두사 за-, пред-를 가지는 동사들은 '미리, 사전의 행위 수행'을 의미한다.

    за-: заготовить, запроектировать, запланировать, запродать

    пред-: предопределить, предвидеть, предостеречь, предрешить, предугадать

(7) 접두사 до-, под-, при-를 가지는 동사들은 '부가적인 행위의 수행'을 나타낸다.

    до-(가끔 '필수적인 규범까지의 행위 수행'의 의미와 함께): доплатить, доизбрать, докупить, долить, доразведать

    под-(보통 '약간의 강도'의 의미와 함께): подгладить, подкопить, подкрасить, подлить, подсыпать

    при-: приплатить, прикупить, принанять, присочинить

(8) 접두사 за-를 가지는 타동사들은 '다른 행위 직후의 행위 수행'을 의미한다.
за-: запить, заесть

(9) 접두사 под-와 при-를 가지는 동사들은 '다른 행위가 수행되는 동안의 행위 수행이나, 다른 행위의 종결 직후 행위 수행'을 나타낸다.
под-(흔히 '누구, 무엇에 순응하여'의 의미와 함께): подпеть, подыграть, подладить, подтянуть, подхихикнуть
при-: пристукнуть, присвистнуть, прищелкнуть

(10) 접두사 пере-, по-를 가지는 동사들은 '다회적인, 가끔 또한 순차적인 행위의 수행'('많은 대상들에 대한 행위의 확산이나 많은 주체에 의한 행위의 수행'의 의미와 함께)을 나타낸다.
пере-: перепробовать, перебить, переглотать, перегаснуть, перезабыть
по-: поглотать, помёрзнуть, побросать, повскакивать, попадать

(11) 접두사 **с-**를 가지는 동사들은 '행위의 일회성'의 의미를 표현한다.
с-: схитрить, сманеврировать, сходить, съездить, сглупить

3) 공통 의미 '행위의 강도'를 가지는 동사들은 다음과 같이 더 구체적인 의미를 가지는 동사 그룹들로 나뉜다.

(1) 다음의 접두사를 가지는 동사들은 '강도가 높은 행위'의 의미를 나타낸다.
вз-: ① '강렬함, 돌발성'의 의미와 함께: вскрикнуть, взвизгнуть, вздорожать, взмокнуть; ② '행위의 시작'의 의미와 함께: взвыть, взреветь
вы-(가끔 '상세함, 철저함'의 의미와 함께): выбелить, выделать, выписать, вымокнуть
из-: иззябнуть, иссохнуть, иссушить
на-(가끔 '철저함'의 의미와 함께): нагладить, набезобразничать, нагрешить
от-(보통 '철저함'의 의미와 함께): открахмалить, отгладить, отделать, откорректировать
пере-: перепугать, переволновать, перемокнуть, перетревожить
пре-: преисполнить
про-(보통 '철저함'의 의미와 함께): продумать, проварить, прогладить, проработать

раз-: растолстеть, разволновать, раскормить, раскритиковать, разобидеть

(2) 다음의 접두사를 가지는 동사들은 '강도가 그리 높지 않은 행위'의 의미를 나타낸다.

под-: подбодрить, подзабыть

при-: приглушить, привстать, приоткрыть, притормозить

по-(가끔 '행위의 점진성'의 의미와 함께): поотстать, поизноситься, поостеречься, пообсохнуть

на-: наиграть, напеть

(3) 접두사 недо-를 가지는 동사들은 '행위의 불완전함, 필요한 규범까지 행위 수행의 미실현'의 의미를 가진다.

недо-: недоделать, недожарить, недоесть, недовыполнить

(4) 접두사 пере-를 가지는 동사들은 '행위의 지나친 강도'를 나타낸다.

пере-: перегреть, пережарить, переохладить, перезаниматься, переутомить

(5) 접두사 пере-, об-를 가지는 타동사는 '굉장한 강도를 가진 행위, 또는 누구보다 더 잘 수행하는 행위'를 지칭한다.

пере-: переспорить, перекричать, переплясать, перерасти

об-: обыграть

4) 공통 의미 '행위의 다(多)대상성과 다주어성'을 가지는 동사들은 다음과 같이 좀 더 구체적인 의미를 나타내는 그룹들로 분류된다.

(1) 접두사 o-와 об-을 가지는 동사들은 '많은 대상에 대한 행위의 확산(또는 한 대상의 범위 안에서 여러 곳에 미치는 행위)'을 의미한다.

о-: обегать, опросить

об-: облетать, объездить

(2) 접두사 из-를 가지는 동사들은 '한 대상의 범위 안에서 여러 곳에 대한 행위의 확산'을 나타낸다.

из-: изъездить, избороздить, изранить, изрезать, искусать

(3) 접두사 пере-, по-를 가지는 동사들은 (다회성의 의미, 가끔 행위의 순차성과 결합하여) '많은 대상에 대한 행위의 확산이나 여러 주어에 의한 행위의 수행'을 나타낸다(이에 대해서는 2)의 (10)번 참조).

(4) 접두사 на-를 가지는 동사들은 '행위의 대상이나 주체의 축적'을 의미한다.

на-: наготовить, надергать, накупить, наловить, наехать

5) 공통 의미 '대상의 획득, 근절이나 원치 않는 상태까지 행위의 수행'을 가지는 동사들은 다음과 같은 더 구체적인 의미를 가지는 그룹으로 나뉜다.

(1) '파생 모어인 동사에 의해 지칭된 행위에 의하여 어떤 것을 획득하는 것'의 의미는 다음의 접두사를 가지는 타동사들에 의해서 표현된다.

вы-: выиграть, высидеть, выследить, высмотреть, вычитать

за-: завоевать, заработать, заслужить

(2) 다음의 접두사를 가지는 동사들은 '무엇의 제거, 소모'의 의미를 가진다.

из-: исписать, извязать, исстрелять

про-: проесть, проездить

с-: скормить, сгрызть, сжевать

у-: угрохать, ухлопать, убухать

(3) '누구 또는 무엇의 원치 않는 상태까지의 행위 수행'의 의미는 다음의 접두사를 가지는 타동사들에 의해 표현된다.

до-: долечить, доездить

за-: заводить, заговорить, заездить, закормить, залечить

от-: отлежать, отдавить, отсидеть, оттопать

у-: уводить, угонять, уездить, укачать

6) 공통 의미 '동사에 의해 지칭된 행위를 (어떤 결과에 도달하도록) 수행하다'는 다음의 접두사를 가지는 동사들에 의해서 표현된다.

вз-: взрастить, вскипеть, вскормить

воз-: воспрепятствовать, воспротивиться, возмужать

вы-: вылечить, выстроить, высушить

за-: законсервировать, застенографировать, зашифровать

из-: измерить, искупать, испортить, испугать

на-: нзгреть, намочить, напоить, насмешить

о-: обеспокоить, оглохнуть, озябнуть, опубликовать, ослабеть

об-: обветшать, обмелеть, обучить

от-: отрегулировать, отремонтировать, отыскать

по-: погасить, подарить, позавтракать, порозоветь, посеять, построить

под-: подмести, подсчитать

при-: приготовить, приласкать, примирить

про-: прозвучать, продемонстрировать, проконсультировать

раз-: разбудить, развеселить, расцвести

с-: сделать, скривить, сварить, смять

у-: ужалить, укомплектовать, урегулировать, усовершенствовать

위에 기술한 동사들은 그 파생 모어와 함께 상의 짝을 형성한다.

7) 이 의미 그룹에는 다음과 같이 개별적인 의미를 가지는 그룹들이 속한다.

(1) 다음의 접두사를 가지는 동사들은 '파생 모어인 동사에 의해 지칭된 행위와 반대되는 행위, 그 행위를 파기하는 행위'의 의미를 나타낸다.
   рас-: распаковать, разминировать, разморозить, разогнуть, разуверить
   от-: отсоветовать, отговорить, отдумать, отучить
   де-/дез-: демаскировать, демобилизовать, дешифровать; дезорганизовать
   дис-: дисгармонировать, дисквалифицировать

(2) 접두사 под-를 가지는 동사들은 '비밀리에, 몰래 하는 행위의 수행'을 의미한다.
   под-: подслушать, подсмотреть, подбросить, подсказать, подговорить

(3) 접두사 за-를 가지는 동사들은 '기본적인 운동 방향으로부터 이탈하는, 부수적인 행위'를 의미한다.
   за-: заехать, забежать, завезти, занести

(4) 접두사 от-를 가지는 동사들은 '응답성 행위'를 나타낸다.

    от-: отдарить, отплатить, отомстить

(5) 접두사 со-를 가지는 동사들은 '공동 행위'를 의미한다.

    со-: сосуществовать, сопереживать, соучаствовать

(6) 접두사 об-을 가지는 동사들은 '손해를 끼치는 행위(가끔 거짓의 의미와 함께)'를 나타낸다.

    об-: обсчитать, обделить, обмерить, объесть

(7) 접두사 про-를 가지는 타동사들은 '부주의, 실수에 의한 태만'을 의미한다.

    про-: проспать, проглядеть, прогулять, прокараулить

(8) 접두사 у-를 가지는 자동사는 '자신을 어떤 상태로 유지시키는 행위'를 지칭한다.

    у-: усидеть, улежать, устоять, утерпеть

(9) 접두사 **у-**를 가지는 동사들은 '규모, 크기에서 작음'을 나타낸다.

    у-: усохнуть, укипеть, ужать, ушить

9.3.1.4.3. 접두사와 접미사 동시 첨가에 의한 동사

접두사와 접미사 동시 첨가에 의해 형성되는 동사들은 명사, 형용사, 동사, 드물게는 수사로부터 파생된다. 명사(имя)로부터 파생된 동사들은 완료상이 되며, 동사로부터 파생된 동사들은 완료상(예: 접미사 $-ну_2-$, $-и_4-$을 가지는 동사)이나 불완료상(예: 접미사 $-ива-/-ва-/-а_3-$를 갖는 동사)과 관련된다. 접두사와 접미사 동시 첨가에 의해 형성된 동사들은 그 접미사를 가지는 접미사적 동사들과 동일한 단어 변화 부류 및 그룹에 속한다.

9.3.1.5. 명사로부터 파생된 동사

1) 의미 '무엇의 부여, 분배'는 다음의 조어 수단을 가지는 타동사에 의해서 표현된다.

за-...-и₁-: задымить, затенить, затоварить, захламить

из-...-и₁-(의미 '다량, 대량으로'와 함께): искрестить, изузорить, изъязвить

о-...-и₁-: озаглавить, озвучить, опушить

об-...-и₁-: обмелить, обдернить, обсеменить

про-...-и₁-: прожирить, прорезинить

об-...-ова-: обваловать

за-...-а₁-: завожжать, зауздать

о-...-а₁-: опоясать

об-...-а₁-: обуздать

2) 의미 '제거'는 다음의 조어 수단을 가지는 타동사에 의해서 표현된다.

обез-...-и₁-: обезжирить, обезболить, обессолить, обесшумить

раз-...-и₁-: разоружить, растарить

3) 의미 '누구 또는 무엇에 고유한 특성의 부여, 누구 또는 무엇으로의 변환'은 다음의 조어 수단을 가지는 동사에 의해서 표현된다.

за-...-и₁-: заболотить, залужить

о-...-и₁-: очеловечить, онемечить, оболванить, обуржуазить, обюрократить

раз-...-и₁-('밀어붙이다, 잘게 부수다'의 의미와 함께): распылить, раскрылить, расщебенить

у-...-и₁-('자기 책임하에'의 의미와 함께): удочерить, усыновить

4) 조어 수단 с-...-и₁-을 가지는 동사들은 '무엇의 창조('무엇으로 합해져서'의 의미와 함께)'를 나타낸다.

с-...-и₁-: сгрудить

5) 의미 '무엇의 도움에 의한 행위의 수행'은 다음의 조어 수단을 가지는 동사들에 의해 표현된다.

от-...-и₁-('분리'의 의미와 함께): отграничить
под-...-и₁-('아래로부터 들어 올리다'의 의미와 함께): подрессорить
при-...-и₁-('무엇에 고착시키다'의 의미와 함께): прикнопить
с-...-и₁-('하나로 융합시키다'의 의미와 함께): сболтить

6) 조어 수단 при-...-и₁-을 가지는 동사들은 '무엇에의 근접, 밀착'의 의미를 나타낸다.

при-...-и₁-: пригубить, приземлить

7) 의미 '어떤 상태로 이끄는 것'은 다음의 조어 수단을 가지는 타동사들에 의해서 표현된다.

при-...-и₁-: приохотить, пристрастить
раз-...-и₁-: раззадорить, разохотить, разъярить
у-...-и₁-: уравновесить, упорядочить
раз-, про-...-а₁-: разгневать; прогневать

8) 다음의 조어 수단을 가지는 동사들은 '무엇의 획득'의 의미를 나타낸다.

за-...-е-: замшеть, затраветь
об-...-е-: обомшеть, облиствееть

9) '박탈'의 의미는 조어 수단 обез-...-е-를 가지는 동사들에 의해서 표현된다.

обез-...-е-: обеспамятеть, обезденежеть, обезлесеть, обезрыбеть

9.3.1.6. 형용사와 수사에서 파생된 동사

1) 의미 '파생 모어인 형용사에 의해 지칭된 특성의 부여'는 다음의 조어 수단을 가지는 타동사들에 의해서 표현된다.

вы-...-и₁-: выявить, выяснить

за-...-и₁-: затруднить, задобрить, засекретить

из-...-и₁-('특성의 높은 정도'의 의미와 함께): истончить, изредить, испошлить

на-...-и₁-: насытить, наполнить

о-...-и₁-: осложнить, облагородить, оголить, оздоровить, осовременить

об-...-и₁-: облегчить, обновить, обобщить

пере-...-и₁-('극히 높은 정도의 특성'의 의미와 함께): перекислить, перегорчить, перетончить

по-...-и₁-('더 높은 정도의 특성'과 함께): повысить, понизить, пояснить

под-...-и₁-('대단치 않은 정도의 특성'의 의미와 함께): подкоротить, подновить

про-...-и₁-: прояснить, проредить

раз-...-и₁-: разредить, расслабить, разъяснить

с-...-и₁-: снизить(이 동사는 '무엇의 제거'의 의미와 함께), скособочить, спешить

у-...-и₁-: укрупнить, увлажнить, углубить, удлинить, умилостивить

의미 '특성의 제거'는 조어 수단 раз-...-и₁-을 가지는 동사들에 의해 표현된다.

раз-...-и₁-: рассекретить, разобщить

의미 '무엇의 속에 넣다'는 조어 수단 за-...-и₁-를 가지는 동사에 의해 표현된다.

за-...-и₁-: заглубить, завязить

의미 '무엇에서 우위를 점하다'의 의미는 조어 수단 пере-...-и₁-을 가지는 동사에 의해서 표현된다.

■ **пере-...-и₁-**: переупрямить, пересилить

의미 '특성의 획득'은 다음의 조어 수단을 가지는 동사들에 의해서 표현된다.

■ **за-...-е-**: заглянцеветь, закурчаветь
■ **о-...-е-**: ополоуметь, ороговеть, оголеть
■ **по-...-е-**: погордеть, покрасиветь, построжеть, поширеть
■ **о-...-а₁-**: обеднять
■ **по-...-а₁-**: получшать, потоньшать

2) 의미 '파생 모어인 수사에 의해 지칭된 만큼의 단위로 구성된 그룹으로 합하다'는 조어 수단 с-...-и₁-을 가지는 동사에 의해 표현된다.

■ **с-...-и₁-**: сдвоить, строить, счетверить

의미 '파생 모어인 수사에 의해 지칭된 배수만큼 증가시키다'는 조어 수단 у-...-и₁-을 가지는 동사들에 의해서 표현된다.

■ **у-...-и₁-**: удвоить, утроить, учетверить, удесятерить

9.3.1.7. 동사에서 파생된 동사

접두사와 접미사 동시 첨가에 의해 형성된 불완료상 동사들은 상이한 접두사와, 접미사 -ива-/-ва-/-а₃-을 포함한다. 이 동사들은 조어 수단의 의미와 관련하여 다음과 같이 세 그룹으로 나눌 수 있다.

1) '공간적인 의미 – 무엇으로부터 행위의 지향성'은 접두사 от-를 가지는 동사들에 의해서 표현된다.

■ **от-**: отблескивать, отсвечивать, отсверкивать

이 의미 그룹은 빛과 관련된 현상을 지칭하는 동사들에서 나타난다.

2) 공통 의미 '시간의 경과에 따른 행위의 특성'은 다음과 같이 더 구체적인 의미를 지니는 그룹들로 나뉜다.

(1) 의미 '서두르지 않는, 긴, 반복적인 행위 수행'(운동 동사에서는 또한 다방향성의 의미)은 접두사 раз-를 가지는 동사들에 의해 표현된다.

раз-: пить - распивать, ходить - расхаживать, разгуливать, разъезжать, раздумывать, распевать

(2) '오래 계속되는, 지속적인, 가끔은 반복적인 행위의 의미'는 '강도나 철저함'의 의미와 함께 다음의 조어 수단을 가지는 동사들에 의해 표현된다.

на-...-ива-: названивать, накручивать

от-...-ива-: отплясывать, отстукивать, отщелкивать

(3) '부수적인 행위'의 의미는 조어 수단 при-...-ива-, -ва-를 가지는 동사들에 의해서 표현된다.

при-...-ива-, -ва-: приговаривать, прихваливать, пришептывать, припевать

(4) '반복되는 주기적인 행위'의 의미는 약한 강도의 의미와 함께 조어 수단 по-...-ива-를 가지는 동사들에 의해서 표현된다.

по-...-ива-: повизгивать, побаливать, подергивать, подремывать, покачивать

(5) '반복적이며 교대로 일어나는 행위'의 의미는 조어 수단 пере-...-ива-를 가지는 동사들에 의해서 표현된다.

пере-...-ива-: перезванивать, перестукивать

3) 공통 의미 '행위의 강도'를 나타내는 동사들은 다음과 같이 더 구체화된다.

(1) 의미 '낮은 강도의 행위'는 다음의 조어 수단을 가지는 동사에 의해 표현된다.

на-...-ива-: насвистывать, накрапывать, наигрывать

по-...-ива-(반복성, 주기성의 의미와 함께): 2)의 (4)번 참조.

под-...-ива-: похнуть - подпахивать, поддразнивать, подкашливать

при-...-ива-: прихрамывать, припахивать, прихлёбывать.

(2) 의미 '행위의 높은 강도, 철저함'은 조어 수단 вы-...-ива-를 가지는 동사에 의해서 표현된다.

вы-...-ива-: вытанцовывать, выплясывать, высвистывать, вышагивать

한편 접두사와 접미사 동시 첨가에 의해 형성된 완료상 동사들은 여러 가지 접두사와 접미사 -ну₂-, -и₄-를 포함한다. 이 동사들은 조어 수단의 의미와 관련하여 다음과 같이 세 그룹으로 나뉜다.

1) 공간적인 의미는 다음과 같이 더 구체화된다.

от-...-и₄-('일정한 거리만큼 멀리하거나 무엇으로부터 분리'의 의미): кусать - откусить, отскочить, отворотить, отсадить, отстрелить, отщепить

вы-...-и₄-('무엇으로부터 멀어짐, 밖으로의 위치 변경'의 의미): хватать - выхватить, выскочить, вывесить, выронить, высадить

за-...-и₄-('무엇으로 덮다'의 의미): вешать - завесить, сажать - засадить

с-...-и₄-('무엇으로부터 멀어짐'의 의미): ворочать - своротить, соскочить, ссадить

о-, об-...-и₄-('무엇 주위로의 행위의 방향, 모든 방향으로의 행위'의 의미): хватать - охватить; вешать - обвесить, сажать - обсадить, обхватить

за-...-и₄-('무엇의 한계를 초과하는, 어떤 장소로의 행위의 방향'): сажать - засадить, ронять - заронить

про-...-и₄-('무엇을 통과하는, 속으로의 행위 방향'): кусать - прокусить, проскочить, прострелить

пере-...-и₄-('한 장소에서 다른 장소로의 행위의 방향'): вешать - перевесить, сажать - пересадить, скакать - перескочить, перецепить

이 조어 수단을 가지는 동사들은 또한 '무엇을 가로지르는 방향성'을 나타낸다.

пере-...-и₄-: кусать - перекусить, перехватить

2) 공통 의미 '시간의 경과에 따른 행위의 특성'은 다음과 같이 더 구체적인 의미를 가지는 동사 그룹으로 나뉜다.

до-...-и₄-('부가적인 행위, 가끔은 끝 또는, 요구되는 기준까지 수행된 행위'): сажать - досадить, вешать - довесить

вз-...-н₂-('짧은 시간 동안 높은 강도를 가지는 행위의 수행'): плакать - всплакнуть, вздремнуть, всхрапнуть

이 의미는 조어 수단 при-...-ну₂-를 가지는 단어에 의해서도 표현된다.

при-...-ну₂-: хворать - прихворнуть, прилгнуть, прихвастнуть

с-...-ну₂-('일회성, 가끔은 높지 않은 강도'의 의미 함께): болтать - сболтнуть, полоскать - сполонуть, сбрехнуть

3) 단지 완료상의 의미 '결과까지 행위를 수행하다'만이, 다음의 조어 수단을 가지는 동사들에 의해 표현된다.

по-...-и₄-: сажать - посадить, вешать - повесить, кланяться - поклониться, ручаться - поручиться

у-...-и₄-: ронять - уронить, кусать - укусить

이 동사들은 서로 상의 짝을 이룬다.

9.3.2. 후치사 및 접미사-후치사 동시 첨가에 의해 파생된 동사

후치사적인 방법에 의해 형성된 동사들은 후치사 -ся를 가진다. 이들 동사의 대부분은 타동사에 의해서 파생된다.

мыть - мыться

접미사 및 후치사의 동시 첨가에 의해 형성된 동사들은 명사(예: толпиться)와 형용사(예: скупиться)에 의해 파생된다. 동사로부터 파생되는 단어는 단지,

присесть로부터 조어 수단 -ива-...-ся에 의해 형성되는 동사 присаживаться와 동일한 어근 및 다른 접두사(за-, на-, от-, пере-, под-)를 가지는 동사들뿐이다. 명사와 형용사로부터 파생되는, 접미사와 후치사 동시 첨가에 의한 동사의 대부분은 생산적인 접미사 -и₁-을 가지며, 접미사 -ова-는 단지 동사 почковаться, рубцеваться, столоваться에서만, 접미사 -а₁-은 동사 нуждаться, брататься, женихаться에서만, 그리고 접미사 -е-는 виднеться에서만 나타난다. 접미사와 후치사 동시 첨가에 의해 형성된 동사들은 자동사로서, отважиться를 제외하고는 불완료상과 관련된다.

명사에서 파생된 동사들은 다음과 같은 의미를 가진다.

1) '누구, 무엇에 고유한 행위를 수행하다'(가끔 '비유적인 부가'의 의미와 함께): невеститься, женихаться, змеиться, ребячиться

2) '누구, 무엇이 되다 또는 누구, 무엇과 흡사하다': кумиться, банкротиться, куститься, брататься

3) '무엇으로 덮이다': роситься

4) '무엇의 모양을 가지다': холмиться, фосфориться, звездиться

5) '무엇을 창조하다': лучиться, колоситься, кучиться, почковаться, рубцеваться

   여기에는 '새끼를 낳다'를 의미하는 일련의 동사들, 즉 телёнок - телиться, жеребиться, ягниться, пороситься, котиться, щениться 등이 속한다.

6) '파생 모어에 의해 지칭된 행위를 수행하다': охотиться, нереститься, суетиться, суматошиться

형용사에서 파생된 동사들은 다음의 의미를 가진다.

1) '형용사에 의해 지칭된 특성을 지니는 사람에게 고유한 행위를 수행하다, 또는 그러한 특성을 소유하다': скупиться, дичиться, разниться, резвиться, виднеться

2) '특성을 획득하다': трухлявиться, кучерявиться, близиться

9.3.3. 접두사와 후치사 동시 첨가에 의해 파생된 동사

조어 방법에 의해 형성된 동사들은 주로 불완료상 동사로부터 파생된다. 그것들은 자동사로서 완료상에 관련된다. 후치사 -ся와 결합하는 접두사의 의미와 관련하여, 이 동사들은 다음의 네 그룹으로 나뉜다.

1) 공통 의미 '공간에서 행위의 방향'을 나타내는 동사들은 구체적인 의미에 따라서 다음과 같이 하위 그룹으로 나눌 수 있다.

(1) 접두사 c-를 가지는 동사들은 '여러 곳으로부터 한 곳으로 모임, 도착'의 의미를 나타낸다.
с-: сбежаться, сойтись, слететься, сползтись, слипнуться, смерзнуться, слежаться

(2) 접두사 раз-를 가지는 동사들은 '여러 곳으로의 방향, 분할, 분열'의 의미를 지닌다.
раз-: разбежаться, разбрестись, разлететься, разойтись, расступиться, разрастись

(3) 접두사 до-를 가지는 동사들은 '공간에서 어떤 한계의 달성'을 의미한다.
до-: докопаться, дорыться

2) 공통 의미 '시간의 경과에 따른 행위의 특성'은 다음과 같은 구체적인 의미 그룹으로 나뉜다.

(1) 접두사 от-를 가지는 동사들은 '지속적인 행위의 중지, 또는 (가끔 그것을 지속해야 할 불가피한 이유로) 그러한 중지로부터 벗어나는 행위'를 나타낸다.
от-: отбегаться; отъездиться, отвоеваться

(2) '긴 시간에 걸친 행위의 수행'('강도'의 의미와 함께, 아래 3)번 참조).

3) 공통 의미 강도에 따른('행위의 지속성' − 앞의 2)번 참조−, '시작', '스스로

어떤 상태에까지 이르게 하는'의 의미와 결합하여) 행위의 특성'을 나타내는 동사들은 다음과 같이 더 구체적인 의미를 가지는 그룹들로 나뉜다.

(1) '강도 높은 지속적인 행위의 결과 어떤 상태에 이르다'의 의미는 다음의 접두사를 가지는 동사들에 의해 표현된다.

вы-: выбегаться, выспаться, выплакаться

до-('나쁜 결과에 이르다'의 구체적인 의미와 함께): досидеться, догуляться, докуриться, допеться

за-('전적으로 행위에 몰두하다, 빠지다'의 의미와 함께): загуляться, заработаться, засмотреться, заслушаться, завраться

из-: исстрадаться, изголодаться, изолгаться, истосковаться

на-(흔히 '만족이나 싫증의 상태까지 가다'의 의미와 함께): наговориться, настрадаться, набегаться, накуриться, натерпеться, надоесться

от-('정상적인 상태가 되다'의 의미와 함께): отлежаться, отвисеться, отоспаться

про-('정상적인 상태가 되다'의 의미와 함께): продышаться, прокашляться, проспаться

с-('좋지 않은 상태에 이르다'의 의미와 함께): сработаться, стосковаться

у-: упрыгаться, убегаться, уездиться, уходиться, упиться, улежаться

(2) '수행된 행위의 강도와 지속성'의 의미는 접두사 об-을 가지는 동사들에 의해 표현된다.

об-: обхохотаться, обыскаться

(3) '휴식이나 만족을 위해 수행된 낮은 강도의 행위'의 의미는 접두사 про-를 가지는 동사들에 의해서 표현된다.

про-: прогуляться, пробежаться, проехаться, пройтись

(4) '강도 높은 행위, 또는 돌발적인 시작'은 접두사 вз-를 가지는 동사에 의해서 표현된다.

вз-: взахаться, взбушеваться, вздуриться

(5) '시작된 행위의 높은 강도의 달성'의 의미는(흔히 '강도의 점진적 증가의 결과'인) 접두사 раз-를 가지는 동사들에 의해 표현된다.

раз-: разогреться, разбушеваться, распеться, расшалиться, расчувствоваться, разойтись

(6) '강도 높은, 지속적이거나 반복적인 행위에 의한 어떤 결과의 달성'의 의미는 접두사 до-를 가지는 동사들에 의해서 표현된다.

до-: достучаться, дозваться, дозвониться, дождаться, доискаться

(7) '지나치게 집중적인 행위로 인해 자신에게 불쾌감을 야기하다'의 의미는 접두사 о-, об-을 가진 동사들에 의해 표현된다.

о-, об-: опиться; объесться

4) 다음의 의미들은 개별적인 형태로 나타난다.

(1) '지각이나 기억할 목적으로, 어떤 대상에 행위를 지향하다'의 의미는 접두사 при-를 가지는 동사들에 의해서 표현된다.

при-: прислушаться, присмотреться, приглядеться, принюхаться

(2) '누구, 무엇으로부터 벗어나, 어떤 행위에 대한 대답으로 행위를 수행하다'의 의미는 접두사 от-를 가지는 동사들에 의해서 표현된다.

от-: отшутиться, отговориться, отмолчаться, отписаться

(3) '행위의 수행에서 서로 간의 일치, 이해에 도달하다'의 의미는 접두사 с-를 가지는 동사들에 의해서 표현된다.

с-: сработаться, слетаться, спеться

(4) '행위의 수행에서 무엇에 적응하다, 익숙해지다'의 의미는 접두사 об-, при-를 가지는 동사들에 의해서 표현된다.

об-: обтерпеться, облетаться

при-: принюхаться, прислушаться, присмотреться, приглядеться, притерпеться

(5) '흔한 행위의 수행 결과로 익숙해지고, 싫증나고, 알게 되다'의 의미는 접두사 при-를 가지는 동사들에 의해 표현된다.

при-: приесться, примелькаться

(6) '행위의 도움으로 누구에게 익숙해지다, 누구의 호의를 얻다'의 의미는 접두사 под-를 가지는 동사들에 의해서 표현된다.

под-: подольститься, подслужиться, подлизаться

(7) '행위의 도움으로 무엇에 깊이 들어가다, 몰두하다'의 의미는 접두사 в-를 가지는 동사들에 의해서 표현된다.

в-: вдуматься, вработаться, вжиться, вслушаться, всмотреться, вчитаться

(8) '행위를 잘못 수행하다'의 의미는 다음의 접두사를 가지는 동사에 의해 표현된다.

о-: оговориться, описаться, ослышаться, оступиться

об-: обсчитаться, обмериться, обмолвиться

про-(가끔 '보이기 싫은 것을 보이다'의 의미와 함께): проторговаться, проговориться, проболтаться, провороваться, просчитаться

9.3.4. 접두사 및 접미사-후치사의 동시 첨가에 의해 파생된 동사

조어 방법에 의해서 형성된 동사들은 명사, 형용사, 동사로부터 파생된다. 이러한 동사들은 자동사로서 동일한 접미사를 가지는 접미사적 방법에 의해 형성된 동사들과 같은 단어 변화의 부류에 속한다. 이때 명사와 형용사에서 파생된 동사들은 접미사 -и₁-을 가지며, 완료상 동사에 속한다. 또한 동사에서 파생된 동사들은 완료상(접미사 -ну₂-, -и₄-를 가지는 동사)이나 불완료상(접미사 -ива-/-ва-/-а₃-을 가지는 동사들)에 속한다.

1) 명사에서 파생된 동사들은 다음과 같은 의미를 가진다.

(1) 의미 '무엇을 얻다, 획득하다'는 접두사 о-를 가지는 동사들에 의해서 표현된다.
    о-: обарахлиться, остепениться

(2) 의미 '누구, 무엇이 되다 또는 누구, 무엇과 닮다'는 접두사 о-, об-을 가지는 동사들에 의해서 표현된다.
    о-, об-: омещаниться, окуклиться; обынтеллигентиться

(3) 이 외에 다음과 같은 접두사를 가지는 동사들을 지적할 수 있다.
    за-: заилиться

при-: прилуниться, приосаниться

про-: прослезиться, проштрафиться, провиниться

раз-: раскошелиться, распогодиться

у-: удосужиться

2) 형용사에서 파생된 동사들은 다음과 같은 접두사를 가진다.

из-: изловчиться

на-: наловчиться

о-: осмелиться

по-: посчастливиться

при-: припоздниться

раз-: расщедриться

с-: смилостивиться

у-: улетучиться, ухитриться

3) 동사에서 파생된 동사 중에서 조어 수단으로 접두사 пере-, 접미사 -ива-, 후치사 -ся를 가지는 동사들은 '파생 모어에 의해 지칭된 행위를 교환하다'의 의미를 나타낸다.

шутить - перешучиваться, переговариваться, перезваниваться, перекрикиваться, перестукиваться, перешёптываться, перестреливаться

4) 이 외에 다음과 같은 조어 수단에 의해서 동사들이 형성된다.

при-...-ива-...-ся: придуриваться

в-...-и₄-...-ся: вцепиться

за-...-и₄-...-ся: заблудиться

с-...-и₄-...-ся: сжалиться

про-...-ну₂-...-ся: проснуться

вз-...-ну₂-...-ся: встрепенуться

9.3.5. 복합 동사

복합 동사들은 종속적인 관계의 어간을 가지는 단어와 관련된다. 이 동사들에서는 동사와 연관된 구성 요소 -фицировать가 기저 요소로 나타난다.

1) 의미 '파생 모어인 기저 동사에 의해 지칭된 행위를 완전하게, 끝까지 수행하지 않다(즉, 반만 수행하다)'는 첫 번째 구성 요소로 полу-를 가지는 동사들에 의해 표현된다.

полу-: полуобернуться, полуопустить, полуобнять

2) 의미 '파생 모어인 (기저) 동사에 의해 지칭된 행위를 자발적으로, 또는 독자적으로 수행하다'는 첫 번째 구성 요소 само-를 가지는 동사들에 의하여 표현된다.

само-: самовоспламениться, самоустраниться, самоопыляться

3) 의미 '파생 모어인 명사에 의해 지칭된 것을 설치하거나 공급하다'는 첫 번째 구성 요소로서 명사 어간, 접요사 -о-, -и-, 연관된 구성 요소 -фицировать를 가지는 동사들에 의해 표현된다.

газифицировать, кинофицировать, радиофицировать, теплофицировать, электрифицировать

4) 의미 '파생 모어인 형용사에 의해 지칭된 특성을 부여하다'는 첫 번째 구성 요소로 형용사 어간을 가지는, 위와 동일한 구조의 동사에 의해 표현된다.

интенсифицировать, расифицировать

5) 일부 동사들은 다음과 같은 혼합된 조어 방법과 관련된다.

접두사 + 복합어: оплодотворить, умиротворить

접두사 + 복합어 + 접미사: размокропогодить

유착: благотворить

유착 + 후치사: заблагорассудиться

9.4. 부사의 형성

부사의 조어에서는 접미사적 조어 방법과 접두사와 접미사 동시 첨가 조어 방법
이 가장 발달하였다. 접두사적 조어 방법과 복합, 접미사적 복합, 접두사와 접미사적
복합은 큰 비중을 차지하지 못한다.

많은 부사는 명사와 형용사의 격에서 기인한다. 그러한 부사에서 접미사는 파생
모어의 격 어미와 그리고 접두사는 전치사와 동음이의적 관계가 된다.

бегом, вполовину, попрежнему

9.4.1. 접미사 첨가에 의한 부사

1) 형용사에서 파생된 접미사적 부사는 파생 모어인 형용사와 동일한 특성을 나
타낸다. 이 경우 부사는 형용사에 고유한 특성의 의미와 품사로서 부사의 의미를
함께 가진다. 그러한 부사들은 다음의 접미사에 의해서 형성된다.

-о: быстрый - быстр-о, смело, ловко, ежедневно, двояко, певуч-е, искренне

-и(형용사에서 파생되었을 경우 접미사 -ск-와 함께): всяческ-ий - всяческ-и,
зверски, творчески, детски, дружески, молодецки

이러한 부사들을 성질 부사라고 한다. 관계 형용사에서 파생될 경우 그것들은
흔히 성질의 의미로서 '형용사의 파생 모어 어간에 의해 지칭된 사람(것)에 고유한'
을 나타낸다.

▐ встретить дружески, стеклянно блестеть

그러나 이러한 부사들에는 관계적인 의미도 나타난다.

▐ научно и технически обоснованная разработка

이러한 의미에서 접미사 -ком/-иком은 비생산적이다.

▐ **-ком/-иком:** пеший - пеш-ком, тишком, тайком; босой - бос-иком, целиком,
прямиком

파생 모어인 형용사와 -о로 끝나는 부사 형태 앞에서 강조의 목적으로 사용되는
접미사 -ым을 가지는 형태는 부사 형성의 특성을 지닌다.

▐ черным-черно, полным-полно, светлым-светло

2) 명사에서 파생된 접미사적 부사들은 '파생 모어에 의해 지칭된 대상과 관련된
특성'을 나타낸다. 이들 부사에서는 접미사 -ом, -ой/-ою, -ами, 명사의 조격과 동음
이의어 어미가 나타난다.

(1) '시간적인 단면'을 지칭하는 경우: вечер-ом, днём, летом; весн-ой(-ою),
    ночью, осенью, порой; времен-ами, днями
(2) '이동 방법'을 지칭할 때: шагом, бегом, волчком, верхом; трусцой, рысью
(3) '파생 모어에 의해 지칭된 사람(것)에 고유한 외적인 특성': ёжиком,
    калачиком, солдатиком
(4) 다른 경우: кругом, передом, чудом, залпом, порожняком, добром;
    дорогой, силой, частью

3) 수사에서 형성된 부사들은 '파생 모어에 의해 지칭된 것만큼의 증대'와 '반복
성'을 의미한다. 이 경우에 다음과 같은 비생산적인 접미사가 나타난다.

-ю: пять - пять-ю, шестью, десятью

-жды/-ажды: два - два-жды, трижды, четырежды; один - одн-ажды, многажды, единожды

4) 동사에서 파생된 부사는 동사에 고유한 과정적 특성의 의미와 품사로서 부사의 의미를 동시에 지닌다. 이 경우에는 접미사 -мя, -ом/-ком이 나타난다.

-мя: стоять - стой-мя, торч-мя, киш-мя

-ом/-ком: мелькать - мельк-ом, кувырком, дыбом, слыхом, наездом; молз-ком, молч-ком

이러한 많은 부사는 구어에서 강조를 목적으로 파생 모어와 함께 사용된다.

кишмя кишит, дрожмя дрожит; ревмя ревели; слыхом не слыхать, валом валить, поедом ест, пропади ты пропадом

5) 부사에서 파생된 접미사적 부사는 특성의 출현 정도와 표현적 평가를 나타낸다.

(1) '약화된 특성'의 의미는 -о로 끝나는 부사에서 파생된 접미사 -овато를 가지는 부사에 의해서 표현된다.

-овато: рано - ран-овато, грязновато, слабовато, страшновато

(2) 상이한 표현적인 뉘앙스와 함께, 특성을 약간 강조하는 의미는 -о로 끝나는 부사에서 파생된 접미사 -енько/-онько를 가지는 부사에 의해서 표현된다.

-енько/-онько: часто - част-енько, трудненько, давненько, коротенько, хорошенько, тих-онько, долгонько, быстренько, живенько, спокойненько

(3) 강조-애칭적 의미는 -о로 끝나는 부사에서 파생된 접미사 -ёхонько와 -ёшенько를 가지는 부사에 의해서 표현된다.

-ёхонько: рано - ран-ёхонько, ранёшенко, ровнёхонько, ровнёшенько, точнёхонько, скрёхонько, тихохонько, близёхонько

(4) 부사에 의해 지칭된 특성이나, 이 특성에 의해 행위나 상태가 특징지어지는

대상의 다양한 표현적 평가(긍정적 또는 부정적인), 그리고 특성의 약간의
강화는 -ом, -ой, -у, -о로 끝나는 부사에서 파생된 접미사 -ком, -кой, -ку,
-ко를 가지는 부사에서 표현된다.

-ком, -кой, -ку, -ко: шагом - шаж-ком, пешком - пешочком, босиком
- босичком; украдкой - украдоч-кой, вразвалку - вразвалочку,
втихомолочку, потихонечку; хорошенько - хорошенечко, легонечко,
нисколечко

부사에서 파생된 부사의 접미사들은 주로 구어에서 생산적이다.

9.4.2. 접두사적 부사, 접두사-접미사 동시 첨가에 의해 파생된 부사

1) 먼저 접두사 첨가에 의해 형성된 부사들은 접두사에 따라서 다음과 같은 의미
를 표현한다.

(1) '특성의 부정'은 접두사 не-를 가지는 부사들에 의해서 표현된다.
   не-: надолго - ненадолго, невдалеке, незамужем, некстати, недолго

(2) '특성에 대한 시간적인 관련성'은 접두사 за-를 가지는 부사에서 표현된다.
   за-: светло - засветло, затемно, задолго, заранее

(3) '파생 모어인 부사에 의해 지칭된 특성까지의 달성'은 접두사 до-에 의해
   표현된다.
   до-: доныне, досюда, дотуда, донельзя
   이와 동일한 의미는 또한 접두사 на-, по-에 의해서도 표현된다.
   на-: навсегда, насовсем, насквозь, напополам, напрочь
   по-: поныне, посейчас

(4) '파생 모어인 부사에 의해 지칭된 특성으로부터의 시·공간적 기원'의 의미는
   접두사 от-/-ото에 의해 표현된다.
   от-/-ото: отныне, откуда, оттуда, отсюда, отовсюду

2) 형용사에서 파생된 접두사 및 접미사 동시 첨가에 의해 형성된 부사들은 접두
사 по-, в-/во-, до-, за-, из-, на-, с-/со-와 접미사 -ому, -и, -у, -ую, -о, -е, -а, -ых,

-еньку/-оньку를 가진다.

파생 모어인 형용사와 동일한 특성은 다음과 같은 조어 수단을 가지는 부사들에 의해서 표현된다.

по-...-ому: новый - по-нов-ому, по-делевому, по-походному, по-видимому, по-прежнему, по-нашему, по-своему, по-честному, по-зимнему

по-...-и(접미사 -ск-, -ий/-j-를 가지는 형용사로부터 파생): дружеский - по-дружеск-и, по-хозяйски, по-английски, по-московски, по-мужски, по-вольчи, по-лисьи

по-...-у: напрасный - по-напрасн-у, попросту, попусту, поровну

по-...-еньку/-оньку: тихий - по-тих-оньку, полегоньку; по-мал-еньку

в-...-ую: пустой - в-пуст-ую, вплотную, впрямую, вслепую, вручную, врассыпную

в-/во-...-е: новый - в-нов-е, вскоре, вполне, вдалеке, вдвойне; во-общ-е

в-...-и: близкий - в-близ-и, запертый - взаперти

в-...-ых(파생 모어는 수량 형용사): первый - во-перв-ых, во-вторых, в-третьих, в-десятых

за-...-о: простой - за-прост-о, заживо, замертво, заново

из-...-а: редкий - из-редк-а, искоса

на-...-о: новый - на-нов-о, набело, начерно, наверно

на-...-е: готовый - на-готов-е, накоротке, налегке, наравне

на-...-ую: прямой - на-прям-ую, начистую

с-/со-...-а: полный - с-полн-а, снова, сперва, слегка; со-общ-а

이 외에 다음과 같은 의미들을 지적할 수 있다.

в-...-о, на-...-о('무엇에 대한 지향성'): правый - вправо, направо; левый - влево, налево

до-...-а, на-...-о('어떤 특성에까지 이르는'): белый - добела, догола, докрасна, попоздна, досуха; сухой - насухо, наглухо, накрепко, начисто, навечно, надолго

из-...-а, с-...-а, с-...-у('특성으로부터의 기원'): далёкий - издалека, издавна; горячий(전의적인 의미에서) - сгоряча, свысока, справа, слева; молодой - смолоду, сдуру, сослепу

из-...-а('색깔 특성'의 뉘앙스): жёлтый - изжелта, синий - иссиня

3) 명사에서 파생된 부사에서는 접두사 в-/во-, из-, на-, до-, по-, с-, к-와 접미사 у-, -е, -и, -ях, -∅이 나타난다.

(1) 의미 '파생 모어에 의해 지칭된 것과 관련된 특성'은 다음의 조어 수단을 가지는 부사들에 의해서 표현된다.

в-...-у, в-...-∅: правда - вправду, вничью, взатяжку, вшутку, воистину, всерьёз, вразброд, вразнобой

на-...-у, на-...-∅: изнанка - наизнанку, наудачу, наперекос, напоказ, напрокат

по-...-е: истина - поистине, поневоле, понаслышке, поодиночке

в-...-ы: заём - взаймы

(2) 의미 '무엇에 대한 방향성'은 다음의 조어 수단을 가지는 부사들에 의해서 표현된다.

на-...-у, на-...-∅: встреча - навстречу, верх - наверху, бок - набок

в-...-∅: верх - вверх, вниз, вбок, вдаль, вглубь

к-...-у: верх - кверху, низ - книзу

(3) 의미 '무엇으로부터의 유래'는 다음의 조어 수단을 가지는 부사에서 나타난다.

с-...-у: бок - сбоку, сверху, снизу, с виду, с разбегу, с ходу, с лёту

с-...-и: перед - спереди, сзади

из-...-и: даль - издали

(4) 의미 '장소에 대한 관련성'은 다음의 조어 수단을 가지는 부사에서 나타난다.

с-...-у, с-...-и: сбоку, сверху, снизу, спереди, сзади

по-...-у, по-...-е, по-...-и: верх - поверху, низ - понизу, средина - посредине, близость - поблизости, зад - позади

в-...-у, в-...-и, во-...-∅: верх - вверху, низ - внизу, даль - вдали, перед

- впереди, круг - вокруг

на-...-у: верх - наверху

(5) 의미 '시간에 대한 관련성'은 다음의 조어 수단을 가지는 부사에서 표현된다.

в-...-е, в-...-и, во...-∅: начало - вначале, последствие - впоследствии, век - вовек

на-...-о, на-...-ях: утро - наутро, день - наднях

по-...-у: утро - поутру, начало - поначалу

(6) 의미 '무엇까지의 도달'의 의미는 다음의 조어 수단을 가지는 부사들에 의해서 표현된다.

до-...-у: низ - донизу, доверху, дозарезу

в-...-у, в-...-∅: половина - вполовину, конец - вконец

на-...-у, на-...-∅: половина - наполовину, конец - наконец, смерть - насмерть

4) 수사에서 파생된 부사들에서는 접두사 в-, на-와 접미사 -ом, -о가 조어 수단이 된다. 조어 수단에 따라서 다음과 같은 의미들이 표현된다.

в-...-ом('파생 모어에 의해 지칭된 수와 관련된 사람들의 특성'): четверо - вчетвером, вдесятером, вдвоём, втроём

в-...-о('일정한 배수로 증가 또는 감소'): пятеро - впятеро, вдесятеро, вдвое, втрое

на-...-о('일정한 수의 부분으로 분할 또는 특성의 출현 정도'): надвое, натрое; много - намного, насколько, настолько

5) 동사에서 파생된 부사들은 접두사 в-, на-와 접미사 -ку를 가진다. 이 부사들은 동사에 고유한 과정적 특성의 의미와, 품사로서 부사의 의미를 동시에 가진다.

догонять - вдогонку, вперевалку, вперемешку, вповалку, вприкуску
распахнуть(ся) - нараспашку, навытяжку

이 두 유형은 생산적이다.

6) 부사에서 파생된 부사들은 조어 수단 по-...-у를 가지는데, '특성의 반복적인 출현이나 많은 것에 대한 특성의 관련성'을 의미한다.

▎ долго - подолгу, много - помногу, помалу, понемногу

7) 형용사와 동사에서 파생된, 영 접사를 가지는 접두사 첨가에 의해 형성된 부사들은 형용사나 동사에 고유한 특성의 의미와, 품사로서 부사의 의미를 동시에 가진다. 형용사에서 파생되는 경우 접두사 в-가 나타난다.

▎ кривой - вкривь, вкось, вновь, вровень, встарь

그리고 동사로부터 파생되는 경우에는 접두사 в-, на-가 조어 수단이 된다.

▎ заменять - взамен, впрытык, перебить - вперебой, наперебой, вплавь, вскачь, вскользь; наощупь, наповал, нарасхват, наугад, наперечет

8) '동사나 명사에 의해 지칭된 행위나 상태의 비(非)실현성'은 조어 수단 не-в-...-∅에 의해서 표현된다.

▎ провернуть - невпроворот, догадаться - невдогад; терпёж - невтертёж, мочь - невмочь

9.4.3. 복합 부사, 접미사적 복합 부사, 접두-접미사적 복합 부사

기저 구성 요소로서 부사나 부동사를 가지며, 첫 번째 구성 요소로서 полу-를 가지는 복합 부사들은 '불완전하게, 절반쯤 나타나는 특성'을 지칭한다.

■ **полу-**: шутя - полушутя, полулёжа, полусидя, полутемно

접미사적 복합 부사는 기저적 구성 요소에 동사 어간과 접미사 -ом을 포함한다. 이러한 부사들은 동사에 고유한 과정적 특성의 의미와, 품사로서 부사의 의미를 동시에 가진다. 첫 번째 구성 요소로는 부사적인 구성 요소 мимо-와 대명사적 구성 요소 само-('외부의 도움 없이, 독자적인 행위의 수행'을 의미)가 온다.

■ **мимо-**: мимоходом, мимоездом, мимолётом
само-: самоходом, самоплавом, самокатом

이 유형은 비생산적이며 운동 동사의 어간에서만 나타난다.

기저 구성 요소로서 명사 어간을 가지는 접두-접미사적 복합 부사는 접미사 -а, -ы와 접두사 в-, 그리고 첫 번째의 어간 пол-(단어 половина의 절단된 어간)을 포함한다.

■ вполоборота, вполсилы, вполголоса, вполнакала, вполглаза

이 부사들은 '누구, 무엇이 반쯤의 실현 가능성만을 가지는 특성'을 지칭한다.

10 조어적 동음이의어, 조어적 동의어, 조어적 반의어

10.1. 조어적 동음이의어

동음이의어의 문제는 사전학과 어휘론 및 조어론에서 가장 복잡한 문제 중의 하나이다(Виноградов 1977: 289). 그러나 동음이의어는 단지 어휘론에만 고유한 현상이 아니라 언어의 모든 구조적 요소들과 관련된다. 따라서 그것은 단어의 분절, 형태소 사이의 경계 설정, 단어 형성의 방법 등과 직접적인 관계를 가진다. 뿐만 아니라, 동음이의어와 다의어를 구별하는 문제 역시 사전 편찬에서 중요한 의미를 지닌다. 비노꾸르에 의하면, 동음이의적 현상은 단어에서 형태소의 분절과 밀접하게 연관되어 있다. 흔히 소리 복합체가 동음이의어 짝의 어떤 단어에서는 접사를 나타내고, 다른 단어에서는 전혀 분절되지 않는데, 이것은 한 단어의 두 의미, 즉 다의어로부터 동음이의어를 구별할 수 있게 해 주는 중요한, 객관적인 사실이다.

비노꾸르는 조어적 동음이의어가 "소리 관계에서 동일한 파생어 어간이 그 구성에서 동일한 형태소로 분절되지 않고, 그것이 어떤 파생 모어 어간과 관련되는지에 따라서 다르게 분리되는 경우"(Винокур 1959: 434)에 나타난다고 기술하고 있다. 예를 들면, 단어 учительство는 조어적인 동음이의어 형태를 가진다. 따라서 단어 учительство는 동사 учить로부터 파생될 경우에는 접미사 -тельств-가 분리되고, 그 조어적 분절 형태는 учи-тельств(о)가 된다. 그러나 명사 учитель에서 파생될 경우에는 접미사 -ств-가 분리되며, 집합적인 의미를 가지는 조어 형태는 учитель-ств(о)가 된다. 그는 또한 завод(태엽)와 завод(공장)에서 전자는 조어 구조를 갖지만(заводить - завод-∅), 후자는 분절되지 않기 때문에 두 단어는 동음이의어라고 주장한다.

또한 긴즈부르그(Гинзбург 1978: 34-136)는 동음이의어를 이보다 더 넓게 파악하여, 그 형태소적 구성이나 조어 구조에 관계없이 다르게 분절되는 모든 파생어나 단어들을 동음이의어에 포함시킨다.

> лейка(라이카 카메라)와 лей-к(а)(살수기)
> удар-ник(구식 총의 공이)와 ударн-ик(돌격대원) 등

그러나 '상이하게 분절되는 단어들'은 조어적 동음이의어가 될 수 없다. 왜냐하면 그것들은 파생 모어 어간이나 접사가 서로 동일하지 않기 때문이다. 이 단어들에서는 파생 모어 어간도, 조어 접사도 동음이의적 관계에 있지 않다. 즉, 이 단어들은 어떠한 동음이의적 구성 요소도 가지고 있지 않다. 뿐만 아니라, 조어적 동음이의어를 이처럼 넓게 파악할 경우 어휘적 동음이의어와 조어적 동음이의어의 구별은 사실상 어렵게 된다.

동음이의어를 이루는 두 단어 중에서 하나는 분절되어 파생 모어 어간과 조어 접사로 구성되는 반면, 다른 하나는 전혀 분절되지 않아, 비파생 어간을 가지는 두 단어들이 구조적으로 가깝다고 할 만한 아무런 근거도 없다(Тихонов 1985: 32).

> опуш-к(а)(옷의 가장자리)와 опушка(숲의 주위)

조어적 동음이의어는 어간과 접사가 모두 동음이의적 관계에 있거나(예: топор-ище(큰 도끼)와 топор-ище(도낏자루)), 또는 접미사의 동음이의성에 의해서 (예: смол-ка(смола의 지소형)와 смол-к(а)(밧줄의 타르)) 발생할 수 있다.

뿐만 아니라, 조어적 동음이의어는 외형상으로는 일치하지만 상이한 조어 구조를 가질 수도 있다.

> пай-щик(: пай로부터 파생)과 пай-щик(: паять에서 파생)

동음이의어의 이러한 특성은 단어에 따라 상이하게 나타난다. 따라서 동음이의어

는 다음과 같이 세 가지 유형으로 나눌 수 있다(Тихонов 1985: 33).

1) 어휘적 동음이의어에 의한 조어적 동음이의어
2) 동일 어근을 가지는 단어들에 근거한 조어적 동음이의어
3) 같은 소리에 근거한 조어적 동음이의어

먼저 첫 번째 유형은 비노그라도프의 이른바 "반영된 조어적 동음이의어" (отраженная слоовобразовательная омонимия) (Виноградов 1968: 81)에 해당된다. 그에 의하면, 이 유형에 속하는 파생어의 동음이의어는 동일한 품사에 속하는 파생 모어의 동음이의성을 반영한다.

> 동사에서 파생된 명사 болт-ун(수다쟁이)과 болт-ун(무정란)
> за-зубрить(톱날처럼 깎다)와 за-зубрить(통째로 암기하다)

두 번째 유형에는 счёт-чик(회계원)과 счётчик(계산기), птич-ник(새장)과 птичник(새지기) 등이 속한다. 이 경우에 조어적 동음이의어는 동일한 파생 모어 어간에 근거한 것이다. 앞의 두 예에서 보듯이, 대부분의 경우 동일한 어휘 의미에 의한 것이지만, 경우에 따라서는 파생 모어의 어휘 의미가 서로 다를 수도 있다.

> провод-ник(안내자)와 провод-ник(전도체)

특히 이 경우에 조어적 동음이의어는 조어 접사의 동음이의성에서 비롯되는데, 이 유형은 주로 접미사 за-, по-, на-, с-, про-, пере- 등을 가지는 동사에서 나타난다.

> за-брызгать(начать брызгать)와 за-брызгать(покрыть брызгами)
> пере-грузить(погрузить слишком много)와 пере-грузить(погрузить заново)

조어적 동음이의어는 흔히 파생 모어 어간이 동일하게 발음됨으로써 발생하기도 한다. 이때 동음이의성은 비동음이의적인 어간에 근거하여 나타난다. 이 유형의 동

음이의어는 명사에서 파생된 형용사에서 발생하며, 명사에서는 나타나지 않는다.

> метель - метель-н-ый(метельная зима)와 метла - метель-н-ый(метельная палка)
>
> литер - литер-н-ый(литерный билет)와 литера - литер-н-ый(литерный вагон)

조어적 동음이의어는 또한 변화하는 단어나 그 형태가 불변의 품사로 전이됨으로써 나타나기도 한다. 이처럼 어떤 품사에서 다른 품사로의 전이는 단어의 의미 구조와 그 형태의 변화를 수반한다. 따라서 변화하는 단어가 불변의 단어로 전환될 경우, 어미는 이전에 수행하던 기능을 멈추고 새로운 기능을 얻게 된다. 즉, 그것은 단어 변화적 형태소에서 조어적 지표로 변환된다. 러시아어에서는 명사 조격 형태가 부사로 전이되는 경우가 그러하다.

> шагом, шёпотом, временами, летом

여기에서 동음이의어는 명사적 접미사와 부사적 접미사 어미의 동음이의적 형태에 근거하여 나타난다. 이 유형의 동음이의어를 비노그라도프는 "부분적인 동음이의어의 파생어", "부분적인 어휘 형태적 동음이의어"로 지칭한다(Виноградов 1960: 13).

지금까지 살펴본 바와 같이, 조어적 동음이의어는 구조적으로 일치하는 구성 요소들을 가지는 파생어들의 동음이의어이다. 이들 파생어에서 동음이의성은 단어의 두 부분, 즉 파생 모어 어간과 조어 접사에서 나타날 수 있는데, 이것은 흔히 반영된 동음이의어에서 관찰된다. 그러나 반영된 동음이의어에서 단어의 두 구성 요소가 항상 동음이의적인 것은 아니다.

조어적 동음이의어는 품사에 따라서 다양하게 나타난다. 동일한 유형의 동음이의어도 상이한 품사에서는 다른 현상과 생산성을 가진다. 위에서 기술한 모든 동음이의어 유형들이 조어 체계와 동일하게 관련되는 것은 아니다. 조어 체계와 가장 밀접히 관련된 것은 동일한 어근을 가지는 파생어적 동음이의어이며, 이것이 바로 조어적 동음이의어의 핵심이다.

10.2. 조어적 동의어

조어적 동의어는 언어학의 새로운 분야로서 최근 조어 연구에서는 이 문제에 대해 특별한 관심이 고조되고 있다. 이에 대한 반영으로 접미사적 동의어에 대한 문제가 비노그라도프, 마르꼬프, 레즈빈, 꼬발릭, 샨스끼 등의 상당수 논문에서 다루어지고 있다. 그럼에도 현재 조어적 동의어에 대한 일치된 견해는 존재하지 않으며, 이 문제에 대한 넓은 이론적인 보편화도 이루어지지 않고 있다.

그러나 조어적 동의어의 문제는 언어 연구의 중요한 분야로서 조어론은 이 관점에서도 연구되어야 한다. 왜냐하면 조어적 동의어는 동의적 관계와 상이한 조어 유형들 사이의 관계에 의해 특징지어지는 러시아어 조어 체계에서 매우 폭넓게 나타나기 때문이다.

조어적 동의어는 두 가지 특성을 가지고 있다. 우선 그것은 언어학의 다른 구성 부분들과 일정한 형태로 상호 관련된, 구조적인 통일체(единство)로서 문법에 관련된다. 반면에 이것은 또한 어휘의 단위로서, 어휘에도 관련된다. 비노그라도프는 조어와 문법의 관계를 연구하면서 조어적 동의어는 "공통의 어간이 존재하는 경우에도 거의 완전히 문법 영역 밖에"(Виноградов 1975: 198) 있다고 주장한다. 실제로 조어적 동의어는 어휘적 동의어의 변형으로서 무엇보다도 조어론 및 어휘론과 밀접히 관련되어 있다. 그러나 조어적 동의어의 정의에서는 어떤 의미가 특정 구조적 수단에 의해 표현되었으며, 특정 의미가 어떤 구조적 수단에 의해 표현되는가 하는 점을 지적해야 한다. 동일한 구조적 수단이라도 완전히 다른 의미를 나타낼 수 있기 때문이다. 예를 들면, 형용사 кожаный, песчаный, кровяный에서 접미사 -ан-이 그러하다.

кожаная куртка - куртка из кожи
песчаный берег - берег, состоящий из песка
кровяное давление - давление крови

그러나 반대로 상이한 구조적 수단들이 동일한 의미를 표현할 수도 있다.

воздерж-н-ый - воздержа-нн-ый - способный воздержаться

крушин-н-ый - крушин-ов-ый - относящийся к крушине

кумач-н-ый - кумач-ов-ый - сделанный из кумача

조어적 동의어는 바로 "조어 유형들의 동의성의 결과"(Николаев 1972: 258)로서 나타난다. 그런데 조어 유형의 동의성은 바로 공통의 파생 모어 어간과 동일한 조어 의미 그리고 상이한 접사를 가지는 경우이다(Марков, Николаев 1976: 10). 예를 들면, 조어 접미사 -ость와 -ота를 가지는 조어 유형들은 동의적이다. 왜냐하면 сухость - сухота, щедрость - щедрота 등은 공통의 파생 모어 어간 сухой와 щедрый를 가지며, 공통의 조어 의미 '추상적 특성'을 나타내고 상이한 접사 -ость와 -ота를 가지기 때문이다. 따라서 조어적 동의어는 반드시 공통의 파생 모어 어간을 가져야 하며, 동시에 다른 접사에 의해 유형적인 동의적 의미를 반영해야 한다. 니꼴라예프에 의하면, 동의어는 "파생 모어의 공통성과 조어 의미가 동일한 조어 형성소의 상이성을 대비시킴으로써 창조된다. 이 두 사실은 조어적 동의어의 생성에 결정적이다..."(Николаев 1979: 259). 여기에서 파생 모어 어간이 공통적이라는 사실은 그것들의 의미가 공통적임을 의미한다. 왜냐하면 파생 모어의 공통성에는 조어적 동의어를 형성할 수 있는 잠재적인 가능성을 제공하는, 어떤 공통의 기반이 내재되어 있기 때문이다. 따라서 조어적 동의어는 상이한 접사들에 의해 표현되는, 공통의 조어 의미를 가지는 파생어들이다.

조어적 동의어는 어휘적 동의어와 밀접히 관련되어 있으며, 그 변형이다. 그러나 조어적 동의어는 다음과 같은 일련의 특성을 가진다.

1) 어휘적 동의어의 경계가 단어인데 비해, 조어적 동의어의 경계는 조어 유형이다. 조어적 동의어는 개별적인 각 단어가 아닌, 조어 유형들의 상호 작용을 반영하는, 동의적인 관계의 특별한 형태이다.

2) 조어적 동의어는 유형적인 조어 의미를 연합시킨다.

3) 어휘적 동의어가 단어의 형태소적 구성에 관계없이 그 어휘 의미의 정의에서 출발하는 데 반해, 조어적 동의어는 조어 문법적인 지표들에 근거한다. 그것들은 조어 접사에 의해 형성된다.

조어적 동의어는 그 구조와 형성 방법, 수단, 그리고 파생 모어와 파생어의 형식적 및 의미적 관계를 고려하여 다음과 같이 분류할 수 있다.

1) 접미사적 동의어

-тель : **-лка**: держа-тель - держа-лка

-тельн- : **-альн-**: обжига-тельн-ый - обжиг-альн-ый

-ов : **-н-**: абрикос-ов-ой - абрикос-н-ый

-ическ- : **-ичн-**: синоним-ическ-ий - синоним-ичн-ый

2) 접두사적 동의어

а- : **не-**: а-симметричный - не-симметричный

без- : **не-**: без-основательный - не-основательный

а- : **анти-**: а-моральный - анти-моральный

архи- : **пре-**: архиглупый - преглупый

3) 접두-접미사적 동의어

без...н : **не...н**: без-ысход-н-ый - не-исход-н-ый, бес-пробуд-н-ый - не-пробуд-н-ый

после...н : **по...н**: после-реформен-н-ый - по-реформен-н-ый

при...н : **по...н**: при-дорож-н-ый - по-дорож-н-ый

러시아어에서 조어적 동의어는 매우 다양한 방법으로 형성된다. 가장 일반적인 방법은 동일한 파생 모어 어간에 상이한 접사들이 결합하는 것이다. 예를 들면, -тель : -щик(сеятель - сеяльщик), -ость : -ство(лукавость - лукавство), -ота : -ина(широта - ширина) 등이 여기에 관련된다.

또한 조어적 동의어는 이전에 비동의적이었던 유형들이 의미적으로 가까워지는 경우도 포함한다. 원래 접미사 -тель로 끝나는 명사는 동사에서 파생되었고, 접미사 -(н)ик를 가지는 명사는 접미사 -н-을 가지는 형용사에서 파생되었다. 그런데 후에 이 두 접미사를 가지는 단어들은 이 동사에 대해 동일한 관계에 서게 되었다. 즉, 모두 동사에서 파생되게 되어 결과적으로 조어적 동의어가 되었다.

предвозвеститель - предвозвестник, развратитель - развратник

조어적 동의어는 파생 모어와 파생어가 근접함으로써 발생한다. 이 경우에 동의적 관계의 지표가 되는 것은 파생 모어에 있는 영 접사이다.

▌ судьба - судьби-на, бог - божество, чаща - чащоба

조어적 동의어는 또한, 동일한 조어 유형이 상이한 조어 모델에 근거하여 형성됨으로써 나타나기도 한다.

▌ -щик : -льщик (резчик - резальщик)

이 경우 접미사 -льщик는 러시아어에서 16세기에 동사에서 파생된 접미사 -щик (-чик)의 변이형으로 발전한 것이다.

그 외에 조어적 동의어는 역 파생의 결과로 나타날 수 있다.

▌ ходатайство - ходатайствовать, путешествие - путешествование

현대 러시아어에서 동의어는 상이한 두 측면, 즉 의미적 측면과 형식적 측면에서 고찰할 수 있다. 형식적 측면에서 단어는 상이한 어근을 가지는 단어들과 동일한 어근을 가지는 단어들로 나뉜다.

1) 상이한 어근을 가지는 동의어: смелый - храбрый, красный - багровый, красивый - пригожий, громадный - колоссальный
2) 동일한 어근을 가지는 동의어: решительный - решающий, виновный - виноватый, апельсинный - апельсиновый, рыбачий - рыбацкий

여기서 두 번째 부류의 동의어는 학자에 따라 그 분류에 대한 의견이 다르다. 스미르니츠끼(Смирницкий 1955: 13), 아흐마노바(Ахманова)는 그것들을 동일한 단어의 변형으로 간주한다. 예를 들면, 단어 лиса와 лисица 사이에는 아무런 어휘의미적(лексико-семантические) 차이가 없기 때문에 이것들은 독립적인 두 개의 단어가 아니라, 동일한 단어의 형태적 변이형이라는 것이다. 그러나 필린(Филин 1963: 130)을 비롯한 로고쉬꼬바(Рогожкова 1967), 이반니꼬바(Иванникова 1972) 등은 이 단어들을 동의적 관계에 있는 독자적인 단어로 본다. 이들에 의하면 스미르니쯔끼의 주장은 의미와 함께 단어의 필수적인 구성 요소가 되는, 특히 특정 언어 정보를 전달하는 일정한 의미와 관련된 단어의 구조적 측면을 간과한 것이다. 따라서 단어 лиса와 лисица는 동일하지 않으며, 동일한 단어의 변이형이 아니라, 두 개의 독자적인 단어라는 것이다.

니꼴라예프에 의하면, 조어적 동의어의 개념을 조어적 변이형의 개념으로 대치해서는 안 된다. 왜냐하면 "조어는 단어의 창조이고, 단어의 변이는 논리적으로 상이한 내용으로 귀결된다. 따라서 조어적 변이형은 상이한 단어"이기 때문이다 (Николаев 1979: 260). 언어의 발전 과정에서 그러한 두 단어들은 서로 최대한 근접하여, 실제로 절대적인 동의어가 될 수 있다. '좋은 취미나 우아함, 미적 감정이 없는 것'을 나타내는 단어 безвкусие와 безвкусица가 그러한 경우이다. 그러나 조어적 동의어들이 의미적으로 큰 차이가 나게 되어, 더 이상 그것들을 동의어로 간주하기 어렵게 될 수도 있다.

▌ затейник(익살스러운 사람) - затейщик(발기인, 계획자)

10.3. 조어적 반의어

지금까지의 연구에서 일반적으로 반의어는 어휘적인 현상으로 고찰되었다. 반의어의 이러한 특성과 관련하여, 서로 다른 어근을 가지는 단어들만이 진정한 반의어로 간주되었다(Реформатский 1967: 96).

그러나 러시아어에서는 조어가 반의어의 체계적 구조에서 중요한 역할을 한다. 반의어의 체계는 동등하지 않은 두 부분, 즉 어휘적 반의어와 조어적 반의어로 이루어진다. 이 중에서 어휘적 반의어가 차지하는 비율은 그리 높지 않고, 나머지 대부분을 조어적 반의어가 차지한다. 이것은 반의어의 70% 정도를 차지한다. 반의어를

나타내는 주요 수단은 조어 접사이며, 러시아어의 반의어는 주로 조어적 반의어이
다(Тихонов, Емельянова 1976: 126).

그러나 지금까지의 연구에서 이 두 유형의 반의어들은 자주 구별되지 않고 혼용
되었다. 어휘적 반의어를 지칭하면서 연구자들은 흔히 어휘적 반의어뿐만 아니라,
조어적 반의어도 염두에 두고 있다.

위에서 기술한 바와 같이, 반의어는 두 가지 측면에서 고찰될 수 있다. 그 중 하나
는 일정한 조어 과정의 결과 생겨난 어휘적 반의어이다.

▌ входить - выходить, вход - выход

이 경우 조어는 반의어를 만들어 내는 수단으로 간주된다.

또 한 가지 측면은 조어에서 반의어의 문제, 즉 조어적 반의어이다. 이 경우 조어
적 반의어란, 조어 유형들 사이에서 발생하는 반의적인 관계를 지칭한다. 조어적
반의어는 어떤 조어 접사에 의해 반대의 조어 의미를 표현하는, 동일한 파생 모어를
가지는 조어 유형들의 반의어이다. 예를 들면, 접두사 при-와 от-에 의해 '부착'과
'분리'의 의미를 나타내는 다음의 두 조어 유형은 반의어이다.

▌ приклеить - отклеить, приколоть - отколоть

다음과 같은 의미를 나타내는 조어 짝들도 역시 조어적 반의어이다.

▌ 시간: довоенный - послевоенный
▌ 공간: подводный - надводный
▌ 수량: домик - домище

러시아어에서 조어적 반의어는 특히 동사의 조어에서 널리 나타난다. 동일한 어
간을 가지는 접두사적 동사 반의어를 연구한 바락씬(Бараксин 1970: 12-13)에 의하
면 많은 수의 조어적 반의어들을 확인할 수 있다.

결합과 분할: связать - развязать

행위의 방향(안쪽과 바깥쪽): включить - выключить

부착과 분리: приколоть - отколоть

증가와 감소: прибавить - убавить

위와 아래: залезть - слезть, взбежать - сбежать

그러면 어휘적 반의어와 조어적 반의어는 어떻게 다른가? 어휘적 반의어는 조어 과정이 개입되지 않은 반의어(예: север - юг, друг - враг)이며, 조어적 반의어는 단어의 파생에 의해 형성되는 조어의 산물이다(Тихонов, Саидова 1980: 69).

이들 사이의 경계를 설정하기 위한 시도로서, 모로조바(Морозова 1974)는 반의 어를 고유한 반의어, 파생적 반의어, 반영된 반의어로 분류한다. 여기에서 명사의 고유한 반의어는 의미적으로나 형식적으로 더 간단한 반의어의 짝으로부터 파생되 지 않은, 단어들의 일차적인 반의어이다.

север - юг, уважение - неуважение, правда - неправда

여기에는 또한 день - ночь, лето - зима, север - юг 등과 같이 상이한 어근을 가지는 반의어뿐만 아니라, 동일한 어근을 가지는 반의어 симетрия - асиметрия, доверие - недоверие, друг - недруг 등도 관련된다. 그러나 고유한 반의어를 이렇게 넓게 파악할 경우 여기에는 어휘적 반의어들뿐 아니라, 조어적 반의어들(예: правда - неправда, уважение - неуважение, гармония - дисгармония)도 포함된다. 따라서 고유한 반의어, 즉 어휘적 반의어는 "다른 어근을 가지는 단어들의 반의적인 대립"(Тихонов, Саидова 1980: 69)만으로 정의되어야 한다.

모로조바는 두 번째 유형의 반의어로 파생적 반의어를 든다. 이것은 형식적으로 나 의미적으로 반의적인 단어들에 의해 파생된 단어들의 반의어이다. 이 경우 파생 어와 파생 모어의 품사는 상이할 수도, 동일할 수도 있으나 파생어는 파생 모어와는 다른, 구별되는 의미를 가져야 한다(Морозова 1974: 12).

зима - лето, зимный - летный; сцепление - расцепление, вход - выход, включатель - выключатель

세 번째 유형의 반의어로 그는 이른바 '반영된 반의어'를 제안한다. 이것은 다른 품사의 반의어 짝을 이루는 단어들로부터 파생된, 원래 의미가 파생 모어 어간의 어휘적 의미와 동일한 반의어이다[1].

■ влетание - вылетание, вход - выход, действие - противодействие

이 경우에 파생어는 상응하는 파생 모어가 반의적인 의미를 지니고 있기 때문에 그 자체로서는 반의적인 관계를 표현하지 않으며, 반의어도 아니다. 이 파생어들은 파생 모어로부터 반의적인 의미를 물려받아, 자신의 의미 구조에 반영한다. 그러나 이 유형의 반의어는 모로조바가 제안한 고유한 반의어 중에서, 조어적 반의어에 근거하여 일정한 조어 과정의 결과 형성된, 동일한 어근을 가지는 어휘적 반의어에 해당된다.

조어적 반의어는 어휘적 특성과 조어적 특성을 동시에 지닌다. 따라서 조어 현상으로서 반의어는 조어 수단에 의해 형성되며, 조어 짝의 반의어로 나타난다. 조어적 반의어는 단어에서 실현되며, 동시에 이것은 어휘적 반의어이다. 이 경우 반의어의 파생 모어 어간은 공통적이어야 하며, 그 조어 접사는 상이해야 한다. 이러한 사실은 반의어를 일련의 일정한 의미와 결부시키며, 다른 한편으로는 특정 조어 유형과 연관시킨다. 다시 말하면, 어휘적 반의어는 유형적인 조어적 반의어의 구체적인 표현이다.

조어 수단에 의해 형성된 반의어에는 몇 가지 유형이 존재한다. 그러나 이 모든 유형이 조어적 반의어가 되는 것은 아니다. 만약 반의어가 동일한 파생 모어 어간에 조어 접사를 첨가하여 형성되면, 이는 조어적 반의어이다. 왜냐하면 그것은 조어 유형들의 반의어를 나타내기 때문이다.

■ приклеить - отклеить, прикрепить - открепить
■ приходить - уходить, прилетать - улетать

---

[1] 파생 관계의 발전은 조어적 반의어와 반영된 반의어의 새로운 이해로 귀결될 수도 있다. 그 예로서 반의어 짝을 이루는 단어 действие - бездействие를 들 수 있는데, 이것은 역사적으로 볼 때 파생 모어와 파생어의 반의어이다. 이 반의적인 명사들로부터 동사 действовать - бездействовать의 반영된 반의어가 나타나게 되었다.

그러나 반의어가 동일한 접사를 가지며 어간의 반의어에 의해서 형성되면, 이것은 어휘적인 '동일 어근을 가지는' 반의어이다. 이러한 반의어들도 하나의 조어 유형을 이룰 수 있다.

▎ выигр-ыш - проигр-ыш, вход-∅ - выход-∅

지금까지의 기술을 통해서 알 수 있듯이, 러시아어에서 반의어는 상이한 어근을 가지는 어휘적 반의어, 동일 어근적 반의어(반영된 반의어), 조어적 반의어로 분류된다.

이 중에서 조어적 반의어의 핵심은, 동일한 파생 모어 어간과 상이한 접사에 의해 형성된 파생적 동의어이다. 이것은 그 형성 과정에 어떤 접사가 관여하느냐에 따라 다음과 같이 나뉜다.

1) 접두사적 반의어: за-вязать - раз-вязать, при-клеить - от-клеить, вз-бежать - с-бежать
2) 접미사적 반의어: дом-ик - дом-ище, зелен-оват-ый - зелен-ущ-ий
3) 접두-접미사적 반의어: раз-бежать-ся - с-бежать-ся, над-вод-н-ый - под-вод-н-ый, до-воен-н-ый - после-воен-н-ый

이 외에 조어적 반의어의 특수한 변형으로 볼 수 있는, 파생어와 파생 모어의 반의어를 들 수 있다. 이 반의어들은 유형적인 특성을 지니며 러시아어에서 널리 나타난다.

▎ грамотный - безграмотный, правда - неправда

이 두 유형, 즉 동일한 파생 모어를 가지는 파생어들의 반의적 관계와 파생 모어와 파생어 사이의 반의적 관계는 매우 밀접히 연관되어 있어서, 언어 발전 과정에서 한 유형이 다른 유형으로 전이될 수 있다. 조어적 반의어의 특성상, 러시아어에서는 두 번째 유형의 반의어가 첫 번째 유형으로 발전할 수 있다. 그러나 이와 반대의 과정은 거의 일어나지 않는다. 조어적 반의어는 반의어의 파생과 밀접히 관련되어 있으며, 파생 관계가 대체되거나 상실됨에 따라 다른 범주의 반의어로 바뀌거나 전이될 수도 있다.

이렇게 조어적 동음이의어, 조어적 동의어, 조어적 반의어는 서로 분리된 별개의 현상이 아니라, 서로 밀접히 연관되어 있다. 이 중에서도 동의어로도, 그리고 반의어로도 나타나는 파생어들의 짝이 가장 시사적이다. 조어적 동음이의어, 조어적 동의어, 조어적 반의어는 러시아어 조어 체계의 두드러진 특징이다. 따라서 이러한 상호 관계를 좀 더 정확하게 파악하기 위해서는 이러한 현상들을 조어족의 층위에서 연구할 필요가 있다.

11 결론

러시아어에서 파생어가 차지하는 비율은 다른 어떤 언어보다도 크다. 이를 반영하듯 70년대 이후 러시아어에서 조어의 문제는 많은 학자들의 지속적인 관심을 끌고 있으며, 조어론에 대한 수많은 논문과 저서들의 출간으로 이어졌다. 바로 이 기간에 조어론은 고유한 연구 대상과 방법을 가진 하나의 이론적인 분과로서, 언어학의 다른 분야와 함께 대등한 자격을 가지는 독립적인 분야로 정립되었다.

조어적 현상들은 매우 복잡하고 다면적이어서 그것들은 상이한 관점에서 고찰될 수 있으며, 이러한 특성으로 인해 조어 문제와 관련된 여러 개념들이 학자에 따라 다양하게 이해, 해석된다. 본 연구에서는 러시아어 조어론을 학자들의 이론에 근거하여 체계적으로 기술하고자 했다.

먼저 제1장에서는 조어론에 대한 정의를 내리고, 조어론의 대상과 과제를 공시 및 통시와 관련하여 살펴보았다. 특히 언어 체계에서 조어론이 차지하는 위치를 여러 학자들의 다양한 이론에 근거하여 자세히 고찰하였다. 오늘날 조어론은 단지 조어론에만 고유한 개념과 연구 대상을 가지는, 형태론과 어휘론의 중간에 위치하는 하나의 독립적인 영역으로 간주된다. 언어 체계에서 조어론의 이러한 독립적인 위치는 조어론이 고유의 개념과 단위에 의해 기능하는, 자율적인 언어 층위를 형성한다는 사실을 반영한다.

제2장에서는 비파생 어간과 파생 어간, 파생 모어 어간과 파생어 어간, 비파생어, 파생어, 파생 모어와 같은 조어론의 기본 개념들을 상호 관련하에 상세히 기술하여 개념 정립을 시도하였다. 또 조어 연구에서 기본적인 단위가 되는 조어 짝, 조어 유형, 조어 사슬, 조어 파라디그마, 조어족에 대한 유기적인 고찰을 통해 조어론을

체계적으로 폭넓게 이해할 수 있게 하였다.

제3장에서는 조어 연구에서 방법론적으로 중요한 의미를 지니며 상호 보완적인 공시적 연구와 통시적 연구를, 각각의 대상과 과제를 중심으로 기술하였다. 또한 단어의 조어적 분석과 형태소적 분석의 차이점을 자세히 설명하였다. 특히 단어 형성과 형태 형성에서는 두 개념 사이의 차이점과 유사성을 어형 변화와 관련하여 체계적으로 기술하였으며, 그 과정에서 두 체계가 서로 영향을 주고받는, 양면적인 특성을 지닌 것임을 설명하였다.

제4장에서는 러시아어의 형태소 구성에 관한 문제를 형태부와 형태소, 어근, 접두사, 접미사, 어미 등의 기본 개념을 중심으로 살펴보았다. 특히 조어적 영 접사에 대한 기술에서는 영 접사 분리의 두 가지 조건을 제시하였다. 이와 관련하여 우리 국어에서 영 접사에 의한 파생으로 보는 '명사의 부사화' 등은 형태 통사적 조어 방법으로 보는 것이 타당하다는 점도 지적하였다. 그 외에 단어의 형태적 구조 변화와 관련하여 통시적 관점에서 단순화, 재분절, 복잡화, 관계 단절, 간섭과 대체 등을 상세히 기술하였다.

제5장에서는 형태 음운적 특성으로서 음소 교체, 어간의 절단, 형태부의 중첩, 접요사 첨가 등이 고찰되었다.

제6장에서는 파생의 개념을 상관성, 동기성과 관련하여 살펴보았다. 또한 파생의 종류를 자세히 살펴보았으며, 특히 비단일 파생의 경우 파생어가 파생 과정과는 무관하게 동일한 의미를 지닌다는 점을 지적하였다. 그 외에 조어 짝에서 파생의 방향을 결정하는 데 의미적, 형식적 복잡성을 고려하였다. 또한 파생어의 의미가 파생 모어의 그것과 관련하여 어떻게 변화하는가에 따라 파생을 크게 통사적 파생과 어휘적 파생으로 나누었다. 이때 어휘적 파생은 다시 의미 변화의 정도에 따라, 제한적 파생과 급변적 파생으로 나누어 고찰하였다.

제7장에서는 파생어의 조어 의미를 여러 학자들의 다양한 이론에 근거하여 살펴보고 그 문제점을 지적하였다. 이미 앞에서 언급한 바와 같이, 조어 의미를 공식화하는 것은 매우 어려운 일이다. 그러나 한 가지 분명한 사실은 조어 의미가 파생어들의 구체적인 어휘 의미로부터 도출하여 추상화할 수 있는, 그룹 의미라는 점이다. 또한 조어 의미는 어떤 형태로든 표현되어야 하는데, 그 표현 수단이 바로 형성소이

다. 이와 관련하여 여기에서는 조어 의미에 근거하여 파생어의 의미를 일관성 있게, 체계적으로 기술할 수 있는 가능성을 제시하였다. 또한 파생어의 의미에 나타나는 이디엄성의 근원을 추적하여 모든 파생어의 정확한 의미 기술을 시도하였다.

제8장에서는 조어 방법과 관련하여 어휘 통사적 방법, 형태 통사적 방법, 어휘 의미적 방법과 형태적 방법이 자세히 기술되었다. 러시아어에서 공시적 조어법은 파생 모어 어간의 수에 따라 단순 파생과 복합 파생으로 나뉘고, 이 방법들은 다시 단일법과 혼합법으로 나뉜다.

제9장에서는 러시아어 명사, 형용사, 동사, 부사의 조어 의미가 공통 조어 의미 및 특수 조어 의미와 관련하여 체계적으로 기술된다. 여기에서 의미 분류는 대체로 아카데미 문법의 분류 기준을 수용하였으며, 필요에 따라 부분적으로 수정, 보완하였다. 이들 품사에 대한 좀 더 체계적이고, 깊이 있는 연구는 다음으로 미루겠다.

끝으로 제10장에서는 조어적 동음이의어, 조어적 동의어, 조어적 반의어가 고립된 별개로서가 아니라, 상호 관련하에 연구되었다. 조어 체계의 가장 두드러진 특징으로서 이들 사이의 상호 관계를 제대로 고찰하기 위해서는 이러한 현상들을 반드시 조어족의 층위에서 연구해야 한다.

본 연구에서는 조어론과 관련된 많은 중요한 문제를 공시적인 관점에서 체계적으로 기술하고자 하였다. 그러나 조어론 자체가 언어의 여러 분과와 다면적으로 복잡하게 연관되어 있기 때문에 실제 기술 과정에서 많은 어려움이 있었다. 특히 조어 의미에 대한 개념 정의, 여러 품사의 조어 의미 기술, 조어 의미에서 종합과 분석의 상호 관계, 파생어의 의미 해석을 위한 통사 구조의 사용, 특정 조어 유형에 속하는 단어들의 규칙적인 다의성의 문제 등에 대한 더욱 체계적이고 심도 있는 기술이 요구된다.

이러한 미진한 부분들은 출간 예정인 조어 의미론을 통해 수정, 보완해 나갈 것이다. 끝으로 부족하나마 이 연구가 러시아어와 우리 국어의 조어론 연구에 보탬이 되기를 바란다.

▌참고문헌 ▌

고영근(1993), 『국어 형태론 연구』, 서울대학교 출판부.

남기심, 고영근(1985), 『표준 국어 문법론』, 탑출판사.

심재기(1982), 『국어 어휘론』, 집문당.

송철의(1992), 『국어의 파생어 형성 연구』, 국어학회.

이경우(1981), "파생어 형성에 있어서의 의미변화", 『국어교육』 39, 40, 215-256.

이경우(1990), "파생법", 『국어연구 어디까지 왔나』, 동아출판사, 195-204.

이병근(1986), "국어사전과 파생어", 『국어연구』 제22권 제3호, 389-408.

이숭녕(1961), 『중세국어문법』, 을유문화사.

이희승(1955), 『국어학 개설』, 민중서관.

조남신(1990), "조어 의미와 그 표현 수단", 『어문연구』 제18권 제3호, 312-327.

조남신(1991), "쏘비에트 조어론에 대한 고찰", 『한글』 제212호, 173-202.

조남신(1991), "비단일 파생과 그 형태의미적 특성", 『인문과학』 제68집, 연세대학교 인문과학연구소, 139-166.

조남신(1992), "Nomina agentis의 의미 구조", 『러시아연구』 제2권, 서울대학교 소련, 동구 연구소, 59-76.

조남신(1993), "사전에서 파생어의 의미기술", 『언어』 제18권 제1호, 67-88.

조남호(1988), "현대 국어의 파생접미사 연구", 『국어연구』 제85호, 국어 연구회.

최현배(1975), 『우리말본』, 정음사.

하치근(1989), 『국어 파생형태론』, 남명문화사.

Арутюнова Н.Д.(1958), "Некоторые вопросы образования и морфологии основ слова", *Филологические науки, No.1.* C. 443-458.

Арутюнова Н.Д.(1961), *Очерки по словообразованию в современном испанском языке.* Москва.

Ахманова О.С.(1969), *Словарь лингвистических терминов.* Москва.

Балалыкина Э.Г., Николаев Г.А.(1985), *Русское словообразование.* Издательство казанского университета.

Бараксин Л.А.(1970), *Однокорневые префиксальные глаголыантонимы в современном русском языке: Автореф. дис. канд. филол. наук.* Куйбышев.

Богородицкий В.А.(1881), "О морфологической абсорбции", *Русский филологический вестник, No.6.* С. 85-92.

Богородицкий В.А.(1935), *Общий курс русской грамматики.* Москва.

Богородицкий В.А.(1939), *Очерки по языкознанию и русскому языку.* Москва.

Быкова Л.А.(1974), *Современный руский литературный язык: Морфемика и словообразование.* Харьков.

Верещагин Е.М.(1979), *К психологической теории слова.* Москва.

Виноградов В.В.(1947), *Русский язык. Грамматическое учение о слове.* Москва.

Виноградов В.В.(1951), "Вопросы современного русского словообразования", *Русский язык в школе, No.2.* С. 1-10.

Виноградов В.В.(1952), *Современный русский язык. Морфология.* Москва.

Виноградов В.В.(1960), "Об омонимии и смежных явлениях", *Вопросы языкознания No.5.* С. 3-17.

Виноградов В.В.(1968), "Проблемы морфематической структуры слова и явления омонимии в славянских языках", *Славянское языкознание. Международный съезд славистов. Доклады советской делегации.* Москва. С. 53-119.

Виноградов В.В.(1975А), "Вопросы современного русского *словообразования*", *Избранные труды. Исследования по русской грамматике.* Москва. С. 155-165.

Виноградов В.В.(1975В), "Словообразование в его отношении к грамматике и лексикологии", *Избранные труды. Исследования по русской грамматике.* Москва. С. 166-220.

Виноградов В.В.(1977), "Об омонимии в русской лексикографической традиции", *Избранные труды. Лексикология и лексикография.* Москва. С. 288-294.

Винокур Г.О.(1946), "Заметки по руссому словообразованию", *Известия академии наук СССР. Серия литературы и языка. Т 5. вып. 4.* С. 315-332.

Винокур О.Г.(1959), "Заметки по русскому словообразованию", *Избранные работы по русскому языку.* Москва. С. 419-442.

Волоцкая З.М.(1966), "К проблеме синхронного словообразования", *Лингвистические исследования по общей и славянской типологии.* Москва. С. 231-236.

Гайсина Р.М.(1981), *Лексико-семантическое поле глаголов отношения в современном русском языке.* Уфа.

Гинзбург Э.Л.(1978), "Одноименность однокоренных производных", *Проблемы* структурной лингвистики. 1976. Москва.

Гинзбург Е.Л.(1979), *Словообразование и синтаксис*. Ленинград.

Головин Б.Н.(1959), "Словообразовательная типология русских приставочных глаголов", *Славянское языкознание*. Москва. С. 50-67.

Гловинская М.Я.(1975), "О зависимости морфемной членимости слова от степени его синтагматической фразеологизации", *Развитие современного русского языка 1972. Словообразование. Членимость слова*. Москва. С. 26-44.

Горбачевич К.С.(1991-), *Словарь современного русского литературного языка*. Москва. (=БАС)

Грамматика современного русского литературного языка (1970). Москва. (=АГ 70)

Даль В.(1880-1882), *Толковый словарь живого великорусского языка Т.1-4*. Москва. (=СД)

Дементьев А.А.(1974), "О так называемых ≪интерфиксах≫ в русском языке", *Вопросы языкознания No.4*. С. 116-120.

Евгеньева А.П.(1981-84), *Словарь русского языка. Т. 1-4*. Москва.

Ермакова О.П.(1977), *Лексические значения производных слов в русском языке*. Москва.

Ермакова О.П.(1984), *Лексические значения производных слов в русском языке*. Москва.

Ермакова О.П., Земская Е.А.(1991), "К уточнению отношений словообразовательной производности", *Russian Linguistics 15*. С. 105-116.

Зверев А.Д.(1986), "О словообразовательном значении", *Актуальные вопросы дериватологии и дериватографии*. Владивосток. С. 42-66.

Земская Е.А.(1969), "О приципах выделения языковых уровней", *Единицы разных уровней грамматического строя языка и их взяимодействие*. Москва. С. 279-281.

Земская Е.А.(1973), *Современный русский язык. Словообразование*. Москва.

Земская Е.А.(1978), "О парадигматических отношениях в словообразовании", *Русский язык: Вопросы его истории и современного состояния: (Виноградовские чтения I-VIII)*. Москва. С. 63-77.

Земская Е.А.(1989), "Словообразование", *Современный русский язык*. Москва.

Земская Е.А.(1992), *Словообразование как деятельность*. Москва.

Зенков Д.С.(1969), *Вопросы теории словообразования.* Фрунзе.

Иванникова Е.А.(1972), "К вопросу о взаимоотношении понятия варианта с понятием синонима", *Синонимы русского языка и их особенности.* Ленинград. С. 138-153.

Исаченко А.В.(1954), *Грамматика современного русского литературного языка в сопоставлении с словацким. Морфология I.* Bratislava.

Исаченко А.В.(1962), *Die russische Sprache der Gegenwart. Teil I. Formenlehre.* Halle(Saale).

Краткая русская грамматика(1989). Москва.

Кубрякова Е.С.(1965), *Что такое словообразование.* Москва.

Кубрякова Е.С.(1969), "О словообразовательной системе языка и отношениях словообразовательной производности", *Проблемы словообразования в современном языкознании.* Рига. С. 71-79.

Кубрякова Е.С.(1972), "Словообразование", *Общее языкознание. Внутренная структура языка.* Москва.

Кубрякова Е.С.(1974), *Основы морфонологического анализа.* Москва.

Кубрякова Е.С.(1981), *Типы языковых значении. Семантика производного слова.* Москва.

Кубрякова Е.С., Харитончик З.А.(1976), "О словообразовательном значении и описании смысловой структуры производных суффиксального типа", *Принципы и методы семантических исследований.* Москва. С. 202-233.

Курилович Е.(1962), "Деривация лексическая и деривация синтаксическая", *Очерки по лингвистике.* Москва. С. 57-70.

Левковская К.А.(1952), "О словообразовании и его отноше- нии к грамматике", *Вопросы теории и истории в свете трудов И.В.Сталина по языкознанию.* Москва. С. 153-181.

Левковская К.А.(1954), *Словообразование. Материалы к курсам языкознания.* Москва.

Лопатин В.В.(1966), "Нулевая аффиксация в системе русского словообразования", *Вопросы языкознания, No.1.* С. 76-87

Лопатин В.В.(1975), "Проблемы нулевого словообразовательного аффикса", *Актуальные проблемы русского словообразования. Т.1,* Ташкент. С. 390-402.

Лопатин В.В.(1977), *Русская словообразовательная морфема: Проблемы и* принципы описания. Москва.

Лопатин В.В., Лопатина Л.Е.(1990), *Малый толковый словарь русского языка*. Москва.

Лопатин В.В., Улуханов И.С.(1969), "К соотношению единиц словообразования и морфонологии", *Единицы разных уровней грамматического строя языка и их взяимодействие*. Москва. С. 119-132.

Максимов В.И.(1975), *Суффиксальное словообразование имён существительных в русском языке*. Ленинград.

Манучарян Р.С.(1981), *Словообразовательные значения и формы в русском и армянском языках*. Ереван.

Марков В.М.(1961), "Явления нулевой суффиксации в русском языке", *Тезисы докл. межвуз. конф. по исторической лексикологии, лексикографии и языку писателя*. Ленинград. С. 16-17.

Марков В.М.(1980), "Несколько замечаний о спасобах русского словообразования", *Slavia Orientalis, No.1-2*. С. 69-77.

Марков В.М., Николаев Г.А. (1976), "Некоторые вопросы теории русского словообразования", *Именное словообразование русского языка*. Казань. С. 3-14.

Мельчук И.А.(1967) "К понятию словообразования", *Известия академии наук СССР. Серия литературы и языка. No.4*. С. 352-362.

Милославский И.Г.(1975), "О регулярном прилащении значения при словообразовании", *Вопросы языкознания, No.6*. С. 65-72.

Милославский И.Г.(1980), *Вопросы словообразовательного синтеза*. Москва.

Милославский И.Г.(1989), "Словообразование", *Современный русский язык: Словообразование. Морфология*. Москва.

Моисеев А. И.(1987), *Основные вопросы словообразования в современном русском литературном языке*. Ленинград.

Моисеев А.И.(1993), "Значения языковых единиц. Словообразовательное значение производных слов", *Studia rossica posnaniensia, vol.XXV*. С. 45-52.

Молочка Г.А. и др.(1984), *Современный русский язык. Словообразование*. Минск.

Морозова В.М.(1974), *Антонимия имен существительных в современном русском языке*. Куйбышев.

Немченко В.Н.(1976), *Словообразовательная структура отсубстантивных суффиксальных имен прилагательных в современном русском языке*. Горький.

Немченко В.Н.(1984), *Современный русский язык: Словообразование*. Москва.

Немченко В.Н.(1985), "О диахронии и синхронии в словообразовании", *Филологические науки, No.5.* С. 49-55.

Николаев Г.А.(1979), "Типы словообразовательной синонимии в русском языке", *Slavia Orientalis, No.2.* С. 257-264.

Ожегов С.И.(1991), *Словарь русского языка*. Москва. (=СО)

Основы построения описательной грамматики современного русского литературного языка(1966). Москва.

Панов М.В.(1956), "О слове как единице языка", *Учённые записки Московского государственного педагогического института имени В.П.Потемкина. Т.51.* Москва. С. 129-165.

Панов М.В.(1966), "Русский язык", *Языки народов СССР. Т.1: Индоевропейские языки.* Москва. С. 55-122.

Потебня А.А.(1958), *Из записок по русской грамматике. Т. 1-2.* Москва.

Потебня А.А.(1976), *Эстетика и поэтика*. Москва.

Реформатский А.А.(1967), *Введение в языковедение*. Москва.

Рогожникова Р.П.(1967), "Соотношение вариантов слов, однокоренных слов и синонимов", *Лексическая синонимия: Сборник статей.* Москва.

Роденталь Д.Э., Теленкова М.А.(1976), *Словарь - справочник лингвистических терминов.* Москва.

Русская грамматика. Т.1.(1960). Москва. (=АГ 60)

Русская грамматика. Т.1.(1980). Москва. (=АГ 80)

Русская грамматика(1990). Москва.

Свердлов Л.Г.(1967), "Изучение русского словообразования в советскую эпоху", *Русский язык в школе, No.4.* С. 3-14.

Смирницкий А.И.(1955), "Лексическое и грамматическое в слове", *Вопросы грамматического строя.* Москва. С. 11-53.

Соболева П.А.(1980), *Словообразовательная полисемия и омонимия*. Москва.

Ссосюр Ф.де.(1877), *Труды по языкознанию*. Москва.

Степанова М.Д.(1969), "О месте словообразования в системе языка", *Единицы разных уровней грамматического строя языка и их взяимодействие.* Москва. С. 278-279.

Тимофеев К.А.(1971), "Об основных понятиях словообразования", *Русский язык в школе, No.3*. С. 29-37.

Тихонов А.Н.(1967), "О семантической соотносительности производящих и производных основ", *Вопросы языкознания, No.1*. Москва. С. 112-120.

Тихонов А.Н.(1970), "Множественность словообразовательной структуры слова в русском языке", *Русский язык в школе, No.4*. С. 83-88.

Тихонов А.Н.(1971), *Проблемы составления гнездового словообразовательного словаря современного русского языка*. Самарканд.

Тихонов А. Н.(1974), *Формально-семантические отношения слов в словообразовательном гнезде*. Москва.

Тихонов А.Н.(1978), *Школьный словообразовательный словарь русского языка*. Москва.

Тихонов А.Н., Саидова С.М.(1980), "Антонимия лексическая и антонимия словообразовательная", *Русский язык в школе, No.4*. Москва. С. 67-71.

Тихонов А.Н.(1985), *Словообразовательный словарь русского языка. Т. 1-2*. Москва

Тихонов А.Н., Емельянова С.А.(1976), "Словообразовательные и корневые гнезда слов", *Восточнославянское и общее языкознание*. Москва.

Улуханов И.С.(1970), "О принципах описания значений словообразовательно мотированных слов", *Известия академии наук СССР. Серия литературы и языка, No.1*. С. 14-22.

Улуханов И.С.(1974), "Компоненты значения членимых слов", *Вопросы языкознания, No.2*. С. 71-78.

Улуханов И.С.(1975), "О словообразовательной категории", *Известия академии наук СССР. Серия литературы и языка, No.4*. С. 27-35.

Улуханов И.С.(1977), *Словообразовательная семантика в русском языке и принципы её описания*. Москва.

Улуханов И.С.(1991), "Словообразование и семантика", *Die Beziehungen der Wortbildung zu bestimmten sprachebenen und Sprachwissenschaftlichen Richtungen*. Frankfurt am Mein, Bern, New York, Paris.

Ушаков Н.Д.(1935-40), *Толковый словарь русского языка. Т.1-4*. Москва. (=СУ)

Филин Ф.П.(1963), "О слове и вариантах слова", *Морфологическая структура слова в языках различных типов*. Москва-Ленинград.

Филин Ф.П.(1982), *Очерки по теории языкознания*. Москва.

Шанский Н.М., Тихонов А.А.(1981), *Современный русский язык: Словоообразование. морфология.* Москва.

Щерба Л.В.(1974), *Языковая система и речевая деятельность.* Ленинград.

Ширина Л.И.(1975), "Семантическая соотносительность компонентов слово образовательного гнезда с вершиной 'сладкий'", *Актуальные проблемы русского словообразования, Т.1.* Ташкент. С. 322-328.

Ширшов И.А.(1979), Проблемы словообразовательного значения в современной отечественной науке. Вопросы языкознания, 1979, № 5, С. 109-122.

Ширшов И.А.(1981), *Множественность словообразовательной мотивации в современном русском языке.* Издательство Ростовского университета.

Янко-Триницкая Н.А.(1963), "Закономерность связей словообразовательного и лексического значений в производных словах", *Развитие современного русского языка.* Москва. С. 83-97.

Янко-Триницкая Н.А.(1968), "Членимость основы русского слова" *Известия академии наук СССР. Серия литературы и языка, No.6.* С. 532-540.

Янко-Триницкая Н.А.(1970), "Наложение морфем в основе русского слова", *Известия академии наук СССР. Серия литературы и языка, No.6.* С. 478-488.

Янко-Триницкая Н.А.(1982), *Русская морфология.* Москва.

Allen K.(1986), *Linguistic Meaning (1).* London.

Babic S.(1986), *Tvorba rijeci u hrvatskom knjizevnom jeziku.* Zagreb.

Baric E. et al.(1979), *Prirucna gramatika hrvatskoga knjizevnog jezika.* Zagreb.

Barz I.(1983), "Wortbedeutung und Wortbildungsbedeutung", *Zeitschrift der Germanistik, H.1.* S. 65-69.

Barz I.(1988), *Nomination durch Wortbildung.* Leipzig.

Bauer L.(1983), English Word-formation. Cambridge University Press.

Brabec J, Hraste M., Zivkovic S.(1961), Gramatika hrvatsko-srpskoga jezika. Zagreb.

Crome E.(1979), "Lexikalische Bedeutung und Wortbildungsbedeutung", *Linguistische Arbeitsberichte 22.* Leipzig. S. 25-35.

Dokulil M.(1968), "Zur Theorie der Worbildung", *Wissenschaft- liche Zeitschrift der Kari-Marx Universitat Leipzig, Gesellschafts- und Sprachwissenschaftliche Reihe 17.* S. 203-211.

Dokulil M.(1967), "К вопросу о морфологической категории", *Вопросы языкознания*, *No.6*. C. 3-16.

Dokulil M.(1968), "Zur Frage der Stelle der Wortbildung im Sprachsystem", *Slovo a slovesnost*, *Rocnik 29*. S. 9-16.

Erben J.(1975), *Einfuhrung in die deutsche Wortbildungslehre*. Berlin.

Fleische W., Barz I.(1992), *Wortbildung der deutschen Gegen- wartssprache*. Leipzig.

Hockett C.F.(1958), *A Course in Modern Linguistics*. New York.

Nam-Shin Cho(1991), *Die Wortbildungssemantik deverbaler Substantive im Russischen*. Frankfurt am Main·Bern·New York·Paris.

Ohnheiser I.(1987), *Wortbildung im Sprachvergleich*. Leipzig.

Marchand H.(1960), *The Categories and Types of Present-Day English Word-Formation*. Wiesbaden.

Robins R.H.(1964), *General Linguistics: An Introductory Survey*. London.

Stepanowa M.D.,Fleischer W.(1985), *Grungzuge der deutschen Wortbildung*. Leipzig.

Трубецкой Н.С.(1934), "Das morphonologische System der russischen Sprache", *Travaux du cercle linguistique de Prague. т. 5. вып. 2*. Prague.

Weisgerber L.(1963), *Die vier Stufen in der Erforschung der Sprache, Bd.II*. Düsseldorf.

▌찾아보기 ▌

조남신
연세대학교 교수
고려대학교 노어노문학과 졸업
고려대학교 대학원 노어노문학과 졸업(석사)
독일 Münster Universität 슬라브어문학과 졸업(박사)
한국슬라브어학회 회장 역임(1996-2013)
세계 인명록 'Marquis Who's Who in the World' 등재(2010-2018)
학술지 '슬라브어연구' 편집위원장(현)

저서 : 『러시아어학 개론』(2017), 『사전학』(2015), 『러시아어』(국정교과서 2010),
『현대 러시아어학 개론』(1997), 『캠퍼스 러시아어 I, II』(1995, 1997), 『러시아어
문법』(국정교과서 1996), 『현대 러시아어』(1995), 『Die Wortbildungssemantik
deverbaler Substantive im Russischen』(1991)
논문 : 「다의어의 어휘 의미 계층과 의미 배열」 외 다수

박수빈
연세대학교 강사
연세대학교 노어노문학과 졸업
연세대학교 대학원 노어노문학과 졸업(석사)
연세대학교 대학원 노어노문학과 졸업(박사)
한국슬라브어학회 총무부 이사(2016-2017)
한국슬라브어학회 편집부 이사(현)
한국토르플인증센터 사무국장(현)

저서 : 『러시아어학 개론』(2017)
논문 : 「러시아어에서 대상에 대한 물리적 작용 동사 그룹의 의미·통사·조어적 특성
에 대한 연구」(2018, 연세대학교 박사학위논문), 「대상에 대한 물리적 작용 동사
그룹의 의미 분류」(2017), 「러시아어 능동사전에 대하여」(2016), 「러시아어 동사의
의미 분류에 관한 재고」(2016), 「러시아어 한글 표기법에 대한 제안」(2015), 「단일
언어 사전에서 예문의 처리방법에 대한 연구」(2014, 연세대학교 석사학위논문)

한국슬라브문화연구원 슬라브어학총서 3

러시아어 조어론

1판1쇄 발행 2018년 9월 1일

지 은 이   조남신·박수빈
꾸 민 이   정지영
펴 낸 이   김진수
펴 낸 곳   **한국문화사**
등   록   1991년 11월 9일 제2-1276호
주   소   서울특별시 성동구 광나루로 130 서울숲IT캐슬 1310호
전   화   02-464-7708
팩   스   02-499-0846
이 메 일   hkm7708@hanmail.net
홈페이지   www.hankookmunhwasa.co.kr

책값은 뒤표지에 있습니다.

ISBN 978-89-6817-657-9   93790

이 도서의 국립중앙도서관 출판예정도서목록(CIP)은 서지정보유통지원시스템
홈페이지(http://seoji.nl.go.kr)와 국가자료공동목록시스템(http://www.nl.go.kr/kolisnet)에서
이용하실 수 있습니다.(CIP제어번호: CIP2018025361)